利润裂变

新阿米巴 x 合伙人制 x 数字运营

陈毅贤　袁隽　著

中国法制出版社

CHINA LEGAL PUBLISHING HOUSE

数字化转型是一场高难度的"组织进化"革命

近年来，随着云计算、大数据、人工智能等新兴技术的崛起和深化应用，中国数字经济的发展如火如荼。数字化基础设施的不断完善，为产业互联奠定了坚实的基础，在某些领域，科技已成功转化，助推产业升级。数字经济时代，互联网正在从消费端向生产端渗透，中国数字化进程进入下半场，产业互联网时代迎来了黄金发展期。

产业互联网是以新兴的信息技术为基础支撑，将互联网融入和应用到传统产业生产至流通的整个环节，并进行网络化和数字化改造，助推传统产业实现数字化转型。传统企业的产业互联，实现了运营核心能力的重塑，企业的生产效率和质量获得了整体提升，资源配置能力和运营成本获得了全方位的优化。企业需要"以客户为中心"，创新企业的资源配置方式、重塑企业的组织流程，并基于大数据驱动运营能力提升重新构建企业新型服务体系：能够深度挖掘客户需求，高效提供个性化产品或解决方案。产业互联网助力传统企业实现全价值链能力的整体提升，在客户需求高效满足、优质服务体验、供需精准匹配等全方位赋能，从而使企业迈入更高质量的发展轨道。

如今，对于国内的企业来说，数字化转型已经是决定生死的必选项，而非可选项。国际数据公司（IDC）曾对2000名跨国企业的CEO做过一项数字化转型的调查，调研结果显示：在2018年，全球1000强企业中的67%、中国1000强企业中的50%把数字化转型作为企业的战略核心；但是，他们转型的失败率却高达70%~80%。究其根本，数字化转型面临的最大挑战不仅在于技术等硬实力，更关键的是组织和经营管理等软实力。数字化转型本质上是一次高难度的"组织和经营管理体系转型升级"。数字化转型的最终目标是为业务创新和效率提升赋能，但在转型中，往往容易忽略"数字化"对企业传统的组织和经营管理模式提出的新挑战。

乔治·韦斯特曼（George Westerman）是麻省理工学院斯隆管理学院数字经济首席科学家、麻省理工学院安利捷全球教育实验室（J-WEL）教员负责人，他提出了"数字化转型第一定律"，总结起来就是：技术变化很快，但组织的改变需要比较长的时间。该定律解释了为什么数字化转型不仅是一个技术难题，更主要的是面临组织和经营管理模式方面的挑战。

因此，企业进行数字化转型，绝对不是采购一些先进的技术工具、部署一些IT基础设施和软件就能够解决的问题。除了数字化技术能力的保障之外，数字化转型更需要组织从管理模式上进行重大变革，以适应时代的变化。打造敏捷组织、重视业务与IT深度融合、建立高效的跨部门协同机制、建设数字化转型所需的组织文化，这是企业在数字化过程中必须关注的四大核心问题。

企业进行数字化转型，关键在于人才和背后的数字化管理。"经营之圣"稻盛和夫在日本创办了两家世界 500 强，他有一个知名的经营观点是"所谓经营，数字便是一切"。"数字"揭示了管理的真相。由陈毅贤先生与袁隽先生合著的《利润裂变》生逢其时，为中国本土企业进行数字化转型提供了组织及机制保障的数字化经营管理方法，从全方位经营管理体系入手，在"文化顶层设计""敏捷组织打造""跨部门高效协同机制设计""业财融合的数字化透明经营""内部合伙制建立"等方面进行了专业的拆解，值得大家深度学习和实践。

中国互联网协会副理事长

高新民

2019 年 8 月

员工主动经营意识的转变是人力资源效能提升的起点

　　中国正进入创新与品质发展的新时代，数字化与人力资本将成为中国经济转型升级与持续增长的新动能。人力资源管理的工作重点在于以"激活个体的自主创新潜能"为基础的企业人力资源效能提升。尤其是通过对效能管理的研究，构建有效的员工"责、权、利、能"体系，建立科学的价值管理循环系统——包含"价值创造、价值评估、价值分配"，激发员工活力，使员工从"被动接受工作"转变为"主动开展经营"，实现员工自主经营管理。我认为，"新阿米巴 × 合伙人制 × 数字运营"这种模式，是顺应人力资源效能管理的一种必然选择，其核心内容主要包括以下几个方面。

　　第一，人力资源个体价值的激活体系。个体价值崛起的时代，实现人力资源效能提升的关键在于让员工变成内部企业家。像稻盛和夫所创立的阿米巴经营，在企业内部划小企业经营单元，各单元自主开展经营、独立核算、自负盈亏，以单位时间附加值①为核算和评价载体，量化个体价值，真正激发员工想要干、敢担责的潜力，实现员工自我管理和自我经营。

第二，人力资源效能的评价体系。 传统的人力资源管理以事后的结果管理为主，且评价标准多为定性指标，指标多而繁杂，并不聚焦。在阿米巴体系中，基于小经营单元利润核算，量化个体价值，聚焦核心考核指标，进行员工自主经营全过程管理：从投入到运营，再到经营结果产生。本书在阿米巴核算表的基础上，增加了事前算赢、事中经营显差跟踪、事后经营分析和经营改善的落地过程，能让企业真正做到从投入到转换的全过程管理。

第三，人力资源效能的优化基础。 单位附加值的核算与评估，量化评价了个体的经济贡献价值，为公司的人力资本投入和产出评价提供了有力依据，以便更有针对性、更加公平地进行员工薪酬管理，真正让多劳的人多得。本书的亮点之一就是引入了内部市场化，这一巧妙的设计，不但有效地解决了企业资源配置及协同问题，更能够让员工承认自己价值的同时，又承认公司的、其他部门的、其他员工的价值，为量化员工工作的内部经济价值提供了重要工具。

第四，合伙人战功体系。 人力资源配置以职位管理和能力系统管理的高效、动态匹配管理为主，人力资源工作的重点在于职位管理和能力管理两方面均衡提升以实现动态匹配。在阿米巴体系中，

---

① 单位时间附加值：指劳动者在单位时间内创造的劳动成果。计算公式为单位时间附加值＝附加值／总时间。其中，附加值可以由企业自行定义，如毛利、净利等。

经营单元负责人承担企业经营目标的分解,是小团队经营目标达成和开展自主经营的关键和基础。本书通过先建立一套基于战功的合伙人能力体系,不同级别事业合伙人对应不同的战功,即能力体系匹配相应的职位体系,再匹配相应的薪酬福利及激励体系。采用举手机制,每个员工都清楚合伙人的标准,一方面员工非常清楚自己努力的标准,另一方面可以发现和培养更多优秀的人才,让"屌丝逆袭"在企业成为常态,是发现和培养经营人才的最佳途径。

第五,绩效数字化的经营体系。物联网、大数据、云计算、人工智能、区块链等新兴技术的发展和应用,标志着以"万物互联、无边际组织、数据驱动发展、创新制胜、敏捷运营"为核心特征的数字经济时代的到来。为更好地顺应数字经济时代发展趋势,企业内部开展数字化经营也变得越来越重要。如何让员工具备核算意识,前提是有一套数字化经营的方法,本书提供的"裂变式增长"经营模式就是一套有效的落地方法:通过经营核算报表,让每个员工看得懂、想得明白,更重要的是,能通过可视化的绩效数字,形成经营分析的 PDCA 循环,找到自己的差距并形成改进措施,持续改善经营。

管理就是实践,实践是我们最伟大的老师。管理学鼻祖德鲁克认为管理是一种实践,需要重视对人的科学管理。数字经济时代,企业人力资源日益成为企业持续价值创造的核心要素。如何进行人力资源认知革命和工具方法创新,驱动个体价值激活和创造,对企业人力资源进行更加科学、有效的管理,是企业面临的重大挑战。

《利润裂变》的问世,融合了日本稻盛和夫先生阿米巴经营核心精髓，又落脚于中国本土企业的最佳实践。日本企业的营商环境及员工思维跟中国本土企业存在较大差异，如果照抄照搬必然会水土不服，为了让更多企业可以探索出更符合自身的经营体系，充分体现管理学人的使命与价值，是我推荐该书的主要原因。陈毅贤先生是服务于企业人力资源管理的专业实战派人士，同时又兼具财务专业背景，能够将亲身经历的世界 500 强及国内 A 股上市公司实战的企业人力资源管理、运营管理的成功经验拿出来进行系统总结、提炼、升华，结合全球领先的经营管理理念，全面而深刻地剖析、萃取人力资源效能管理及经营管理实践的精华，对于企业人力资源管理水平提升具有极大的参考价值。相信本书的出版，一定会助力中国企业的人力资源效能显著提升，值得企业经营管理者及人力资源专业管理者一读。

中国人民大学教授、博导

华夏基石董事长

彭剑锋

2019 年 8 月

合伙时代，敏捷经营赢未来

产业互联网时代是一个处处充满挑战和机遇的大转型时代，也是一个颠覆商业模式和经营管理模式的时代，更是一个企业必将用数字化思维打造科学运营管理体系从而构建自身核心竞争壁垒的时代。

随着移动互联技术从消费互联网到产业互联网领域渗透，产生了很多的跨界商业模式，越来越多的企业面临来自外部市场竞争和企业内部经营管理方面的双重挑战。在外部市场方面，竞争环境日益激烈，行业一片红海；而在企业内部经营管理方面，传统的直线职能制及科层制管控模式导致信息传达层层衰减、沟通不畅、部门墙林立、唯上主义现象严重，员工只对 KPI 负责而不是对经营结果负责，员工积极性低、出工不出力、人浮于事等一系列问题逐渐显现，总之，公司效能严重下降，体现在五"慢"：公司发现市场机会慢，响应客户需求慢，产品上线慢，内外流程慢，决策速度慢。导致企业资金、资产、人员规模投入越大，企业投入产出比和投资回报率越是呈直线下滑趋势，公司发展陷入了一个死循环。

到底是经营出了问题，还是管理出了问题？是生产关系出了问题，还是生产力出了问题？种种困惑和挑战促使我们不断追寻管理的本质。管理大师彼得·德鲁克说："管理的本质是激发善意。"但反观很多企业在做管理的时候，是在用"堵"而不是用"梳"的理念去抑制组织和员工的活力。我们清晰地看到，一方面，技术进步和更迭越来越快，新的商业模式从被市场验证到获得成功的周期越来越短，这就要求我们的组织更扁平，对客户的感知和触达更敏捷；另一方面，由于技术的进步，信息及资源匹配的不对称逐步消除，员工觉醒，"从雇佣到合伙"的意识空前被释放，尤其是"90后""00后"新生代，在几乎没有生存压力的情况下，更希望"自我实现"，被赋予更多自主权；不管是"游戏"还是"工作"总希望和"志趣相投"的人形成"敏捷部落"，去完成具有挑战性的目标和任务。因此，企业组织架构从科层"正三角"的管控模式必然向"倒三角"或"生态型"的赋能组织模式转变，下放经营权、分配权、话语权，强化基础单元的作战能力和运营能力。转型"平台＋基础作战单元＋合伙人"的运营管理模式将成为企业组织变革的不二选择。这种模式能给予企业一线基础运营单元充分的业务自主性，并使其对自身的业绩指标负责，充分调动了业务单元的积极性、主动性，使得一线"作战部队"能以最快的速度响应市场并作出决策。这其实就是阿米巴经营的核心经营理念：划小作战单元，发现和培养经营人才，让听见炮火的人呼唤炮火。

在我从业近20年的时间里，经历过国有企业、外企和民企，担任过从财务、人力、运营到业务的中层及高层管理岗位，直到现在自己创业，一直在探索、提炼和总结企业经营管理方法。我发现，任何一种经营管理模式的诞生，都和企业所处社会经济发展水平及企业发展阶段有关，并深深根植于企业所处社会文化背景之中。东西方文化的差异，必定催生不同的管理模式。华南理工大学教授陈春花指出："管理学界现在非常焦虑，很多人正在质疑 100 年来的基于公司制的管理理论是否过时了。因为人们越来越多地感受到雇佣关系本身会伤害到创造力的发挥。为此，组织跟成员的关系正在发生变化，这种关系已经不再是服从和雇佣的关系，而变成一种平等跟合作的关系。"于是，被奉为圭臬的泰勒制、福特制遭受了前所未有的挑战。无独有偶，在美国亚利桑那州立大学凯瑞商学院任教 16 年后被聘为中欧商学院教授的黄钰昌先生，目前正致力于关于中国内地合伙人制的激励机制设计研究，他说："实际上这个研究是和中欧校友们教学相长的结果，企业管理者常来问：老师，这该怎么办？这是跨越东西方管理领域的一个重要议题，因为以往几十年我们是将欧美那一套管理制度带到中国来，现在我们在内地看到的变化却远远快于欧美。"诞生于中国人"管理智慧"的合伙人制，在如今的创业创新大潮中，"合伙人制"成为不少公司的普遍选择，合伙人制不仅存在于高管激励制度中，大到"小微"孵化，小到便利店的加盟方式，甚至企业与员工的关系、公司间的合作，都会涉及合伙人制。近年来，在中国内地，出现了事业合伙人、创新合伙人、创业合伙人、内部孵化合伙人、裂变式合伙人等不一而足的"类合伙人模式"。但不论哪种合伙人模式，阿米巴独立经营核算及内部市场机制、责权利对等的经营责任制、数字化运营系统，这三者构成了合伙人制运行的基石。

在学习和借鉴阿米巴经营理念和西方科学管理理论的基础上，

经过不断学习、探索和思考，又回到实践中去解决问题，如此循环，经过数年的实践和打磨，我们首创了一套融合东西方管理智慧的企业敏捷经营转型模型：道合敏捷经营系统＝新阿米巴 × 合伙人制 × 数字运营，这套模型本质上是为企业系统化构建一套平台赋能、员工合伙、数字治理的利润裂变增长模式，让企业更敏捷地适应新经济环境，并保持持续盈利和持续创新活力。"道合由来不易谋，岂无和氏识荆璆？"古往今来，识别并保留志同道合之人并非易事，但我们可以用系统架构的方法去解决！取"道合"二字有如下之意：第一，感知并遵循企业自身运行的规律，尊重人性，敬天爱人，致良知，乃企业经营之道；第二，企业阿米巴作战单元的"分"只是表象，"合"才是本质。随着企业的快速发展、规模的不断扩大，通过"道合敏捷经营系统"的打造，企业家"和氏识荆璆"，才会真正拥有一批同甘共苦、共同分担经营重任的经营伙伴。在这套体系里，新阿米巴模块解决平台赋能、敏捷前端的组织设计、独立核算及经营哲学共有问题；合伙人制模块用责权对等、孵化裂变、战功举手、协同共生机制来黏住员工利益；数字运营模块用事前算赢、事中跟踪、事后经营分析和持续改善、数字决策来锁住管理。新阿米巴经营和数字运营是合伙人制良好运行的前提条件，很多公司实行了合伙人制后，没有科学的核算体系和运营体系做支撑，最后也只能以失败告终。合伙人要想发展，就需要培养业务运营管理能力，无论是技术出身的干部和销售，还是管理出身的干部都要过运营管理关。企业基层业务干部的主要业绩，一般都反映在运营效果上。用阿米巴经营模式创建两家世界 500 强的稻盛和夫先生给了我们可借鉴的实践经验，阿米巴经营会计的思想和方法是主要的手段。比如分摊，用财务思路做分摊不但有可能不公平，还有可能会做死，但如果按经营单元建立核算规则，从流程层面、业务层面进行费用分摊设计，再引入阿米巴内部定价体系，要想做绩效管理和效益分析就容易多了。信息化时代，战略布局已经不再是秘密，而战略执行能力，却是在短时间不可被复制和超越。道合敏捷经营系统所定义的数字运营，就是基于企业战略用经营数字方法进行业务规划、量化预测、目标分解和设定、过程跟踪、经营分析和决策、持续优化改进、滚动调整规划布局的运营方法。数字运营让经营有依据、有抓手、更科学，在赋能放权过程中做到风险更可控，把企业的战略决策变成最正确的决定！新阿米巴经营体系、数字运营体系与合伙人机制互为放大器，从而实现经营单元自动复制、无限扩张和"全员参与"经营，复制更多内部企业家，这就是企业裂变式增长的要义。

我本人亲自落地和辅导过多家知名上市公司组织转型，对企业经营管理架构体系的设计表现出了极大的学习热情和研究兴趣，能做自己喜欢的事情很幸运；和我合著《利润裂变》一书的袁隽博士是我尊敬的一位学者型企业家，他创办企业20多年以来，经历了公司海外IPO、私有化再到国内IPO的过程，并一直在探寻、总结中国本土先进的企业经营管理模式如何支撑企业转型升级，他对这本书中很多实践经验及经营会计落地方法贡献突出，在袁隽博士的主导下，明确提出"经营会计就是IT"的理念，我们一起研发完成了一套基于PaaS平台的业财融合的经营管理IT系统——道合"敏捷经营IT系统"，这为中国企业经营数字化转型提供了一套标准化的落地工具。

《利润裂变》一书，我和袁隽博士以顶层设计者和落地实践者的视角，对实施方法、步骤以及变革节点等方面均做了系统的说明。首先，本书第一章描绘了新经济时代企业经营管理的新趋势。第二章是本书的中心思想章节，我们重点阐释了企业敏捷经营系统的顶层设计："敏捷经营系统＝新阿米巴 × 合伙人制 × 数字运营"。然后，我们解读和升级了源自"阿米巴"的基础理念，包括四大核心内容：经营哲学（第三章）、阿米巴组织（第四章）、经营会计（第五章）和内部交易（第六章）；紧接着的章节讲解了驱动人才和利润裂变的阿米巴合伙人制（第七章）以及具体的合伙管理方法论（第八章）；接下来，我们阐述了数字运营是如何锁住管理的（第九章）。最后，结合我们的实战经验，重点分享和回顾了敏捷经营转型的全过程及实操经验（第十章）。

以凝聚东方管理智慧的新阿米巴经营体系、中西方管理智慧的合伙人制及以适应新经济的数字运营方法三者为一体的道合敏捷经营系统，最底层的支撑是"作为人，何为正确"的经营哲学，这和中国明朝思想家、哲学家王阳明的"致良知"一脉相承。"良知即经营的资本、企业即修行的道场"，企业职场，就是"世上磨"的最重要道场，若从企业家到员工时时致良知，事事致良知，一种新的商业文明环境和习惯就会出现，职场人也会在或繁杂或乏味的职业中找到事业的要义，让人获得庄严感、意义感和知足感，身处职场的现代人士在物心两方面的幸福感也会得到提升。自然，来自东方管理智慧的"致良知""敬天爱人"成为中国管理模式的"原点"。我和袁隽博士真诚希望《利润裂变》这本书能从"心"出发，帮助更多正在苦寻转型之道的企业家参透经营的本质，并一起持续探索和实践中国的经营管理模式，共同为推动中国经济的稳步向前增长奉献一点绵薄之力。

是为序。

国泰道合创始人兼 CEO

陈毅贤

2019 年 8 月

目 录
CONTENTS

第一章　企业生产关系重构：从雇佣到合伙

时代生产力的发展正在推动企业生产关系的重构，人成为企业决胜的力量。原有的生产分配方式、所有权制度、组织内部相互关系亟须进化，经营管理变革刻不容缓，一个日渐明晰的趋势是：雇佣时代结束，合伙时代来临。

第二章　顶层设计：敏捷经营系统驱动裂变式增长

阿米巴经营源自日本名企实践，是一种小组织经营模式，聚焦"透明核算"；合伙人制源自多家本土名企的最佳实践，是一种合伙人组织形式，回归"合理分配"；数字运营源自企业数字化转型需求，是一种新型的管理方式，关注"数字治理"。用"阿米巴"打造平台，"合伙人制"连接利益，"数字运营"锁住管理，才能构建出愿景高度一致、赋权而不失控、自治而又协同的敏捷经营系统，实现裂变式增长。

第三章　经营哲学：从"要我干"到"我要干"

经营哲学指的是企业对经营的各种思想、态度和价值观等因素的总和，不是人脑中固有的，而是源于企业的存在。传统企业往往并未关注经营哲学，员工缺乏明确的经营哲学指导，就无法打造善于经营并具备同一价值观的组织。

第四章　阿米巴组织："变态"求存小而美

为什么名企争相探索"阿米巴"？那是因为在互联网时代用户社群化、需求个性化的今天，面对外部市场，企业更需要"阿米巴"一样灵活、敏捷的小团队作为触手去感知市场的变化，实现高频试错、快速迭代、推陈出新；同时，在企业内部形成一个个独立核算的微型企业，复制CEO，通过内部市场明确责、权、利，提升组织效率、激活组织。

第五章　经营会计：现金为王，量化分权

经营会计是量化分权的工具。运用经营会计实现量化分权，就是在给予权力的同时，时刻通过经营会计报表来掌握各阿米巴的实际运行情况，以实现权力和责任的高度统一。

第六章　内部交易：市场压力传导的利器

在阿米巴模式下，通过内部市场、市场定价的方式，让各个部门能够在内部交换价值，同时感知成本和收入的压力，明确责、权、利，将市场压力和变化传导至企业的各个角落，从而有的放矢地改善经营策略，提供最具盈利能力的产品和服务。

第七章 合伙人制：裂变式增长的密码

阿米巴合伙人制"以战功论英雄"，拥有激活组织的能力，并利用经营会计实现核算透明公平，融合经营哲学保障组织内部互信互助，打造出利他感恩、共创共赢的狼性组织，是时下最具实践价值的合伙人制度之一。

第八章 合伙管理：合伙人选拔、考核与分配

所谓"千军易得，良将难求"，不论企业处于哪一个阶段，对人才的渴求与珍视都始终如一，但对人才的标准却莫衷一是，德才兼备者、恪责尽忠者、敢于谏言者……各有拥护者。

第九章 数字运营：锁住管理，让经营更智慧

企业开展有目标的经营，就如同海中远航。出发前需要做好预算、规划好行程，要盘点"人员、干粮、淡水、航油"是否合适和充足，否则贸然出发，可能由于资源匮乏，止于中途；行程中，作为阿米巴的舵手，经营者要能够准确把握行程和航向。

第十章　道合敏捷经营方法论

"人心、数字、体系化"是敏捷经营系统落地方法论的七字诀，企业家们在了解了阿米巴、合伙人制、数字运营的本质之后，敏捷经营系统落地就有了坚实的理论基础。

第一章

企业生产关系重构：
从雇佣到合伙

时代生产力的发展正在推动企业生产关系的重构，人成为企业决胜的力量。原有的生产分配方式、所有权制度、组织内部相互关系亟须进化，经营管理变革刻不容缓。一个日渐明晰的趋势是：雇佣时代结束，合伙时代来临。

新生产方式：成为组织变革主要诱因

没有永恒的企业，只有时代的企业。

《失控》的作者凯文·凯利几乎成功地预测了截止到目前，由互联网技术带来的颠覆性的商业革命：这是个混沌的时代，一切将推倒重塑！互联网技术重构了商业运行的规律，高频试错、快速迭代、个性化需求和扁平化管理是这个时代企业管理的主旋律，生产方式的变化决定了企业的组织变革趋势。互联网技术革命必将推动互联网经济成为未来经济发展的绝对主力，其发展不仅限于自身，更对传统产业产生着深远影响。它颠覆了传统产业的商业模式、经营逻辑、组织结构、人与人之间的关系，引发了生产方式和生产关系广泛而深刻的变革。在供过于求的移动互联网时代，消费者已掌握主动选择权，而企业中的一线经营管理人员时时掌握着客户的刚性需求，如果不重新定位话语权，并进行合理的收益权划分，则会直接影响企业的劳动生产率和投资回报率。所以，进行企业生产关系的转型成为当今企业必须正确面对和思考的重要议题。

在互联网时代背景下，凡客诚品和韩都衣舍的境遇，从某种意义上说，是运用不同组织管理模式导致企业不同命运的缩影。凡客诚品和韩都衣舍都曾是两个顶尖互联网"快时尚"品牌，在中国电商行业的历史里都是传奇般的存在。然而时至今日，电商泡沫破碎，凡客诚品历经磨难，生死未卜，而韩都高歌猛进，大有续写辉煌之势。同样是互联网企业，同样是用互联网思维去生产经营，其成败原因，不同的人一定有不同的见解，而我个人认为，韩都衣舍成功的关键在于采用了"小组制"扁平化的组织模式，比起凡客诚品较为传统的直线职能组织模式，更能适应这个时代生产关系的发展。

那么，随着移动互联网时代的发展，生产方式究竟发生了哪些变化呢？本章就带您深度了解互联网时代生产方式的变迁，及其带来的管理学启示：传统产业生产方式在发生革命性的演进。

判断历史事件，站在近处看，远不如在远处看得那样清晰准确。

互联网时代，人力资本和货币资本孰轻孰重，企业的组织形式又该何去何从？当我们站在凡客诚品、韩都衣舍事件之外重新审视这个时代所发生的变化，试着窥见真正的趋势和潮流，追本溯源，从生产方式变化的角度剖析时代、解读未来时，也许一切的谜题就有了答案，而未来或将无比清晰。

托克维尔在《旧制度与大革命》中说："每一个优秀的民族在展望自己的未来时都会回望历史，从人类文明的足迹中寻找自己民族的出路。"

人类出于生存的需要改造和征服自然，这种能力就是生产力，人与人之间在生产过程中发生的关系叫社会生产关系。劳动是社会的劳动，要想战胜自然困难、获得更加有保障的生存，就需要集体协作。因此，这种力量不是自然力量，而是一种社会力量，而这种社会协作总是要有秩序、有分工的，也就是说，需要管理，需要形成组织。

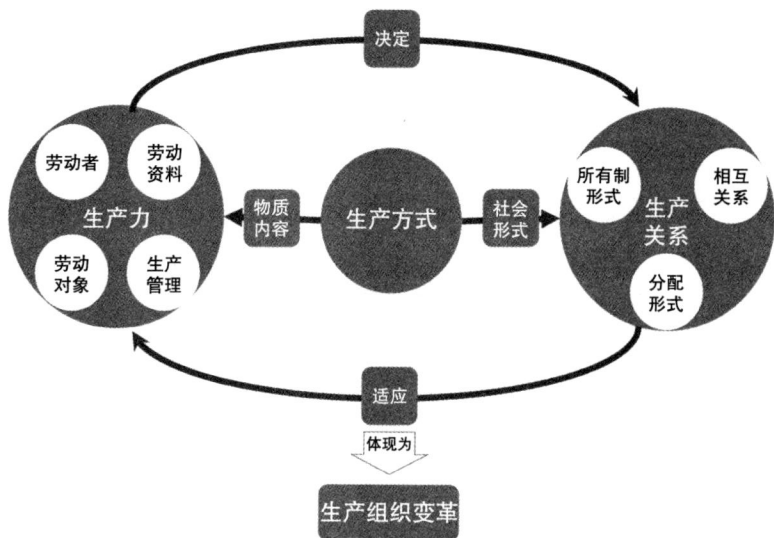

图 1-1　生产组织变革驱动模型

　　生产力的要素包括劳动者、劳动对象、劳动资料和生产管理；生产关系包括生产资料所有制的形式、人们在生产中的地位和相互关系，及产品分配的形式。生产力和生产关系的统一，构成物质资料的生产方式，生产力是生产方式的物质内容，生产关系是生产方式的社会形式。生产力是最革命、最活跃的因素，社会生产方式的变化往往始于生产力的发展变化。生产力的发展使得旧的生产关系与它不再适应，要求建立新的生产关系，这就是我们通常所提及的"生产力决定生产关系"。也就是说，有什么样的生产力就要有什么样的生产关系与之相适应，如图 1-1 所示。

　　生产组织的变革由社会生产力决定，生产力的各要素，即劳动者、劳动对象、劳动资料和生产管理的发展程度决定了产业采取什么样的生产组织形式，生产组织形式是社会生产方式改变的重要内容。因此，当社会生产力发生变化的时候，需要生产组织进行必要的组织变革，以适应新的生产力发展水平，如图 1-2 所示。

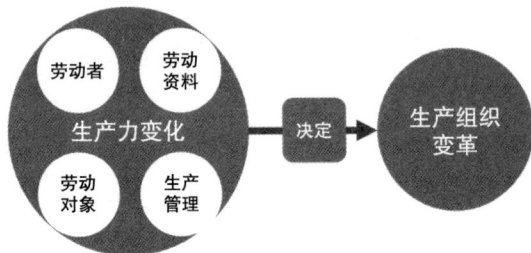

图 1-2　生产组织变革的原理

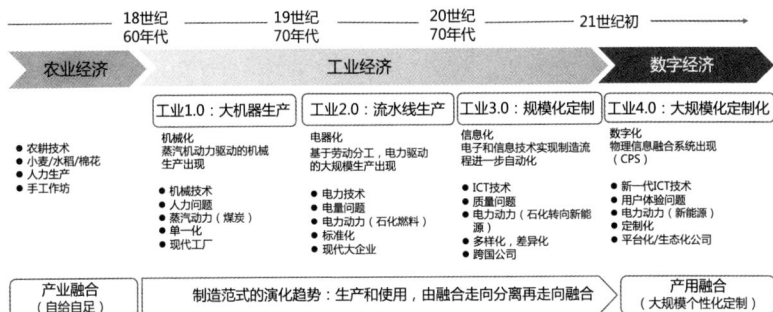

图 1-3　经济形态的演进历程

回顾农业经济及更早期的经济发展阶段，生产比较原始。原始社会时，由于生产力水平低下，人们离开群体很难生存，通过粗糙的石器等天然材料进行劳动，对所有的收获进行共享，实现的是公有制。到了奴隶制社会，奴隶成为主要劳动者，使用青铜器等工具进行劳动，呈现出的是有着巨大阶级差距的、奴隶依附奴隶主的奴隶制。到了封建社会，农业成为社会生产的主要经济形态，轻工业则以手工作坊的形式存在，土地私有化，农民依附地主，实现自给自足的小农经济，如图 1-3 所示。

这几个时代的特点，用马克思的话来说就是"生产方式的革命，在手工制造业，是以劳动力为出发点；在大工业，是以劳动手段为出发点"。

工业革命的发生极大地改写了人类的生产方式，开启了全新的工业经济时代。珍妮纺纱机和改良蒸汽机等一系列技术革命引起了从手工劳动向动力机器生产转变的重大飞跃，工业革命在世界范围内的传播更是引发了一系列的社会变革。在工业革命中逐渐出现了物质资本的出资人，即资本家，他们与劳动者逐步发展并形成了以股份制为代表的公司制：从现代工厂到现代大企业。公司存在的意义在于为股东谋求利益，在管理半径理论下，工厂同质化的生产方式促进了层层管理监督的科层制的产生。

信息革命可能是有史以来最伟大的技术革命，数字化革命、计算机的发明、光纤技术的发明及运用为新经济的产生提供了技术条件和社会基础，推动工业生产不断升级。随着互联网，特别是移动互联网的广泛应用，生产变得全球化、网络化、信息化、个性化、定制化，随着全球化进程诞生了跨国企业。

随着数字技术的不断进步，物理信息融合系统出现，我们步入了数字经济时代。信息成了生产的基础，同时劳动者从体力劳动逐步解放出来，更多地进行脑力劳动。信息成为主要的劳动对象，劳动者与劳动资料呈现出一体化的趋势；产用融合大大提升，催生了大规模定制化的生产方式，至此，以互联网巨头为代表的平台型、生态化公司走到历史舞台中央。

数字技术的发展带领人类走进了互联网时代。作为一种新的经济形态，其巨大的发展潜力正在改变着世界的每一个角落，改写着人类的生产和生活方式。那么究竟数字经济对传统产业的生产力、生产关系和生产方式产生了哪些影响，作为生产方式的重要内容，企业这一生产组织形态又要面对哪些新课题呢？

新经济形态：改变传统价值衡量体系

共享经济的定义是闲置资源的使用权交易，也就是将你闲置的资源共享给别人，提高资源利用率，并从中获得回报，其理念是共同拥有而不占有。"共享经济"，你可能不理解这个词，但你已然参与其中。以车为例：以前，很多上班族都会开车上班，现在很多上班族干脆选择不买车，上下班用"滴滴快车""首汽约车"等约车软件叫车，既不用承担购买、维护的成本，也不用考虑在哪里停车。很多公司也减少甚至取消了自有车队的编制，大大地降低了企业的固定成本；同时选择网约车也能很好地满足需求，可以灵活选择不同品质和大小的车辆，服务品质也有保障，对于中小企业简直是"福音"。

互联网经济时代，知识和信息在生产过程中作为重要的资源，以惊人的传播速度和共享性在全球范围内流通。劳动资料的智能化和网络化使得各种生产要素能够在全球范围内快速、大量地流通，并催生出新的经济形态——共享经济。共享经济具有三个特点：成本低、建立连接、可持续性。

成本低：传统租车公司会向汽车厂商购置一批车辆，编制在自己的租车公司上，然后再租一块地皮来停放这些车辆，同时为了做好 C 端（客户端）的服务，还要建立线下的网点提供服务。这些都是成本，既有时间成本还有资金成本，所以我们在传统租车公司上租到的车会很贵。

滴滴的模式是一种共享经济的模式。他们没有线下的门店，没有自购车辆，只是一个撮合平台，车子都来自社会上的车主，没有购置车辆和停车场的费用，让用户的租车成本急剧下降，所以租车价格会比传统租车公司便宜很多。

建立连接：共享经济让用户与用户直接连接，在共享的过程中相互了解和认识，成了一种认识陌生人的方式。就像我们顺路带别人出行的时候，会享受两个人在路上聊聊天度过的一段路程。再拿世界上比较著名的共享经济公司 Airbnb 举例。这家公司成立于 2008 年：两个年轻人租房子付不起房租了，发现有个房间空着，想着要不咱们放个气垫床吧，让过路的人来睡觉，咱们收个床位费，再给他们准备点早餐。这样两个哥们儿就干了起来，最后真的把房租钱赚了回来。所以他们公司的全称就是"Airbed and Breakfast"（气垫床和早餐）的缩写，他们的主要盈利模式就是从出租人与租客交易中抽取佣金。相对传统租房公司，这家公司拥有两个亮点：一个是价格，另一个是带有社交性质。Airbnb 出租的是当地居民的房子，如果你住进去的话，房东就会给你介绍哪里有美食、哪里比较好玩，比导游说得还绘声绘色、接地气。通过他们做的一个调查，我们了解到，使用 Airbnb 服务的游客在当地逗留的时间明显长于普通酒店旅客，其他旅游消费额也更高，一定程度上带动了城市的消费。

可持续性：从共享经济特点来看，这种经济模式是具备可持续发展能力、很可能颠覆主流传统的经济模式。我们从资本市场对这个领域的投入可以看出来，Airbnb 估值过百亿美元用了 5 年，而滴滴估值过百亿美元用了 3 年。这些都是资本市场看好该领域的征兆。我们越发认识到，生产资料的所有者不再一定是企业，劳动者之间的关系不再只是雇佣关系，而可以是合作关系，生产所得分配也不再是固定工资的形式，一切都变得自由、开放、平等、互惠。参与经营的人员似乎不能称为员工，甚至连面试都不需要，他们愿不愿意加入平台是自由的，愿不愿意干活也是自主的，企业只是建立一套评价体系，而这个评价体系的最终完成是靠顾客，这就回归到企业付薪的本质：顾客对员工价值的认可。

那么，如何才能利用共享资源降低经营成本、增强其支配外部资源的能力，并为资源提供者进行合理的利益分配？组织生产并实现盈利的现代公司组织是我们熟悉的传统股份制公司的特征吗？显然，在代表新经济形态之一的共享经济时代背景下，不断丰富的商业模式对企业经营管理提出了新的挑战，要做好人员管理和激励，必须改变传统价值衡量体系！

新职场力量：知识雇佣资本时代来临

互联网经济时代，知识和信息的扩展成为重要的劳动对象，这种知识形态和数字形态的资源具有非稀缺性的特点，使用资源不仅不会造成资源的减少，反而会催生、创造出更多的资源。与此同时，知识和信息还具有共享性，信息在被很多人利用的同时不影响他人的利益。这与自然资源的有限性不一样，这不再是一个零和游戏，而是一个有着乘数效应的游戏，拥有的信息越全面，获得的效益越丰富。随着互联网经济的不断深化，传统产业的劳动对象包括有形资源和无形的知识、信息资源，知识和信息资源的所占比重和重要程度都在与日俱增，这就使得拥有知识和信息资源的知识性劳动者成为重要的人力资本载体，在"互联网+"的今天，我们甚至可以说人力资本的重要性显然已经超越了货币资本，人才是企业决胜的关键。

在这个时代，信息的对称和零距离的沟通，使得商品交易中各相关利益者都可以自由、及时地表达自己的价值诉求与价值主张；信息的对称和透明，使得客户或员工可以互动参与、交融，无障碍表达价值诉求与期望。生产与消费的界限被打破，生产不再是一个机械化的活动，而是一个高频互动、动态变化的过程，这样的变化对企业意味着什么？

对外，要坚持与客户互动，让客户成为"员工"

移动互联网时代，不仅很多企业一直遵循的商业模式受到挑战，传统模式下的品牌、营销、产品、价格、渠道、分销、市场等方面也受到严重挑战，如果企业过分关注自身优势，不顺应趋势变化与消费者互动，闭门造车，很快就将被时代淘汰。如何更加了解客户的需求、生产适销对路的产品，是商业历史上永恒的问题，而随着互联网的普及，这一问题有了新解：那就是让客户直接参与产品的设计和需求分析。这种无雇佣关系的"员工"的个体价值越发引人关注：一方面，这类"员工"不拿工资，可以有效降低企业成本，却能增强企业的创新能力和适应需求的能力，"劳动者"个体价值凸显；另一方面，他们不受行政控制，非"吸引"不能招募。如何与客户建立强联系、持续互动，让客户成为"员工"，构建"共智"生态圈的互联网企业组织模式，是这个时代每个优秀的企业都在积极思考和探索的课题。

💡 小米让米粉成为"员工"

靠粉丝参与赢天下的小米手机从另一个方面说明了客户参与对于企业的价值。在小米1手机发布前，MIUI已经在线上运营一年，成功通过建立口碑为小米手机培养了过千万的粉丝。归结起来就是，小米从最初筛选种子用户开始，就号召用户来参与需求分析、产品试用，并反馈意见、提出改进建议，层层迭代，扩大口碑影响力。这也就是黎万强在《参与感》一书中提到的口碑营销的形成模式。在营销方面，针对C端用户，小米采取的是线上线下相结合的方式，利用线上社区和新媒体、结合线下阵地，继续用 MIUI 培养粉丝，以此来持续积累、运营用户。也就是说，小米积累用户的手法更像是明星培养粉丝。通过与粉丝做朋友、讲故事、制造事件，培养粉丝的参与感和共鸣。人人参与是这个时代的特征，技术让一切皆有可能。

💡 维基百科的 9 万名"编辑"

在维基百科，自发自愿的、活跃的业余编辑的数量，在 2011 年达到了约 9 万名，这种集体智慧带来了很高的、可以媲美专业编辑的编辑质量。一个广为流传的事件，2005 年 12 月 14 日，《自然》杂志在对两个百科全书（《不列颠百科全书》网络版和维基百科）的 41 篇科学文章进行比较后表示，维基百科含有 162 个错误，不列颠百科全书含有 123 个错误。

对内，要尊重员工价值，为员工赋能

彼得·德鲁克大师在管理学领域作出的最大贡献，就是把"劳动力"转化为一个全新的概念——知识员工。他说，"在知识社会里，雇员，即知识工作者，还拥有生产工具。这同样重要，而且更重要。马克思认识到工厂的工人不拥有，也无法拥有生产工具，因此不得不'处于孤立的地位'……现在，真正的投资体现在知识工作者的知识上，没有知识，无论机器多么先进、多么复杂，也不会具有生产力"。"知识员工"概念的出现，将其从一般劳动者的概念中区分出来，他们拥有知识，也就拥有了生产工具和自主的能力。

挖掘人才的个体价值并发挥到团队中，就能为商业模式创新增加动力。人才资源要素是最活跃、最具有创造潜能价值的要素，真正处于优先的位置。企业要发展，就必须真正体现人力资源的优先投资和优先发展。

在《How Google Works》一书中，作者 Nick 认为，"未来组织的关键职能，就是让一群 Smart Creatives（智慧的创造者）聚在一起，快速地感知客户需求，愉快地、充满创造力地开发产品、提供服务"。作为"70后"的一代，在与"80后""90后"甚至"00后"员工的沟通中，我发现他们与我们有很大不同。他们年轻活泼、思路开阔、敢说敢做、愿意挑战权威，他们个性张扬，有自己的标准和价值观，自我意识强，追求平等，强调分享和参与感；他们的价值取向多元化，赚钱和职位升迁已经不是衡量成功的单一标准，他们更注重工作能否帮助自我成长，实现自我价值，甚至休假时间都会成为影响他们是否选择某个职位的重要因素。由于经济压力降低，跳槽、裸辞成为他们习以为常的生活方式。同时，出于对自由的向往，他们可能将越来越倾向于不再轻易地把自己固化在一个组织里，或者一种角色里。在新员工的意识中，追求个体价值的实现成为他们工作奋斗的核心动力之一和他们渴望得到企业、社会对自身个体价值的认可。

关于"个人"，弗里德曼在《世界是平的》一书中提到了这样的观点："如果说全球化 1.0 版本的主要动力是国家，全球化 2.0 的主要动力是公司，那么全球化 3.0 的独特动力就是个人在全球范围内的合作与竞争……全世界的人们马上开始觉醒，意识到他们拥有了前所未有的力量，可以作为一个个人走向全球；他们要与这个地球上其他的个人进行竞争，同时有更多的机会与之进行合作。"

互联网时代，知识型劳动者成为生产的主要力量，传统产业如果想利用"互联网＋"将知识和信息转化为现实生产力，就必须储备大量的知识型劳动者。同时，在传统产业内部呈现出新的就业格局，简单机械式的劳动者变少了，经营者增多了，知识性劳动者逐步成为社会劳动的主力，并且他们的个体价值大幅提升，他们的社会地位发生了巨大变化。事实上，这并非是因为这部分劳动者拥有大量的资本，而是因为他们拥有专业的生产技能、综合的劳动知识及丰富的经营能力，从而能够获得丰厚的利益分享。

非人力资本作为企业生产经营的前提条件当然是不可缺少的，然而真正使非人力资本保值、增值、扩张的原因，是由于人的"活劳动"附于其上，创造了新的价值。随着互联网技术革新不断影响和重构宏观经济增长因素、颠覆企业经营管理逻辑，人力资本越发凸显其价值，"资本雇佣劳动"的企业逻辑正在被"知识雇佣资本"所逐步替代。

然而，正如周其仁教授所说："人力资本的产权相当特别，只能属于个人，非'激励'难以调度。""激励性契约"是企业制度的关键，只有"激励"得当，才能达到企业的"组织盈利"。互联网经济里，人力资本的激励成为企业制度中最重要的组成部分，那么，如何设计一个"激励得当"的好制度呢？企业经营管理面临生产关系重构的新挑战。

新组织模式：企业平台化、组织敏捷化

蚊子、恐龙曾生活在同一时代，都于几亿年前就存在、繁衍，但在 6500 万多年前，白垩纪结束的时候，恐龙突然全部消失，而蚊子则在一代代的繁衍进化中存活了下来，直至今日。

相较于羸弱的蚊子，为什么身居"霸主"之位的恐龙如此"不堪一击"？

其实，恐龙灭绝的原因一直是个谜，至今仍无人能解。但有一点是可以肯定的，它们体型大、食量大，食物匮乏，对恐龙来说就是生存挑战，而蚊子体型较小，食物很少也可以维持生存，况且蚊子繁殖速度快，能够抗寒耐高温，在恶劣环境中也有极强的生命力，因此存活下来的概率远远高于恐龙。

很多企业就像是恐龙，员工众多，尾大不掉。由特定的部门负责挣钱"养活"所有人，其他部门则负责内部的维护支撑工作，如果收益不好，整个公司都将面临危机，危险系数大、生存难度高。

在新经济的时代，企业平台化、组织敏捷化成为经营管理新趋势。传统的科层制已经无法适应新时代的生产和消费方式，扁平化、去中心化、无边界的敏捷型小组织才能满足"用户至上、高频试错、快速迭代"的需求，实现高效协同。无边界的组织摧毁金字塔形组织、拆掉组织的围墙，构建生态型社会协作组织，企业的整体架构变成"强大平台＋敏捷前端"；同时，平台与业务单元及个人的关系由之前的管理转向服务、由控制转向协同、由激励转向赋能，最终用"合伙制、创客化"等机制让人的价值得以回归！

新组织

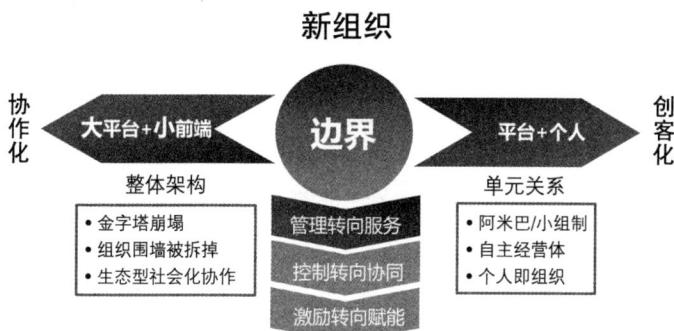

图 1-4　回归人的价值

组织的管理和人力资本的运作是所有高科技企业运营的两个基本条件，在这两方面，Google（谷歌）有一套可以参考借鉴的整体、系统的方法。首先，找到核心人物进行小团队管理——找出最有影响力的人物，并以此人物为组织的中心。这样的组织原则使大量表现出众的"板凳"队员更容易被发现，甚至被委以重任担当领袖，也就是说，这样的组织原则更便于积蓄起持久的、稳定的人才储备力量。其次，招聘顶尖的创意精英——丢弃层级制的招聘传统，招聘结果由同事评估、委员会确定，长此以往，就像英雄惜英雄一样，组织能够吸引到更多优秀的人才。同时为了让顶尖的员工表现得更加优异，就要拿出高薪酬作为激励。互联网时代，产品质量是王道，这些创造出卓越产品的人才理应得到最高的酬劳。

扁平化、去中心化、敏捷化、无边界将是未来企业组织形式的关键词。

💡 亚马逊 "两个披萨原则"

亚马逊 CEO 杰夫·贝索斯是一位杰出的企业家和创新者，对企业发展有着长远的考虑。贝索斯认为，企业的管理应该是分散的管理，即便企业因此陷入无组织状态也无妨，因为贝索斯鼓励独立思考。他认为，只有这样的氛围才会为独立思考提供成长的沃土，在与集体意见的较量中独立思考才能占得上风。与此同时，他还认为，要让团队尽可能变小，同时适度限制员工之间的交流。关于"多大的团队才合适"这个问题，就要提及"两个披萨原则"：如果两个披萨都喂不饱一个团队，那就说明这个组织太大了。

管理大师德鲁克在《管理》一书中指出，"信息革命改变着人类社会，同时也改变着企业的组织和机制"。在传统企业里，组织结构基本上是层级制的，形状像金字塔，中间有很多层，市场信息的反馈从基层开始，一层一层，自下而上进行；同时，决策成果是自上而下，通过不同层级的单位逐级下达。在互联网时代，由于网络和信息技术的发展，信息的反馈和获知都可以瞬间到达，市场信息的向上反馈通过互联网工具可以直接点对点进行，而决策成果的下达可以通过互联网工具瞬间让上万员工获知。在这样的环境下，企业的组织结构需要作出相应调整。也就是说，互联网和信息化发展一定程度上消除了信息不对称，因此传统层状组织结构中作为"传声筒"的中间层就变得多余。决策层和一线直接对话，一方面信息不容易失真，另一方面可以提高决策效率，从而使指挥所前移，这样更有利于赢得胜利。因此，层级化的企业组织结构向扁平化转变是一种趋势。

同时，互联网时代越来越倾向于小众经济，人们越来越乐于推崇自己的小众身份。什么是小众？"就是以人们的某一个兴趣或爱好而被划分成的小群体。"为了了解和满足小众群体的个性化需求，就要求企业伸出更多的"触手"来感知小众，这些"触手"就是企业中的一个个敏捷小团队，企业组织的敏捷化趋势成为必然。

💡 满足小众个性化需求的豆瓣网

豆瓣网是一个典型的以小众起家并从小众做大的网站。在杨勃最初创立豆瓣的时候，他希望把豆瓣打造成每个人都可以在上面找到"志同道合"的人，都可以交流任何一部电影、书籍或唱片的网站，实现有相同爱好的人之间的交流。除此之外，豆瓣还可以利用平台上用户的打分数据来推测用户喜好，从而进行有针对性的推送。豆瓣网渐渐成为一个大平台，吸引了各类小众群体，门类繁多，数量惊人。根据豆瓣提供的数据，截至 2018 年年初，豆瓣注册用户 1.6 亿，月活跃用户 3 亿。豆瓣的用户主要来自国内一线、二线城市，这些用户以兴趣为导向，创造并共享了大量内容。据豆瓣介绍，该网站已有超过 40 万个兴趣小组被创建。豆瓣这一模式的高度黏性，让它获得了一大批忠实用户，并逐渐对网民的购书、购碟、旅游等消费行为产生影响，其累积的用户兴趣图谱和 UGC（User Generated Content，用户源创内容）已成为其商业化的基石。根据不同小众的兴趣爱好，豆瓣网可以实现对用户的精准营销，目前网站商业精准营销已涉及图书、电影、音乐、购物、旅行等多个方面，其盈利模式主要为品牌广告、互动营销以及基于电商渠道的分成等。平台化、敏捷化组织的优势和趋势可见一斑。

在移动互联网时代，客户的需求越来越个性化、小众化，企业定位于解决细分市场客户需求，需要对客户需求进行敏捷的反应和反馈。这与工业化时代的规模经济导向已经完全不同，企业必须建立能够快速对市场进行反应的组织体系，建立一套灵敏的决策机制，赋予一线员工经营决策权，并使决策权向一线转移。让真正了解市场，了解客户的人来作决策，这就要求组织结构必须重心下移，将权、责、利向一线倾斜，让驱动企业增长的发动机从领导者和总部变为各个子部门，乃至每个员工。这正是任正非提出的"让一线呼唤炮火"的组织模式，即彻底将企业的决策体系从正的三角形变成了倒立的三角形。总部与前端人员的角色发生了一个转变：以前是总部决策、前端人员服务，现在变成了前端人员进行决策和执行，而总部要提供服务和支持。让听得见炮声的人来决策，总部的精力从直接管理中抽出，做好支持、做好服务，打造系统服务平台。

关于未来组织与个人的关系，阿里巴巴集团学术委员会主席、湖畔大学教育长曾鸣先生也曾进行过精彩的分析："虽然未来的组织会演变成什么样，现在还很难看清楚，但未来组织最重要的功能已经越来越清楚，那就是赋能，而不再是管理或激励。以科层制为特征、以管理为核心职能的公司，面临着前所未有的挑战。组织的职能不再是分派任务和监工，而更多是让员工的专长、兴趣和客户的问题有更好的匹配，这往往要求员工有自主性、更高的流动性和更灵活的组织。我们甚至可以说，是员工使用了组织的公共服务，而不是公司雇用了员工。"

在企业平台化、组织敏捷化的同时，企业更加重视技术、知识和管理要素的获得。当对以上资源的需求增大时，获取成本也会增大，企业拥有者就是在分配过程中逐渐提高各种要素所占的分配比重，按技术分配、按知识分配、按管理要素分配都成了重要的分配方式，企业分配方式的多样化是生产力发展的必然结果。

如何实现企业平台化、组织敏捷化？如何实现知识等生产要素的合理定价？这显然又是一个企业经营管理制度需要面对的难题。

回顾本章，我们可以了解到：人类进入工业革命时期，生产关系发生了一系列深刻的变化。随着移动互联网技术的不断发展，互联网文明正在全面取代工业文明，生产关系必须适应生产力的发展水平，雇佣社会关系已然成为互联网文明时期企业向前发展的掣肘，雇佣社会的消失成为必然，取而代之的是共创共享的人力资本雇佣货币资本的时代，这就意味着企业经营管理亟须系统的调整和改变。因此，进行企业经营管理的顶层设计，系统性地改变企业的组织体系，从而创造出能够为员工赋能、发挥员工价值，打造能够充分激发员工创造性和主动性的平台成为企业在竞争中制胜的关键。

互联网文明以前所未有的战术和策略，冲破了诸多行业的界限，打碎了一顶顶王冠，塑造了一个个奇迹。对于"互联网＋"，传统企业和互联网企业，有人仇恨它，有人误解它，有人畏惧它，有人期冀它，有人感觉到它却又无视它、低估它，甚至还有人千方百计想要借它坐收渔翁之利。

我想，不管外界对互联网文明的解读有多浮夸、多可怕，只要掌握了"人"这一企业决胜的关键要素，就可以做到"以不变应万变"。本书所叙述的敏捷经营系统的落地方法论，就是在描述如何使企业经营管理制度顶层设计落地。如果读者中的企业家能够按照书中的实践方法，塑造一大批好的组织生态，复制企业家，以企业家精神焕发市场的活力，这本书就有了真正的价值，因为"市场活力来自人，特别是来自企业家，来自企业家精神"。

第二章

顶层设计：
敏捷经营系统驱动裂变式增长

"顶层设计"是中央文件的新词汇，指运用系统论的方法，统揽全局，集中有效资源，高效快捷地实现目标。企业经营管理的目标是盈利与创新，达到目标的关键在于人和机制。在人力资本价值凸显时代，人的价值衡量和分配制度的建立是企业经营管理顶层设计的关键。

　　阿米巴经营源自日本名企实践，是一种小组织经营模式，聚焦"透明核算"；合伙人制源自多家本土名企的最佳实践，是一种合伙人组织形式，回归"合理分配"；数字运营源自企业数字化转型需求，是一种新型的管理方式，关注"数字治理"。用"阿米巴"打造平台，"合伙人制"连接利益，"数字运营"锁住管理，才能构建出愿景高度一致、赋权而不失控、自治而又协同的敏捷经营系统，实现裂变式增长。

　　通过多年实践，我们认为"敏捷经营系统"是围绕"人的价值"设计的创新制度，是目前企业经营管理顶层设计的最佳新范式之一。

系统思维：从宏观到微观设计

"顶层设计"一词的字面含义是指"自高端开始的总体构想"，最初来源于工程学术语，是系统工程的专有名词，本义是统筹考虑变革各层次和各要素，追根溯源，统揽全局，在最高层次上寻求问题的解决之道。最近几年扩展到政治领域，是中央文件新近出现的名词，首见于"十二五"规划，也进入了中央经济工作会议的内容，指运用系统论的方法，从全局的角度，对某项任务或者某个变革的各方面、各层次、各要素统筹规划，以集中有效资源，高效快捷地实现目标。

顶层设计具有如下特点。

顶层决定性：顶层设计是一种自上而下的设计方法，由顶层得出关键理念与核心目标，因此顶层设计具有上层决定下层、高端决定低端的特性。

全局性：所谓"不谋万世者、不足谋一时，不谋全局者、不足谋一域"。顶层设计是站在全局高度来解决关系全局、决定成败等重大问题的方法。因此，顶层设计应秉持全局视角，从重大问题切入，由重大问题牵引列出若干个关键子问题，再探讨得出具体的对策和可操作的解决方案来逐个击破。与之相对应的是日常工作和一些临时性问题，这些问题因不具有全局意义上的"关键性"，所以不在顶层设计的考虑范围内。

整体关联性：所谓"牵一发而动全身"，要解决核心问题，需要内部各要素之间的衔接和配合。顶层设计重视整体与部分的关系，重视内部各要素围绕关键理念和核心目标而形成的整体关联与衔接的有机性。

实际可操作性：顶层设计不是虚构蓝图，最终要形成实际可操作的方案、具体行动计划，指导实际操作。由此可见，顶层设计在操作过程中要求把宏观的战略目标和战略任务分解为具体的一个个小的操作步骤，以确保顶层设计的实施过程可实时检查控制。

顶层设计对于企业而言，是高屋建瓴的蓝图构建，但又不同于战略规划。顶层设计是由战略规划、体系构建、具体实操等一系列由宏观到微观的部分构成的整个体系。企业在做顶层设计时需要从哪些方面着手考虑，下面简单地阐述一下。

展望未来，进行机会与挑战分析：这个分析需要有宏观视角，同时也要有前瞻性，要把未来5～10年企业将面临的宏观经济环境、行业发展趋势、技术发展变化以及可能出现的竞争对手进行分析预判，分析企业的发展机会，预测企业面临的挑战。中国的中小企业很少进行长期规划，很多是摸着石头过河，走一步看一步，只知道低头干活，不知道抬头看路，这是很大的误区。一个真正优秀卓越的企业，必须有前瞻性眼光。大部分企业都把规划工作交给专门的职能部门，如战略规划部门去做，真正的决策者很少参与。这也是很大的问题，因为职能部门的视野、对趋势的把握、对形势的预判都是十分有限的，如果职能部门的趋势判断失误，就会造成对企业发展方向的引导失误，从而造成战略失误，而战略失误是企业最大的失败。很多优秀的公司都是因为在发展方向上出了问题而消亡的，我们耳熟能详的柯达和富士的胶卷业务、诺基亚的手机业务，都是由于未能准确预判行业发展趋势而导致了消亡或衰败。所以，趋势预判应该是企业高层领导者最核心的工作，即面对未知的世界和不确定的未来，能够高瞻远瞩，进行趋势判断。

勾勒蓝图与愿景，确保战略目标的层层传导：分析企业面临的机会和挑战之后，接下来就是描绘企业的蓝图和愿景了。只有把企业的战略蓝图定位好并且清晰地传导给下属，才能激发全员的热情与斗志，激励大家朝共同的宏伟目标奋进。很多企业确定战略后，往往以文件的形式下发。干巴巴的文字缺乏感召力，很多员工根本不看，很难达到战略传导的目标。所以，蓝图需要描绘，更需要宣讲和传导，这样员工才能看到目标和希望，才能上下同心、齐心协力为目标而奋斗。

寻找差距，确定路径：目标确定了，就需要分析如何达到目标，以及达到目标有几种路径。应该把各种可能的路径列出来，针对每个路径进行推演，看看能否行得通，也可以进行沙盘推演——先将其从头到尾地梳理，再依次对每一个选项进行演练，观察比较各路径所得出的结局，然后优中选优，选择最佳路径。确定好路径，再分析资源，从人、资金、技术等各方面分析，要实现目标应如何调配和补给资源，缺人找人，缺资金补充资金，缺技术找技术。同时，要对企业内部现行的管理机制和制度进行反思：现有架构和文化是否适应未来趋势发展？是否对目标达成形成阻碍？如果现有的组织架构无法适应新型的战略目标转型，是否应该进行相应调整和改革？

进行科学分解：再好的顶层设计只有落地执行了才有意义，如何将听起来宏大的顶层设计真正落到实处，让各组织各机构都知道自己的任务是什么，这就需要进行分解。将总体目标拆分成各个小目标，把各个小目标再进一步分解为具体的任务，将任务衍变为"动作"，"动作"经过标准化的流程和工具影响生成"规定动作"。经过这一系列操作，就完成了将战略目标拆分进而落地执行的转换。

筹划信息系统：当前人类社会已步入信息化时代，信息的影响力骤升，已远超其在既往时代的地位，甚至成为影响企业成功与否的关键因素。所以，企业必须建立信息系统，这个系统最好涵盖内部人员管理、财务管理、外部客户数据、销售和交易数据以及竞争者数据等。这些数据是管理和决策的基础，同时也是客户挖潜、产品创新研发的基础。

全局方法：经营解决管理问题

从上文的分析中我们了解到，如今的商业逻辑不同以往，随着生产力水平的发展，新的企业生产关系呼之欲出，传统的组织管理模式转型迫在眉睫，我们已经走入了自主经营的时代，这就要求组织也要作出相应转型。可是转型要如何做？要从哪里入手？解答这些问题之前，我们先来看看什么是组织管理，它肩负着什么样的使命。

因为管理是把对的事情做得合理，管理是"堵"的思维，管理是假定人性本恶。每个管理岗位上的人几乎都在进行模块化的管理，对管理目标而不是经营结果负责，这样就容易忘记"为什么出发"，忘记全局考虑，经常遇到员工职责不清、部门扯皮推诿的问题。大多数企业会将发展过程中遇到的这些"模块化"的问题抛给管理咨询机构，最终得到的"药方"也是"模块化"的：从战略建议到流程梳理，从岗位分析到胜任力模型重塑，从规章制度再造到执行力强化。但结果往往不尽如人意：人力、物力的大量投入并没有带来显著的效果改善。由此不禁反思，问题出在哪儿呢？其实，问题根源不在管理上，而是出在"经营"上。传统企业用管理的方法解决经营问题的思路都是头疼医头、脚痛医脚，这是局部思维！

一旦从"经营的高度"思考，再复杂的管理问题也能迎刃而解。因为管理是有成本的、是局部的，关于"管理"的探讨是无穷尽的，过度的管理只能适得其反。而衡量管理的唯一标准就是经营，从经营的全局角度出发，让企业回归原点，回到初创时的精神状态，用初创时期的行事风格和思考角度去审视所面临的难题。

说了半天，"经营"和"管理"到底是什么？有什么区别又有什么联系？组织管理变革的时候又需要如何对待"经营"和"管理"？

何为经营，何为管理

经营是企业经营者利用现有的生产条件，以最少的物质成本尽可能多地满足人们日益增长的物质文化需求，并以此追求最大物质利益的经济活动。这是对经营活动的一般定义，但如果从组织管理的专业角度来定义经营，陈春花的《经营的本质》一书对经营的阐述则更为贴切，即经营是根据企业的资源情况和所处的竞争环境，对企业发展进行战略规划和部署，制定企业的远景目标和方针的战略层次的活动。

而管理，是指在特定的环境下，管理者通过执行计划、组织、领导、指挥、协调、控制等职能，整合组织的各项资源，实现组织既定目标的活动过程，如下表所示。

表 2-1　管理和经营的区别

	经　营	管　理
视角	着重战略层面 关注企业发展方向 着眼全局，规划统筹	着重战术层面 执行范围偏局部 以企业既定目标为纲，并通过组织、协调、控制等手段加以实现
核心问题	企业发展方向、经营哲学、经营理念、商业模式、业务布局	组织架构设计、内部流程梳理、人员匹配、权责统一，组织有序性、员工积极性，人、财、物有效性等问题
着眼点	着眼于未来	着眼于现在
对管理者的要求	要求经营者具有前瞻性，关注行业命运，关注企业航向	要求经营者善于提高组织和团队效能

管理不能大于经营

从经营和管理的比较可以看出，经营是战略、是方向、是未来，决定企业生死。而管理是手段、是方法、是流程、是秩序，影响企业利润和效率。孰重孰轻，一目了然。因此，可以说，经营决定了管理的方向。

"经营是选择对的事情做，管理是要把事情做对。"这个道理想必大家都懂，但在企业内部却常犯"管理大于经营"的错误。直观的感受是，一线承担经营指标的人员往往没有与之相匹配的决策权，事无巨细，都要层层申报，从分公司请示到总公司。待各部门出具意见，协调好各方权益，呈现出"满足客户需要、遵从企业利益、规避相关风险"的方案时，其给出的信息往往和市场的真正需求相差甚远。层层审批造成的信息失真和权责不等，都是管理过度的表现。如何判断你的企业是否管理过度呢？这里可以介绍一个诊断方法。

一是看企业的资源布局。最优秀的人才在经营单位还是在管理部门？他们的薪酬配比是什么样的？二是看话语权。公司一把手经常听谁的汇报，分公司经理在公司的话语权高还是职能部门经理话语权高？三是看管理者的时间精力分布。作为管理者，你的主要精力是花在关心分公司经营上多还是听职能部门汇报多？杰克·韦尔奇曾经说过"不好的管理者，上午最重要的时间都在开内部会议，下午不重要的时间见客户；好的管理者，上午最重要的时间都在见客户，下午尽量少的时间开内部会议"。从时间的分配问题上就可以判断一家公司的管理是否大于经营。

在资源的管理和分配上，要坚持"责任、权力、利益"对等的原则。要明确的是，管理不分配权力，管理分配责任，而权力的大小由责任大小来决定。即如果绩效目标的主要承担者是某分公司，那么相应的权力和资源就应该分配给该分公司，分公司经理的话语权也要随之得到相应的提升。但现实中的情况却与此相去甚远：分公司为了目标的达成，要访遍总公司各个职能部门的负责人，层层关卡，哪一环都不敢怠慢。这就能非常明显地看到管理约束经营所带来的后果。所以，清晰地做出职能定位、恰当地分配部门权限是关键且必要的。

建议把职能部门权限进行划分，分别将涉及风险管控和后台支持的管理或服务的内容进行明确辨别和定位。其中，管理内容必须由公司高层管理人员（含分公司经理）参加讨论决策，并在公司内部进行公示；除管理内容外的，均可定义为服务项目，这类项目要明确办结时限，并在职能部门内树立为经营单位服务的理念。

综上所述，经营决定组织发展的全局、方向、未来和生死，因此，组织的经营管理者要摒弃模块化管理的局部思维，以经营为核心，从全局的角度来进行管理。我们把这种全局性的经营管理视角称之为"顶层设计"。

转型路径：平台化的敏捷经营

商业平台化：从 3Q 大战说起

在 PC 时代背负"抄袭"骂名的腾讯，在移动互联网的洗礼过程中逐渐"洗白"，鲜少有创业者公开指责其抄袭，而且营收和市值节节攀升，成为与阿里巴巴并驾齐驱的互联网双雄。这关键的转折点还得从 2010 年的"3Q 大战"说起：

彼时，腾讯与奇虎 360 的口水战、公关战不断升级，最后发展到技术对抗，拥有用户优势的腾讯强迫用户"2 选 1"：只有卸载奇虎 360 安全卫士，才能使用 QQ。尽管腾讯费尽心力解释"艰难决定"的原因，但支持奇虎 360 的声音始终占据上风。在工信部的介入下，这场轰轰烈烈的 3Q 大战才得以平息，以 QQ 与安全卫士的兼容而告终。腾讯虽然保住了装机量但民心大失，这让全公司上下甚为震动。马化腾痛定思痛，立志转型，为此召开了 10 次诊断腾讯的活动，并最终定下"开放"和"分享"两大原则。马化腾说："腾讯过去的梦想是希望建立一个一站式的在线生活平台，今天想把这个梦想往前推进一步，就是一起打造一个没有疆界、开放共享的互联网新生态。"

腾讯自此走上了开放平台的路线，将更多的商业利益释放给合作伙伴和生态链企业。这种开放、分享的平台化的威力和潜力远大于"自给自足"，对腾讯的影响深远。腾讯的平台竞争力不仅没有因为分享、开放而减少，反而更加聚焦平台核心竞争力，成为一个赋能大平台：社交＋内容产业中心化，合作伙伴负责去中心化，共同生长成为一个腾讯大生态。腾讯也因此没有错过移动互联网大风口，其企业遍布互联网的各个角落。

PC 时代腾讯被骂的潜台词是缺乏创新力，而企业的创新力与组织架构、文化、机制密不可分。近年来腾讯的员工数量大量增加，反而产生了微信这样的史诗级产品：微信的诞生来自内部赛马，最终脱颖而出，帮助腾讯抢到了移动互联网的第一张船票。

开放、分享的平台化绝不是一句口号，而是一种全新的思维方式，是心态，是能力，更是格局。

组织平台化：打造敏捷经营系统

放眼全球，平台化成为 21 世纪以来最大的商业创新。2001 年到 2018 年，17 年间，全世界市值最高的 10 家上市公司的排名不断变迁，并在 2016 年 8 月迎来了一个关键转折点：全世界市值最高的 5 家公司第一次没有石油、金融、工业、零售等行业的公司，全部变成了互联网平台型公司：Apple、Google、Amazon、Microsoft 和 Facebook。2017 年，腾讯和阿里巴巴这两家中国企业也挺进了前 10。在中国，最热门的互联网公司模式是美团、滴滴出行和今日头条，而这些公司也是典型的平台型公司。

平台化，已经是商业、经济和互联网领域里最常用的词，国内多家大型集团企业进行了以"组织平台化"为特征敏捷经营系统的探索实践，并取得了较好的成效。

小米的生态链平台：以手机为入口，构建 IOT 生态，相关细分市场独立运作，其平台运营、数据、技术、标准、资本等成为强力支撑；海尔的平台型组织／人单合一平台：企业是"为员工提供创业服务"的孵化器，一线员工直接面对用户，拥有决策权、分配权和用人权；华为的矩阵式平台：横向职能区域组织，为业务单位提供支持服务和监管，纵向专业化的四大一级阿米巴在平台上各自开展经营。

总结起来，组织平台化的核心就是打造赋能平台＋灵活前端的敏捷经营系统：组织大平台为小经营体的发展提供资源和基础支撑，小经营体可以更敏捷、更快速地应对市场变化。

顶层设计：道合敏捷经营系统

阿米巴：敏捷经营转型的他山之石

综合各家名企的敏捷经营转型探索道路，我们惊人地发现一个潜在的转型秘籍，那就是这些企业基本上都沿用了阿米巴经营理论作为企业变革的基础理论。而经过我们大量的研究，未来相当一部分企业的组织演进方向也必然会朝着阿米巴体系方向发展，并在此基础上不断进行个性化的升级，以此满足不同企业在不同发展阶段的需求。

阿米巴经营[①]是指将组织划分为小集体，然后通过与市场挂钩的独立核算制度加以运营，由此在公司内部培养具备经营者意识的领导者，同时实现全体员工参与经营的"全员参与经营"的独特管理手法。它是京瓷创业者稻盛和夫基于实际经验打造的经营管理手法。

阿米巴经营的创始人稻盛和夫先生被称为"经营之圣"，原因是他不仅独创了完整的阿米巴经营体系，还通过阿米巴经营体系的实践在有生之年打造了两家世界500强企业，而且在2011年成功

---

① 稻盛和夫官方网站：https://www.kyocera.com.cn/inamori/amoeba/amoeba01.html。

将申请破产保护的日航公司在一年多的时间内扭亏为盈，创造了空前的 1884 亿日元的利润。[①]

关于阿米巴的构造原理，稻盛和夫先生这样说："在京瓷，以我的会计学和被称为阿米巴的小集体独立核算制经营管理体系作为两大支柱，支持经营管理的树干。这也可以比喻成一间屋子，京瓷的经营哲学是地基，由我的会计学和阿米巴经营体制两根柱子相互支持，缺少其中一根柱子，这间屋子也撑不起来。"由此我们可以这样理解（如下图所示）：

阿米巴经营 = 经营哲学 + 经营会计 + 阿米巴经营体制

图 2-1　稻盛和夫阿米巴经营原理图

经营哲学：指的是企业经营的指导理念和原则，是企业经营观的核心体现，说明"企业为什么存在，应该如何经营"，是经营的起点和终点。京瓷的经营哲学是"敬天爱人"，敬天就是尊重客观规律，爱人就是以仁慈之心关爱众人，经营就是经营者人格的投影，只要奉行"做人何为正确"的原则，就一定能做出正确的经营判断。

---

① ［日］引头麻实：《日航重生：稻盛和夫如何将破产企业打造为世界一流公司》，陈雪冰译，中信出版社，2014 年。

经营哲学的建立，对个人而言是人格的修炼，对组织而言则是秩序的建立，因此作为企业经营的基石。

阿米巴体制：通过将企业划分成小的团队，培养具有经营意识和管理能力的领导，让每个"阿米巴"独立经营。阿米巴体制实现了一线听得见炮火的人决策，人人都是经营者、主人翁，从经营的循环改善中得到成就感。阿米巴实现了组织的扁平化，以客户为中心，并通过释放一线活力，不断激励边缘创新。新时代背景下，规模大的企业往往对市场的反应速度更慢，所以将组织划小、快速响应市场是当前时代的主流变革方向，这也是国内诸多顶尖公司近几年都在持续变革的方向。

经营会计：区别了传统财务会计，不囿于会计准则，根据企业经营实际自行定制的内部会计规则，目的是及时反映经营现场情况、用于阿米巴持续改善。经营会计的诞生告别了以企业为主体的复杂、低频会计服务，让普通员工也能通过经营会计报表及时、清楚地了解经营情况，从而实现"人人都是经营者"，不断改善经营。经营会计的创造用极其简单的方式，打通了经营与数字的关系，是敏捷经营的支柱。

为什么中国需要不一样的阿米巴

在借鉴阿米巴体系进行敏捷经营系统变革时，我们首先需要弄清楚阿米巴体系所诞生的环境，这样才能更好地理解为什么在中国的经济大背景下不能简单地照抄照搬日本的阿米巴经营体系，而需要对其进行本地化改良。

日本是生产为主导的国家

日本采用的是以生产和制造为主导的国家发展模式。"二战"以后，日本为了促进国家经济的恢复大力发展制造业，并通过引进戴明的质量管理体系大幅提升了日本国家的生产制造水平，且在随后的三十多年里实现了经济的高速发展，其势头曾一度威胁美国的霸主地位，最终迅速成为世界第二大经济体。但是自从1990年以后，日本的经济开始落寞，传统的制造型产业开始走下坡路。其原因除货币政策的失效外，还有一个很重要的因素，那就是以生产为主导的经济发展模式。曾推动日本经济发展的生产主导模式为什么又变成发展的掣肘呢？原来，以生产为主导的经济体成长的前提是供不应求的时代，但随着个性化大规模定制生产模式到来，精准营销和按需生产成为新经济企业面临的主要课题。诞生于日本工业时代的阿米巴模式，其经营哲学共识性、组织的灵活性、内部市场压力传导性及价值衡量公平性在新经济时代依然先进。但如何更有效将经营权、分配权、话语权释放给阿米巴？如何构建强大的数据中台和业务中台赋能于阿米巴？这是新经济企业在应用阿米巴经营模式时要进化和升级的。所以，不能简单照抄照搬。

日本民族文化和中国有着较大的区别

儒家思想对中国与日本的社会文化影响深远，但毕竟中日两国都有独特的国情。因此，在不同的社会文化土壤中滋生的企业文化也自然有所差异。相较于发达国家，中国企业的人才培养体系正处在完善之中：普通企业并没有系统的培训，员工进入企业之后，要么靠老带新，要么是自学成才；很多企业也不会按照员工的不同特质进行区别对待、人尽其才；另外，相较于日本企业以终生雇佣制为主导，大多数员工一生只在一两家公司工作，员工更关注企业的长期发展。而中国企业的员工流动性非常强，对于"90后""00后"来说，一两年就有可能换一家公司，在这种环境下，员工崇尚现实主义，更关注即时激励。

日本地少物稀，靠个人的力量难以生存，因此，人们习惯于团结起来，互帮互助，个人与集体完全融为一体，通过合作来完成艰巨的任务。传统阿米巴经营体系正是在日本的文化体系之下发挥更大作用的，一旦被直接照搬照抄，无视中国的国情和经济发展阶段，很容易发生水土不服的情况，最终导致企业变革的失败。

道合敏捷经营系统：重新定义企业"人数场"

那么如何对敏捷经营系统的顶层设计框架进行落地执行？我们认为平台型企业的构建方法除了考虑平台和员工两个元素，还需要增加一个重要的设计元素：那就是业务。

我们重新定义了新的企业经营模型——道合敏捷经营系统，其由三个元素构成："人""数""场"，即"员工""业务""平台"。平台为员工开展业务提供必要支持条件，员工运营平台并促进业务的增长，业务为平台和员工带来利润，让员工实现自我价值与获得相应回报的同时，为平台的持续运营提供"血液"。

为什么叫道合敏捷经营系统，道合拥有两重含义：一方面，感知并遵循企业自身运行的规律，尊重人性，敬天爱人，致良知，乃企业经营之道；另一方面，我们认为"分"只是手段，"合"才是目的。敏捷经营的内涵不仅限于"分"出效率——分责、分权、分利，更深远的意义是要在一致的"道"（价值观和愿景）下"合"出力量——合作、合力、合智，最终发挥出生态协同的价值——个体与个体之间、个体与平台之间互为价值放大器，实现价值最大化。

我们相信，员工、业务、平台不可偏废其一，只有三者协同促进、相互作用才能产生激活组织的强大力量。而让三者产生紧密联系的方式分别为合伙制、数字运营和阿米巴，如下图所示。

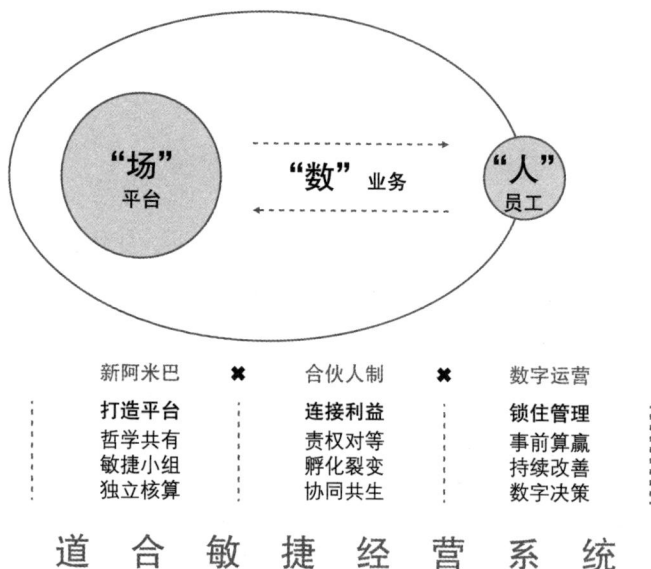

图 2-2　道合敏捷经营系统模型示意图

"人"——员工：合伙人制，连接利益

我们让员工与平台的利益深度绑定，体系化平衡员工与团队、团队与团队、员工与平台之间的关系。

责权对等：先赋予责任，在对应授予权限和利益分配机制，并在收益分配上实行"按战功论英雄"的差异化激励，激活了员工和团队的积极性。

孵化裂变：员工在成长晋升过程中，需要得到团队和平台的支持，为了保障团队负责人能够倾囊相授，我们设计了孵化裂变机制，让员工和团队都能在人才的成长中获得收益，让人才增长裂变成为团队和平台都积极推动的共同事业。

协同共生：团队与团队之间的协同和共生是平台发展的重要问题。一方面，采取抱团联盟的方式共同挑战大生意、大项目，共享收益；另一方面，通过内部市场化的方式肯定合作双方贡献，推动敏捷协作。

"数"——业务：数字运营，锁住管理

如何平衡管控与灵活，是所有平台型企业面临的难题。我们提倡业务的管控：不光要讲"理"，更要说"数"。通过数字定量评价、改善和决策才能真正平衡风险与授权的关系。

事前算赢：构建企业经营预测与决策可视化平台系统，实现业务全生命周期的数字管理。通过构建模型，实现事前对风险和业务预测，降低经营风险；通过持续滚动预测，进行红绿灯管理，保持

业务实时"算赢"。

持续改善：经营分析是持续监控和改善业务的最好工具，教会我们的员工使用经营分析工具，我们才能将"现场"带进"数字世界"，并针对存在的问题采取改善行动。持续改善也能给企业沉淀知识库，从而更好地指导业务发展和经营。

数字决策：统一业务的数字语言，无论是考核评价还是业务改善，我们都会享受数字决策的好处：不仅说"理"，更要说"数"，在企业内部形成定量思考和解决问题的文化，我们的决策会更加理性和高效。

"场"——平台：阿米巴，打造平台

对于企业家而言，平台化是企业发展的必由之路；对于员工来说，企业既是一个追求物质财富的场所，也是一个修炼人格的道场。因此，只有考虑物质和精神两方面，才能真正打造好的赋能平台，为员工展示自己、追求超越提供好的环境，卓越企业莫不如是。而阿米巴模式则是满足上述要求的最佳实践。

哲学共有：企业的经营哲学就是指导企业经营的理念和原则：企业经营为了什么，如何经营。拥有共同的经营观、工作观和人生观，才能拥有长期的合作伙伴。哲学共有的过程对于员工而言是人格修炼的过程，而对企业而言是建立秩序，统一思维的过程。

敏捷小组：大规模定制化的需求催生了企业形态的转变，灵活敏捷的小组模式更为新经济体所青睐。划小单元，独立经营、自负盈亏，敏捷小组复制了企业创业期的灵活与激情，也给了员工创业的机会，为复制经营人才、成就奋斗者提供了练兵场和孵化器。

独立核算：脱胎于阿米巴模式，经营会计为企业部门核算提供了一个好的实践经验：不囿于国家会计准则，能结合实际，贴近业务，这样的独立核算才能真正为业务的数字化提供价值尺度。独立核算是落地阿米巴的起点，也是业务数字化的起点。

在新的理论框架下，我们也能更加体系地定义敏捷经营：敏捷经营就是以员工为中心的数据驱动的经营形态，核心价值是最大程度提升企业经营的运转效率。

本书提出的敏捷经营模型是重新定义敏捷经营"人、数、场"的核心蓝本，分为多个章节解读了三个元素的重新改造，组织转型与数字转型的交互会让未来的企业变得更加优秀。

- 以心为本：平台与员工协调发展为中心，重构"人、数、场"。
- 业务二重性：业务既是物理的实体的，又是数字的虚拟的，管业务是通过数字化来管理的。
- 个体价值大爆发，催生更多合伙形态：事业合伙、股权合伙、生态合伙、无边界组织。

深刻理解这三点，它将帮助我们转型成功。

重生启示：意识到行为的转变

我们有很多管理者，包含企业老板在内，都希望有一种短平快的方法可以解决企业遇到的棘手管理问题，但又不想在很多"虚"

的事情上花工夫，如员工意识的培养和转变、经营哲学的梳理等。殊不知，如果没有解决意识问题，你花很大财力、物力建立的系统可能就使用不起来，甚至招致很多人反对。

我就接触过这么一家企业，就称它为 T 企业吧，这家企业的环保制造技术在国内首屈一指，70% 以上产品销往国外，目前业务持续发展，然而如何激励员工的积极性是摆在这家企业面前的难题。于是他们的董事长利用在北京出差的机会，和我见了一面。席间 T 企业董事长眉飞色舞、激情昂扬地描绘着自己的企业规划和蓝图，述说着自己的管理班子成员如何如何优秀。我真心被这位企业家的精神感染了，崇敬之情也油然而生，毕竟这家优秀的民营企业已经在纳斯达克上市，主要产品出口，赚外国人的钱。如果我们能合作，通过协助其建立一套敏捷经营系统帮助这家企业，该多么有意义！

然而，不管我们如何谈顶层设计的重要性、如何强调转变意识以及机制的设计才是组织变革成功的前提，那位董事长依然坚持说那些他都懂，但现在不需要，他需要的是怎么建立经营会计系统。本着对客户负责的态度，这个项目我至今没有接，因为即使建立了经营会计体系，又该如何使用？首先，经营会计系统建立的目的是核算清楚每个小组的价值，每个人都懂成本、有核算意识是经营会计体系落地的前提。何况阿米巴建立后各阿米巴之间涉及内部定价，如果没有树立利他之心的经营哲学，如何使市场外部压力正确传导到每个阿米巴组织呢？再者，阿米巴体制由稻盛和夫发扬光大了几十年的时间了，在原汁原味的阿米巴模式里，考核结果在稻盛和夫创办的企业京瓷都不是奖金分配的依据，但这在中国企业可能行不通。一方面中国企业和日本企业的社会环境不一样：日本企业基本实行终生雇佣制或者很少跳槽，而中国企业员工跳槽频繁；另一方面在移动互联网时代必须有创新人才，如果在所有制方面不进行变革就有可能留不住 A 类员工。因此，企业实行合伙人制势在必行，这也是敏捷经营系统被创建的原因。更何况，稻盛和夫在拯救日航的时候，就是经历了从意识到行为的转变过程，基于顶层设计思维，才使沉疴在身的日航重生的。

💡 日本航空公司"浴火重生"之路

日本航空（Japan Airlines，JAL）是日本的一家航空公司，成立于 1951 年，是整个亚洲规模最大、全球第三大的航空公司，曾经的世界 500 强企业。近年来日航跌下神坛，经营困难，5 年有 4 年亏本。2010 年 1 月，日航申请破产保护，实施重组，当时日航及旗下公司负债总金额 2.32 万亿日元（约合 256.5 亿美元）。在日本政府的再三恳请之下，日本经营之圣稻盛和夫于 2010 年 2 月正式出任破产重建的日航董事长。此时的稻盛和夫已近耄耋之年，而且对航空业一窍不通，然而让沉疴在身的日航扭亏为盈（月度综合销售利润），稻盛和夫先生却只花了短短 3 个月时间。截至 2010 年 6 月，日航总销售利润已达 1100 亿日元。①

---

① ［日］引头麻实：《日航重生：稻盛和夫如何将破产企业打造为世界一流公司》，陈雪冰译，中信出版社，2014 年。

日航为何沦落至此？野村证券分析师的分析比较有说服力，他认为日航经营不善有三大原因：

第一，劳动力成本业内最高，经营效率却比竞争对手低很多。

第二，经营缺乏效益导向，"大而全"的航线导致超高成本。

第三，管理官僚僵化，已经习惯"大锅饭"，抵制业务效率化。

日航虽然宣布破产，却没有引起足够的危机感。更令人吃惊的是经营干部不懂经营，经营者并不依据实际数字来作经营决策。重要的财务数据要几个月后才能整理出来，而且只有一些宏观的笼统数字。他们甚至连核算意识、盈亏意识也相当薄弱，谁对哪个部门的损益该负什么责任都不明确。公司本部和工作现场、计划部门和操作部门、经营干部和一般员工之间，关系松散，各行其是。这是不是和我们很多企业很像？

然而又是什么原因让稻盛和夫能妙手回春，使日航迅速扭亏为盈呢？

（一）植入经营哲学，转变思想意识为先

详细而深入地了解日航现状和问题后，稻盛和夫开始认真思考变革。稻盛和夫创办京瓷、帮助KDDI进入500强之时，就将植入"经营思想"作为一系列改革举措的根本。此时的日航整改，也不例外。

对于长期以来在官僚习气下形成的自大、盲目乐观的工作作风，稻盛和夫给领导层开经营会让他们看清日航的危机，用"空巴"在微醺状态下"反省"。经营哲学逐渐渗透，高层意识逐渐转变。与此同时，稻盛和夫到各个机场巡回，与那里的员工直接对话，亲自传授经营哲学，引导员工热爱自己的工作和生活、发自内心地为客户着想。有人曾批评破产前的日航"殷勤无礼"：员工内心骄傲自大，表面例行公事、殷勤待客，其实内心缺乏真诚。稻盛对日航重建的努力被员工看在眼里，大家都在讨论，为了重建日航，自己该做些什么。

为了表达歉疚和感激，乘务员悉心了解乘客的需求，提供周到的服务；为了保证准点率不惜增加燃油加速飞行，确保乘客准点到达。在准时率世界第一的同时，力求很快做到服务水准世界第一、性价比世界第一。当日航全体员工都愿意为日航的振兴，为更好地服务于乘客尽心尽力、献计献策时，日航不仅能起死回生，更能焕发新的生机。经过这些努力，经营哲学从高层干部向中层管理者，最终到员工层层渗透。就这样，人心经营好了，未来腾飞的基础也奠定好了。

（二）导入机制为第二步，实现全员参与经营

稻盛和夫决定将阿米巴分部门的核算经营体制引进日航。航空事业的收入源头来自各条航线、各个航班。通过阿米巴分部门核算，将日航每条航线划分，并和飞机维修、机场的各个部门分成一个个独立的小集体，在每一个阿米巴经营责任人的带领下，实现全员参与经营。在分部门核算的管理会计系统中，随时都能明白各条线路的盈亏状况。也就是说，每条航线、每个航班的盈亏状况，第二天早晨就能掌握。在这种掌握经营信息的情况下，小集体的经营者，甚至每一个成员的经营意识都开始逐渐增强。有关费用明细，小组人员都要掌握，大家出点子、出智慧，为消除浪费、提高效率而努力，全员都投入经营改善的活动中去。至此，适合日航的阿米巴经营变革真正开始落地。

日航取得的成功有一个特点：进行企业经营的顶层设计，使团队从意识到行为得到彻底的转变。就这样，日航仅用两年的时间，就实现了营业利润率从亏损到盈利 17% 的大逆转。我们梳理一下变革的思路和流程：

- 为公司植入经营哲学，使其完成意识形态的转变，经营哲学被定义为员工共有价值观的源泉；
- 导入机制，部门核算制度彻底唤醒了一线员工的力量。

在变革的过程中，这家企业的关键还在于把握好了自上而下的顶层设计：

- 自上而下：意识的转变是从高层到中层再到基层的传递；
- 顶层设计是意识加机制的整体转变。

变革成功是因为确定了"从意识到行为的转变"的顶层设计，且是自上而下传导式的顶层设计：一方面，在做机制调整之前先植入理念，这是最为艰难、最为关键的一步。这两家公司花了大量的时间在完成这一任务，但是磨刀不误砍柴工，经营思想得到贯彻后，机制的建立等后续部署就变得相对简单和可控了。员工理解了变革的必要性，理解了变革是使企业和个人发展获得双赢的有效途径，才会真诚地支持变革，才会上下一心。心齐了，再从微观上改变经营机制，再去处理变革方方面面的细节工作，才是最为高效的变革设计。另一方面，无论是转变意识还是导入机制，自上而下这个传导顺序都尤为重要，先去影响高层，高层发自内心认可了，自然会向下传导到中层，继而传导到基层管理者，最终传导到每一个员工。如果高层都不去主导推动变革，工作将会十分艰难、低效，甚至最终走向失败。

故，日航重生的启示是：唯有进行了自上而下的顶层设计，企业变革才能成功，而这一顶层设计就是从意识到行为的转变。

第三章

经营哲学：
从"要我干"到"我要干"

传统企业职员的任务往往来源于"要我干"的指令，因此面对责任往往相互推诿，对于工作也是"60分万岁"，没有改善经营和奋斗的动力。为了改善这一现象，企业通常会通过"企业文化墙"等"洗脑式"的方式向员工灌输"企业文化"。然而脱离顶层设计的企业文化往往是"拍脑袋""东拼西凑"的"大杂烩"，或者是企业家自己的人生信条。一来没有关联自身责、权、利等核心问题，员工觉得虚头巴脑，没必要关心；二来缺乏整体制度支持，难以落地，言行不一致，自然被摒弃；三来本身缺乏针对性，与经营无关，没有落地可操作性，听来也无用。

　　而经过企业经营管理顶层设计的经营哲学则彻底改变了这一现象：从顶层设计的角度，将与员工、组织密切相关的核心思想、态度、价值观，以及具有实践意义的经营理念和方法固化为企业的经营之本。让员工的个人利益与企业的经营发展捆绑在一起，有共同愿景和价值观，共创共赢，上下同心，而员工工作就是为命运而战，不再是"要我干"，而是"我的事，我要干"！

企业为何需要经营哲学

经营哲学是企业经营管理制度的基础

很多企业都在抱怨员工难管、效率低下、不考虑公司利益，甚至难堪重任。其实，经营企业就是经营人心，得民心者得天下，赢得了员工的心、凝聚了员工的心，员工自然就会甘心为公司出力奉献。

企业的成功离不开经营人心，经营人心离不开经营哲学。

经营哲学是企业的意识形态。意识形态可以理解为对事物的理解、认知，它是一种对事物的感观思想，它是观念、观点、概念、思想、价值观等要素的总和。意识形态不是人脑中固有的，而是源于社会存在，受思维能力、环境、信息、价值取向等因素影响，不同的意识形态，对同一种事物的理解、认知也不同。企业的意识形态是企业对事物的各种思想、态度、价值观等要素的总和，是企业在长期发展经营中慢慢沉淀下来的意识形态。提到概念总是有些抽象，其实，企业的意识形态可以理解为现在很多企业都在研究的企业文化，企业文化就是企业意识形态的全部内容，虽然看不见摸不着，却潜移默化地影响着企业的运行与发展。它具有以下 5 个方面的重要作用。

导向功能：为所有在企业文化作用下的成员指出前进的目标和

方向，使全体成员拥有共同的信仰和追求。

凝聚功能：一个企业的文化是企业内所有成员共有的，它集中反映全体成员的意志和愿望。所以，它有助于成员之间彼此达成认识上的一致和行动上的统一，保持企业内部的凝聚力。

动员功能：企业文化能够激发起所有成员的信心和热情，坚定他们实现行动目标的决心。另外，它还可以促使企业的目标更具吸引力、更容易得到成员的认可，从而获得所有成员的支持，并为未来利益作出牺牲。

约束功能：企业文化给企业内成员提供是与非、优与劣的判断标准。因此，企业文化能够约束或修正其成员的行为，减少企业不乐见的现象的出现。

协调功能：塑造企业文化可以在公司内部形成共有价值观，人与人之间有了共同语言，使得沟通更为顺畅。企业文化是润滑剂，可以缓和人与人之间的矛盾。

那么经营哲学是什么呢？经营哲学是企业文化的一部分，但是它是决定性的基础性的部分。作为企业文化的核心，把握好经营哲学才能使企业文化真正发挥其作用和功能。美国学者托马斯·彼得斯和小罗伯特·沃特曼在《追求卓越》一书中指出："我们研究的所有优秀公司都很清楚他们的主张是什么，并认真建立和形成了公司的价值准则。事实上，一个公司缺乏明确的价值准则或价值观念不正确，我们则怀疑它是否有可能获得经营上的成功。"

企业的经营均需建立制度，而企业建立的各项制度势必要符合企业的思想、企业的文化。但是企业文化的概念相对庞杂，它是企业各方面态度、观念、文化的总和，包含主流文化和各条分支文化，林林总总，让企业不易抓到其主干，即对企业经营发展最为关键核心的文化。而经营哲学就是企业文化最核心、最基础的部分，其目的正是营造一个与制度适应的企业文化。总而言之，经营哲学是企业经营管理制度的基础，企业要想长久发展，就要把建立自身的经营哲学作为经营管理顶层设计的第一步。

经营哲学能够大幅提高劳动生产率

稻盛和夫的《经营十二条》中有一条经营原则——付出不亚于任何人的努力。在互联网时代，我们必须以百米冲刺的速度去跑马拉松——这个世界的很多技术创新可能使你措手不及，只有以百米冲刺的速度和跑马拉松的精神，你才能和竞争对手一起进步，或者是把竞争对手远远地落在身后。但是如果你不用这种精神去奋斗、去拼搏，可能竞争对手甚至和你不相关的行业都把你甩在身后。

好的企业经营哲学的体现是"抢着干"，因此建立经营哲学能大幅提高企业劳动生产率。当福岛核电站发生核泄漏的时候，华为的员工完成了"最美的逆行"。他们知道危险，他们知道抢修一个基站、保障我们通信设备的畅通可能会献出自己的生命。但是在这种强烈使命感的驱动下，他们去了，也只有华为的员工才能做到，这就是经营哲学带来的力量。

💡 华为员工"最美的逆行"①

2011 年日本福岛地震期间，核电站发生核泄漏，当地居民已经纷纷离开福岛。华为员工却将防辐射装备穿戴齐全，前往福岛整修通信设备，最后抢通基站 300 多个，将华为"服务到底"的精神用行动做出最佳诠释，完成了"最美的逆行"。

软银 LTE 部门主管非常惊讶："别家公司的人都跑掉了，你们为什么还在这里？"

当时华为负责协助软银架设 LTE 基站的专案组长李兴说："只要客户还在，我们就一定在。"

在很多战争、天灾发生的悲情时刻，都能看到华为人辛苦抢修各地通信设备的身影。

为什么华为人能够自动自发，不畏艰辛地做好工作？为什么华为人可以真诚地做到"以客户为中心"？为什么华为人能够完成触动人心的"最美的逆行"？华为到底给员工吃了什么"药"？这个"药"看似无声无息，但如果吃好了就是企业制胜的重要珍宝——华为的经营哲学。

经营哲学是指企业在经营活动中，对发生的各种关系的认识和态度的总和，是企业从事生产经营活动的基本指导思想，它是由一系列的观念所组成的。企业对某一关系的认识和态度，就是某一方面的经营观念。企业自觉或不自觉，客观上都存在着自己的经营思想。

---

① 网易财经综合：《华为的秘密：为何整个世界都怕它？》，2013 年 12 月 20 日，根据网易财经综合：http://money.163.com/13/1220/19/9GIFC8I500253G87_all.html#p=8M9PCHDG251H0025。

任正非曾在《天道酬勤》这篇文章中提到了华为的"垫子文化"。创业初期，华为在资金紧张、办公等各方面条件都很艰苦的情况下，以忘我工作、勇于奉献的老一辈工作者为榜样，夜以继日地钻研、开发、测试……那时，新入职的华为员工都可以到总务处免费领取一床毛巾被、一张床垫。很多科研人员就住在实验室，自觉地拼命工作，累了就在垫子上睡一觉，醒了接着干起来。这就是"垫子文化"的起源，它记载着华为人长期持续艰苦奋斗的工作作风和牺牲精神，也是华为企业文化的灵魂。

"以客户为中心"也是华为重要的经营思想，从"最美的逆行"已经看出华为人在危难时刻与客户同在的坚定信念。对华为来说，客户是他们活下去的根本，在客户和领导间，以客户为先的精神和做法才是值得鼓励和嘉奖的。

"垫子文化""以客户为中心"，这些都是华为经营哲学体系中的组成部分，这些思想和文化已经渗透到华为人的血液中，是华为创造辉煌的坚实地基。

需要什么样的经营哲学

企业为了员工幸福、提升利润，就需要有正确的经营哲学和思维方式作为企业和员工共同的标准，上下一心，朝着共同的方向努力奋斗。

如何才能把企业中的员工凝聚起来呢？首先是管理者的率先示

范，其次是不让任何一个人僭越原则，最后还要将经营管理、科学管理和文化管理相结合。

例如，某企业经营原则里："奉献者定当给予合理的回报""各尽所能，各得其所"，表明了公司管理的核心在于对人的能力的管理，同时公司的承诺清清楚楚、明明白白，这既是公司的核心价值观，也是公司的基本分配政策，强调知识创造性，突出知识和资本、知识与权力的创造性的转化。

什么样的经营哲学才是我们需要的？想必通过对华为基本法和稻盛和夫思想的分析大家也有了一定的了解，经营哲学是企业组织的意识形态的核心部分，也是基础部分。一方面，它是一种世界观，它描绘了企业的理想蓝图；另一方面，它是一种非常强的价值判断，它告诉我们好与坏的区别，而这种价值判断本身就是一种节约信息的工具。通常每个人都想做好人好事，经营哲学就告诉人们什么是好人好事和理想企业。

我们认为好的经营哲学应至少满足以下四点：

1. 经营哲学要符合群体意识

只有让经营哲学成为全体员工的共同信仰，才能让大家用一种语言交流、同一种思维做事。有了同一个标准，就有了全体员工遵循标准的前提，经营哲学才能发挥其导向、凝聚、动员和约束的功能。如果它只是用来规范基层员工的、杜撰出的条条框框，而中高层自己不遵循，那只会引发普遍的不满。己所不欲，勿施于人，只有站在全体员工的角度，结合企业本身的特点，才能确立出真正具有现实意义的经营哲学。

2.经营哲学必须"敬天爱人"

哲学是科学的科学，因此经营哲学必须遵循事物的基本规律，即"敬天"。天就是普遍的规律，一些不法经营的机构过大地夸大精神的力量，脱离了实践的客观基础，让企业的经营偏离了正确的航向，走向危机，因此经营哲学不能违背客观规律。经营哲学又是关注于人的科学。要解决人与人之间如何和谐相处的问题，首先是协调的问题，如果每个人都基于自己的利益思考问题，那必然会产生矛盾。其次是投机行为，有些人不劳动，反而能够坐享其成。仁者爱人，唯有秉持爱人之心，以心为本，才能做正确的事、利人利己，最终实现共赢。

3.经营哲学必须提倡奋斗精神

人的奋斗是社会物质财富的源泉，没有奋斗精神，企业就谈不上持续创新和持续盈利。企业是人合组织，其本体就是人，解决企业的经营问题，其本质上就是解决人的劳动的问题、生存的问题，呼唤企业的创新和持续盈利，归根到底是呼唤人的奋斗。因此，无论企业处于何种行业、何种阶段、何种规模，都应该弘扬奋斗精神，这是人超越自我的原动力，自然也是企业实现基业长青的不二法门。

4.经营哲学必须可以通过客观的机制来实现其内容

经营哲学不是挂在墙上的口号，也不是通篇超越现实的文字。经营哲学的确立，其最终目的是引导大家如何实现自己的价值、引导企业如何持续盈利和创新。没有可以落地的机制，经营哲学就是镜花水月，一个没有实践意义的口号，最终会被员工所摒弃。作为企业机制中的"软机制"，其与实际经营相关的"硬机制"应该是高度统一的，即所有条款都应体现在硬机制里。比如，我们一方面说

"为员工搭建一个实现人生理想的舞台",另一方面我们在分配机制上还是采用职业经理人而不是合伙人的"按贡献和能力"来进行利益分配,也没有增加员工的话语权和经营权,那么我们的经营哲学和机制就是两张皮。因此好的经营哲学都是与企业经营管理的各项机制协调统一的,虽然本身不可见,但因为有了配套"硬机制"的落地而变得"看得见摸得着",这样才有其普遍扩散与实践的可能。

企业的经营哲学需要对员工具备普遍意义,一定要有企业自己的核心思想,它是可以通过借鉴以往的成功案例及经验,运用现实的机制来建立并实现经营哲学的内容。经营哲学应该是积极向上的并且保持一贯性、不会轻易改变,是企业管理者和员工的思维方式、判断事物的准则的集中体现,是企业文化的重要内容。它帮助企业用这只"无形的手"聚拢所有的成员,激发大家的潜力、推动企业的成长,实现企业与员工的双赢。

如何建立经营哲学体系

经营哲学体系必须与企业发展战略协调一致

经营哲学与企业战略似乎是两个完全不同的概念,但又有着必然的联系。经营企业就是经营人心,经营哲学是调动全体员工实施企业战略的保证,而企业战略的实施又必然推动经营哲学的良性循环发展。经营哲学与企业战略实施的关系,实际上就是观念和行为的关系，二者相互统一、互相促进。

目的是谁的，动力就是谁的。如果一个企业最终想要成就的是老板个人的私利，妄图用一种管理方式更加巧妙地剥削自己的员工，而不把目标定位为大多数人的目标，那么即使欺骗得了一时，也难以持久。一个胸怀未来的企业家则应该把组织打造成一个命运共同体。阿米巴划分，分是形式，合才是初心：合的是同一份事业、同一个梦想，只有树立了同样的理想，才会走上同一条道路。

因此建立经营哲学体系的前提是，必须有明确的企业发展战略。不仅是业务的定位，更重要的是企业的定位，包括愿景、使命、价值观等核心内容。一旦企业决定实施敏捷经营系统，就一定要围绕企业战略和企业文化制定一套简单易懂、深入浅出的经营哲学体系，配合企业发展、提供文化和精神支柱。

经营哲学体系必须解决"落地"问题

所谓经营哲学落地，就是用经营哲学指导企业实践、促进企业发展，保证企业基业长青。经营哲学只有对企业的发展真正产生作用，才能实现其根本价值。

要靠制度配套：制度建设是经营哲学落地的保证。一方面，经营哲学体系要和激励机制深度结合，达到义利合一，实现物质和精神的双重幸福。我们认为人既是利己的，也是利他的，追求个人财富并没有错，因此经营哲学所倡导的内容必须和实际的分配制度一致。另一方面，要将内部经营制度与经营哲学深度结合。比如，我们倡导诚信，就可以在内部建立起信用打分机制，在公司内部流程中违背经营理念多者，其行为将记入诚信档案，作为年度考核的一项指标，并作为内部调解时考量的要素。

要靠机制落实：要制定相应的制度和规则，并通过企业文化活动进行实施。从长期来看，经营哲学是一个系统工程，是一个长期动态演变的过程，是企业员工共同创造的文化，是企业的"魂"。这就要求不仅要有全公司范围的学习活动，还要有各业务单元小范围内的学习活动，并定期宣贯、层层宣贯，促进其走上良性发展的轨道。

要靠创新载体落实：合适的载体是企业文化创新的良方。企业文化建设的本质要求是以先进的文化影响人的思想观念，进而影响人的行为，使企业价值观真正成为干部职工评判是非、检验成败的标准和共同的行为准则。结合企业实际，积极开展宣贯会、分享会、读书会、演讲比赛等形式多样、内容丰富、员工乐于参与、便于参与，也能够受益的群众性活动。

要老板和高管身体力行：一方面，高管要在工作中身体力行。这很好理解，榜样的力量最能影响员工的思想和行为，否则嘴上说一套，行动又是另一套，骗得了一时，却难以长久。另一方面，高层要深度参与宣贯活动。只有在经营哲学的宣贯过程中，公司所有者、一把手才能更好地解读经营哲学的内涵，也更易于被员工信任。无论是老板一对多的宣贯会、分享交流会，还是群众性的读书会、演讲比赛，老板和高管的现场支持都会使得经营哲学的宣贯事半功倍、深入人心。

经营哲学必须形成公司的企业文化

经营哲学与企业的愿景、使命和其他价值观一起便构成了企业文化。在阿米巴经营体系中，经营哲学是企业文化中对思维方式、行事准则和价值判断的文字性表达，高度总结了经营过程中处理问题的原理原则。经营哲学能使我们更好地接触和理解企业文化和企业的发展战略。一旦经营哲学凝结为企业文化深入人心，就能大幅提高生产率，这才是我们去落地企业文化的目的。经营哲学把"要我干"变成"我要干"，这是意识上的改变。

当经营哲学成为企业文化的主体，才能更好地在群体协作的过程中贯彻阿米巴经营的理念。因为是文化、是企业的灵魂所在，所以必须通过全员参与、长期积淀才能形成。经营哲学不是一蹴而就的，结合激励制度的落地、开展更多的企业文化活动、让经营哲学深入普通员工的日常工作中，才能将条文内化为企业人力资本的群体性财富。从这个意义上说，经营哲学的建设就是一种人力资本的投入，其裨益必然是长期性的。推行"为命运而战"的激励机制和以经营哲学为代表的企业文化，"软硬结合"，才能真正地保障企业基业长青。

企业经营哲学落地案例

《经营十条》：全员精进的兵法

《经营十条》是某检测服务龙头企业根据检验检测行业的经营特征，结合稻盛和夫《经营十二条》的主要内容，浓缩了本企业的愿景和使命、价值观和实操经营经验后形成的经营哲学，是本企业生产经营的必备原则。

1. 事业有意义

作为第三方检验企业，我们的事业梦想在于推动便利贸易、推销公平公正、提升社会产品质量，最终提升社会良知，为人民谋求充满正、清、和的美好生活，我们的事业重大到足以为之奋斗一生。

2. 设立具体的目标

实现梦想，必须脚踏实地，而且要有路径、有目标。

战略选择的错误是致命的，属生与死的选择。

一个好的管理者，必须善于理解战略，自觉地维护长远和整体的利益，即使牺牲眼前和局部的利益也毫不犹豫。

一些长期战略需要每年、持之以恒地完成。战略目标时刻都存在于、体现在每年、每月、每日和每个人的行动计划中。

3. 胸中怀有强烈的愿望

目标有无挑战性、能否实现，取决于经营者愿望的强烈程度。

要想搞好经营，就必须有好的目的、目标。只有足具挑战性的目标，才能与事业相配。只有有强烈意愿的人，才能提出和设定具有挑战的目标。

完成当下的战术目标，增强战略目标的自信。形成团队的高度认可、产生巨大的力量，实现目标和战略。创造更大的奇迹，实现梦想。

4. 付出不亚于任何人的努力

成功没有捷径，勤奋才是王道。成功的企业，大凡没有不在此道之上的。

我们要做天下第一勤奋的服务团队！要坚信天道酬勤。自强不息，厚德载物，我们有希望成为让人敬重的大企业！

5. 销售最大化，经费最小化

开源节流，核心是提升单位人工效率。

对外销售和对内简朴，两方面都有提升空间。尽管有困难，我们也要拿出克服困难、战胜对手的勇气，只要我们拿出不亚于任何人的努力去攻关，我们就能找到解决问题的答案。

6. 定价即经营

定价是领导、经营者的职责。价格要定在客户乐意接受、公司又盈利的交汇点上。

我们是服务商，要在科研创新、管理创新的金刚钻上下功夫，加上以诚实、恪守公平公正为底线，形成高度自爱的文化，构成企业的金字招牌，提升我们的议价能力。

7. 有胆有识，有斗争精神

经营取决于坚强的意志。面对激烈的竞争，经营者就必须有敢斗争的勇气和会斗争的智谋，并把这种胆识转化为团队的整体意志。要让团队看到希望，是经过哪怕是不亚于任何人的努力就能够实现的希望和信心！

8. 不断从事创造性的工作

一个企业如果失去了创新的动力，它一定不会是行业的一流企业，而我们要做一流的企业、创新的源泉。创新给企业带来的价值已被我们的实践充分证明，而且正成为整个社会的共识，也是国家的意志体现。

践行工匠精神，不可每天以同样的方法重复同样的作业，要不断地创新。

9. 以关怀之心，真诚处事

关怀之心，诚实处事。

对待内外部合作伙伴，要在合理合规的情况下再让一点，绝不允许自作聪明，独享利益，即使有机会也不允许这样做。不追求不合理的暴利，不助长投机心理。长此以往，朋友遍天下，事业大发展。

10. 保持乐观向上的态度

抱着梦想的希望，以坦诚之心处世。

面对困难，保持乐观向上的态度、希望和梦想，以坦诚之心，深信宇宙的法则——冬天过去必是春天。

面对成就，做第一名要体会"高处不胜寒、木秀于林风必摧之"的道理，以谦虚谨慎之心，戒骄戒躁、保持清醒的头脑，使企业立于不败之地。

《华为基本法》: 理想主义色彩的企业宪法

《华为基本法》是改革开放以来由中国企业制定的第一部完整系统的企业管理大纲，被誉为中国民营企业第一次面向未来的系统总结和全面思考，为继往企业提供了企业内部文件的典型范本。

和很多企业一样，华为也曾对自己的企业文化说不清、道不明，这也成了《华为基本法》诞生的直接原因。1994 年 11 月，华为从一个名不见经传的小公司一跃成为热门企业。前来参观的企业络绎不绝，并对华为的文化有口皆碑，华为自己的干部员工也把企业文化挂在嘴边，只是各有各的解读和说辞，然而深究起来，谁也说不清华为的企业文化到底是什么。于是，任正非就着手梳理华为的企业文化。参与梳理的中国人民大学教授彭剑锋认为，《华为基本法》归纳起来其实只涵盖了两个方面：一是对华为成功的关键因素进行总结；二是对华为将来能够成功的关键因素进行分析。在1996年年初，华为开始了《华为基本法》的起草活动，对公司能够获得成功的关键管理经验进行总结分析，并随着环境变化进行修改升级，将华为的观念、战略、方针和基本政策确立在"二次创业"的基础之上，为公司的未来发展勾画蓝图。

《华为基本法》囊括了企业经营管理的方方面面，包括公司的宗旨（核心价值观、基本目标、公司的成长、价值的分配）、基本经营政策（经营模式、研发、营销、生产、财务）、基本组织政策（组织方针、组织结构、高层组织）、基本人力资源政策（基本原则、员工权利与义务、考核、管理规范）、基本控制政策（管控方针、质管体系、全面预算、成本控制、流程重整、项目管理、审计、事业部、危机管理）、接班人与基本法修改。整体以核心价值观为基础源头，以基本目标和公司成长作为指引方向，围绕价值分配开展内容讲述。其余部分，如基本经营政策、基本组织政策、基本人力资源政策和基本控制政策则是公司战略目标达成的手段和保证。《华为基本法》将价值观体系和政策体系进行了有机统一，以确保公司的组织形式和经营内在具备一致性。

总的来说，通过《华为基本法》可以明晰地看出华为的经营哲学：以人为本、鼓励创新、开放合作、关爱全员、追求奉献……《华为基本法》的作用是什么？它的作用是让员工欣然接受企业的管理。因为大家有着相同的意志理念，所以能够实现均衡管理。

第四章

阿米巴组织：
"变态"求存小而美

阿米巴（Amoeba）又叫变形虫，是一类能随环境变化的单细胞生物，后被日本"经营之圣"稻盛和夫借指其创立的"阿米巴经营模式"下的基础经营单元。稻盛和夫用阿米巴模式打造了两家世界 500 强，并帮助另一家世界 500 强企业迅速扭亏为盈。如果你觉得"阿米巴"还很陌生，那么事实上，在中国，多家名企早已进行了有成效的探索，如海尔的自主经营体模式、华为的项目型组织、韩都衣舍的小组制。

　　为什么名企争相探索"阿米巴"？那是因为在互联网时代用户社群化、需求个性化的今天，面对外部市场，企业更需要"阿米巴"一样灵活、敏捷的小团队作为触手去感知市场的变化，实现高频试错、快速迭代、推陈出新；同时，在企业内部形成一个个独立核算的微型企业，复制 CEO，通过内部市场明确责、权、利，提升组织效率、激活组织。

　　阿米巴组织究竟是什么？又是如何形成的？本章给你答案。

敏捷：组织转型新趋势

组织敏捷成为转型新趋势

大自然创造了万物生灵，同时也赐予了它们自我保护的技能。大多数生物为了生存，在遇到危险时都会攻击、躲藏、逃避甚至自残。比如，章鱼会喷出像墨汁一样的液体，模糊敌人的视线；乌龟会把头、脚缩进硬壳里，让敌人束手无策；变色龙会把自己的身体变成与周围物体一样的颜色，让敌人找不到它；还有一些断尾求生的动物，如壁虎、蜥蜴等。然而，有一种叫阿米巴的单细胞生物，能够根据环境的变化改变自己的姿态和形状，并进行细胞分裂，适应周围的生存环境。

稻盛和夫创立了京瓷，在探索京瓷的经营管理模式的过程中，他将公司按照业务模块划分成一个个独立核算的小团体。他的一个员工提议，这样的小团体能够随着环境变化灵活改变形态，正像一个个"阿米巴原虫"。受此启发，稻盛和夫将其划分小团队、独立核算、内部交易的组织模式称为"阿米巴经营模式"。

阿米巴是指像"阿米巴原虫"一样会随着外部环境的变化不断调整自己的形状、使自己和环境的匹配度达到最优的组织。企业内部的小的经营单元必须独立核算、自负盈亏，由"阿米巴巴长"（阿米巴组织负责人）对经营结果负责，经营权下放给阿米巴。此外，阿米巴通过与市场直接联系的独立核算制进行运营，发现并培养具有经营意识的领导，复制老板，让全体员工参与经营管理，从而实现全员参与的经营理念。

成功打造了两个世界 500 强企业的稻盛和夫，以及他创造的阿米巴经营，近年来受到中国企业家的追捧和崇拜。2011年，日本航空的成功重建让阿米巴经营和经营哲学再一次受到国人瞩目。在国内及全球，众多名企正在探索类似于"阿米巴"的组织管理模式，"类阿米巴"组织模式正在成为组织形态新趋势。

💡 海尔"倒三角"自主经营体组织 ①

海尔也曾进行过积极的尝试：将公司的 8 万多人拆分成 2000 多个自主经营体，其中最小的自主经营体仅有 7 人。自 2013 年开始，自主经营体可以"自主决策、分配资金、自主用人"。海尔想通过这种方式让自己的员工成为真正的"创业者"，让每个员工都能体验一把当 CEO 的感觉，如下图所示。

---

① 曹仰锋：《海尔"倒三角"运转的四大机制》，《商业评论》2013 年 7 月。

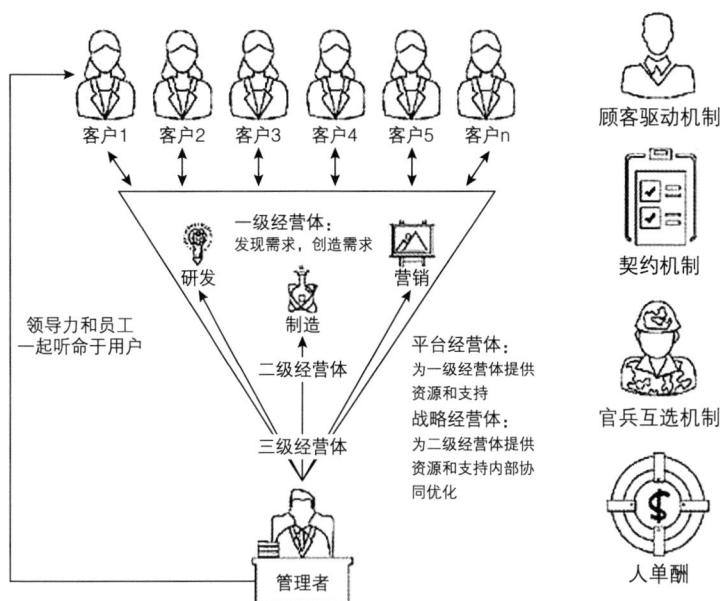

图 4-1 海尔 "倒三角" 自主经营体组织模式

华为 "眼镜蛇" 组织

华为轮值 CEO 郭平把华为的组织模式比喻成 "眼镜蛇"。"蛇头" 就是项目组,以客户为中心,可以灵活行动,发现目标,可以迅速 "攻击",十分敏捷;"蛇身" 就是平台,包括业务平台和职能平台,发达 "骨骼" 环环相扣,为蛇头进攻提供强大支持。

合弄制 "圈子" 组织

合弄制源于美国硅谷的组织创新。在合弄制中,传统企业的业务流程被称为 "圈子(Circle)",圈子是组织的基础价值单元。合弄制的特点在于去中心化、去部门化和去职位化,围绕业务流程节点的特定目的，员工可以自由组合成圈子。事实上，这些小组并非固定不变，而是要根据流程的目的动态变化。因此，合弄制公司甚至允许每周进行组织的动态调整，有新的任务就会形成新的圈子，任务结束则圈子解散。

💡 美的事业部制

美的事业部制以其充分放权和以业绩为导向的考评与激励制度，成为职业经理人锻炼与成长的平台。美的采用"人与财"双引擎管理模式：财经把账算清楚，HR 搭建人才供应链并做好绩效激励管理，财经 +HR 的数字化管理体系极大地激发了员工的积极性；同时推出了全球合伙人、事业合伙人持股计划，实现核心骨干与公司长期成长价值的责任绑定，推动了企业规模与利润的双增长。

从上面的例子我们可以看到，不论是海尔倒三角自主经营体组织，还是美的事业部制等，都有着类似于阿米巴组织的影子，因此，接下来我们探讨的组织模式就以阿米巴为原型，以便于读者理解。

阿米巴模式：消除科层制弊端的利器

传统的企业组织管理模式大多采用科层制，又称理性官僚制或官僚制。它是由德国社会学家马克斯·韦伯提出的，建立在其组织社会学的基础之上，体现了德国式社会科学与美国式工业主义的结合。[1]

通常情况下，科层制指的是依据职能和职级的不同而将权力进行切分并分层、以组织规则为管理主体的组织形式和管理方式。

科层制的主要特征是：

- 内部分工，且每一成员的权力和责任都有明确规定；

- 职位分等，下级接受上级指挥；

- 组织成员都因具备各专业技术资格而被选中；

- 管理人员是非企业所有者的专职人员；

- 组织内部有严格的规定、纪律、并对所有组织成员普遍适用；

- 组织成员之间的感情要公私分明，在工作协作中，成员间的关系只能是工作关系。

在现代企业经营管理中，科层制的弊端尤为明显。

分工过细，协作效率低，企业对市场变化反应迟钝

分工过细的结果是：由于经营过程要涉及若干环节的处理，不得已将大量精力用于流程审批和分散资源的整合协同，整个过程不仅运作时间长，且花费成本高。企业的经营活动一旦陷入这种迟缓吃力的运作状态，就会在快速多变的市场环境中处境滞后，越发被动。

---

[1] 高燕妮：《官僚制与中国行政现代化》，《成都行政学院学报》2002年第5期。

无人全盘负责整个经营过程，缺少全局负责意识

因为各部门是按照职能划分的，因此各个部门就犹如"铁路警察"一样，对铁路各管一段。其结果是各人自扫门前雪，不管他人瓦上霜，于是不可避免地出现了本位主义和互相推诿的现象，大家只关心自己的本职工作是否完成、自己的上级是否满意。而不顾战略、不顾市场的最终结果就是"顾客就是上帝"只是营销人员的信条，企业的其他员工并不关心生产的产品或提供的服务是否能满足顾客的需求。

员工数量庞大，组织机构臃肿，官僚作风严重

上文讲到，企业分工过细会造成协作困难。为了应付这个难题，企业往往会增加许多管理人员，用于组织内的衔接，成为组织管理的信息存储器、协调器和监控器。而现如今，人员冗余已成为大多数企业的难以承受之重。

员工技能单一，全面发展受限，高素质人才离任风险大

精细的分工致使员工工作单调、难以遇到新挑战，致使员工缺乏积极性、主动性。而各方面能力素质都超过岗位职责的人才，也会因为平台发展受限而最终选择离开。

在传统职能式的企业管理模式下，层级式的企业组织结构一旦确定，就会日趋稳定，进而僵化，缺陷也会日渐暴露出来：高层领

导由于陷入日常生产经营活动而对初现甚微的问题疏于管理，行政机构越来越庞大的同时，各个部门的横向关联越来越薄弱，部门间的工作协同越来越困难。

阿米巴组织架构，正是在传统组织模式面对竞争激烈、变化迅速的市场环境有心无力的情况下应运而生的。如果说传统企业的组织架构图是自上而下的矩阵图、是一种金字塔式的等级制结构，那么阿米巴的组织架构图就是自下而上的蜂巢图：由许多阿米巴构成企业的组织基础，且每个阿米巴都是独立核算的单元。

在阿米巴组织架构下，员工需要打破原有的部门界限，绕过中间管理层直接面对顾客，向公司总体目标负责。这样做就成功规避了传统组织所带来的种种不足，以群体间高效协作的优势快速对市场变化作出反应、赢得市场主导地位。由此可见，阿米巴组织具有灵活、敏捷、富有柔性和创造性的特点。

相比传统体型庞大的层级制组织，阿米巴组织娇小灵活，在传统企业牵一发而动全身的忧虑下，阿米巴不用担心因朝令夕改而带来的巨大的人力、物力动员。

阿米巴划分对于顶层设计的意义

很多企业在组织划分的第一步就走偏了，而且并不自知，在歧路上越走越远。稻盛和夫说："组织划分决定阿米巴经营的成败，它是起点也是终点！"因此我们可以说，组织划分对于企业实践阿米巴经营有着基石般的作用，影响着最终的成败。

相对于传统组织而言，阿米巴组织的创新在于其组织的划分是从经营而不是管理的角度出发。这是整个阿米巴体系建立的基础，具体而言有如下几个目的。

打好经营会计体系、激励和考核机制建立的基础

经营会计体系包含核算基准、预算体系、量化分权体系、资金管理体系的建立，最终的经营会计报表是以阿米巴核算单元的形式体现出来的，而激励对象和考核机制的建立，也必须依赖组织结构的合理划分、依赖经营会计体系核算机制的建立。因此没有阿米巴划分，经营会计体系就无从谈起，阿米巴激励和考核机制也就没有了实现的基础。

实现高度透明的经营，看清企业实际状况

阿米巴划分要求体现经营能力的经营会计报表核算到最末端的阿米巴，收入和支出项都必须有明细，而不是一个总账。阿米巴内部的人员都清楚自己阿米巴每周、每月的经营情况，这让每个人、每个阿米巴组织都"正大光明地追求利润"。老板即使不去现场，也能看到每个阿米巴的努力程度，甚至想象到现场发生的情况，从而获得更充分的决策依据：阿米巴每个月是持续进步还是持续退步、阿米巴在收入或者支出项上哪些比较出色，哪些需要改进，出色的地方可以树立标杆加以表彰，要改进的地方需要寻找什么方法加以改进。

体现经营者意志，实现组织上下同欲

经常有这样的问题困扰着经营者：从组织到个人，执行力都太差！

随着企业人员规模的扩充，管理幅度增大、中间层越来越多，从上到下的指令经过层层传递，最后的执行必然会打折扣。在传统组织中，不论是在直线职能制还是在事业部制中，都存在"夹心层"。对于最高经营者而言，每个业务板块似乎都是铁板一块，说得极端一点，连水都泼不进去。

在阿米巴方法论体系中，阿米巴负责人的产生是靠举手而不是任命去行使阿米巴经营职责的，他们带领自己的团队，每天都能看到自己的经营数据；与此同时，各阿米巴之间用单位时间附加值的增长率或是投入产出比进行比较而产生的竞争性，会让每个人都充满荣誉感、充满斗志，都会为荣誉和阿米巴的利益而战。

内部传递市场压力，实现内部竞争，释放组织活力

或许有人不理解，如果公司内部不论销售、技术、生产还是研发部门都划分成阿米巴进行独立核算和考核，那么收入从哪里来？怎么形成利润？这就是之前谈到的直线职能制下的弊病：大多数企业认为销售部门才是企业的利润来源，对销售部门有很多激励措施，而对技术、生产部门人员的激励往往是在年末按考核分数以双薪或者几个月的薪资作为年终奖励。那么问题来了：销售人员关心的是自己的提成比例，而技术、生产、研发人员关心的是工作内容的完成情况。员工关心预算而不为结果负责，而真正关心企业盈利性、现金流等生死问题的只有老板自己！所以，在一些企业里出现了这样的现象：销售人员赚钱了，中后台员工也旱涝保收了，而公司整体不盈利了。

而在阿米巴方法论中，实现的是内部定价转移策略，这样公司内部的技术、生产等部门就有收入和支出，也就能划分成更小的阿米巴进行独立核算了。全公司业务流程上的任何一个节点都可以划分成独立核算单元，即使是同一种业务也可能划分成不同的阿米巴。阿米巴之间形成利益切分后，既解决了全成本核算的问题，也形成了内部竞争，释放了组织活力。

培养员工的目标意识，达成全员参与经营

很多公司的员工在工作的时候，以完成某项或多项任务作为工作目标，基本是领导怎么安排就怎么做。但如何树立组织目标、如何实现员工个人目标和组织目标一致，一直是 KPI（关键绩效指标）考核的难题。

通过阿米巴组织的划分，公司组织形成不同独立经营的核算单元，每个核算单元的收入和支出都很清楚，且数字浅显易懂。阿米巴内的每个成员都为实现收入最大化和支出最小化而努力，目标非常明确，而且经营会计周报、月报会及时反映每个阿米巴经营情况。阿米巴和阿米巴之间也有比较，它让全体人员都清楚自己哪些地方做得好、哪些地方还需要改进，从而达到持续改善、不断进步的目的。这样不仅员工的目标意识增强了，全员也参与到了经营活动中来。

快速大量培养经营人才，复制老板

不管是直线职能制还是事业部制，企业内部的管理岗位总是有限的，员工的管理晋升通道会压抑很多优秀的人才，这是其一；其

二，随着管理者管理职位的晋升，其参与的经营活动会越来越少，逐渐变成纯管理者。

而阿米巴组织强调的是，阿米巴的负责人必须是经营型管理人才，每个阿米巴巴长自己要承担一定的任务。通过阿米巴的划分，之前庞大的组织变成一个个阿米巴独立核算单元，每个阿米巴都有一个懂经营、对经营负责的巴长，而每个巴长就是一个小老板。当阿米巴不断壮大后，再进行裂变孵化，阿米巴巴长就会越来越多，从而实现快速、大量培养经营人才和复制老板的目的。

平台化: 重塑总部价值

敏捷经营系统的核心是建立规则，打造平台。平台价值的体现关键在于总部价值的重塑。总部价值包括人才、战略、品牌、产品、供应链、用户、资本、科技、社会影响力和管理能力输出。针对不同业务团队提供不同组合的服务，总部就像是航空母舰，各团队是舰载飞机，航母提供飞机作战所需要的一切支持，如图 4-2 所示。

和传统公司组织的强管控模式的不同之处还在于: 总部赋能和总部管控被分成了管理清单和服务清单。对于公司级的风险，如市场、品牌、资金、财务核算、劳动关系、法律、采购等，需要总部把控，其他则由各阿米巴自行运作，充分放权。总部对不涉及公司级风险的问题更多的是建议权而非决策权，帮忙不添乱。

组织平台化的实现依靠总部价值的重塑。平台化的企业应该能够对所有自主经营体进行支撑和赋能，这样才能让小的经营单元拥有成长和裂变的必要环境，吸引更多创业者和经营者参与，打造更强大的平台生态。

总部重塑，就是针对下属业务板块的核心诉求重新优化设计总部职能。

其中，如何对自主经营体进行价值输出和赋能尤为重要。

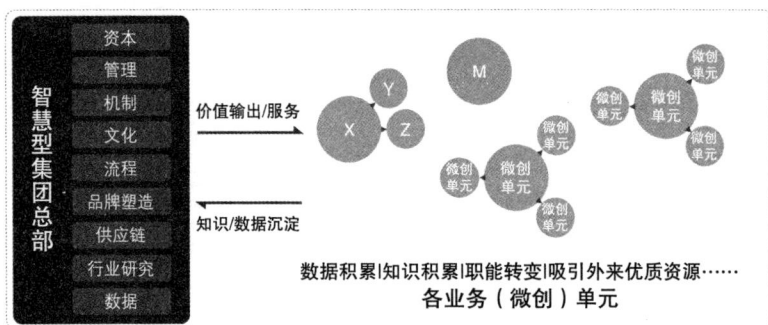

图 4-2　智慧型集团总部价值重塑

在重塑总部的过程中，首先要思考公司的战略核心竞争力是什么，即公司需要专注于什么领域。

其次要思考企业的核心风控点是什么。转变总部的思维方式，从管控型转化为管理服务综合型总部，对于核心的公司级风控点要加强，对于非公司级的事务管理权限要量化分权、赋权，对于服务支撑型的事务要设计服务模式、提升服务品质，用市场的方式去衡量品质。

最后要思考如何让自主经营体不断积累和沉淀的数据、知识成为平台的资产，让平台更加强大、更好地服务和支持公司发展，成就智慧型集团总部。

💡 小米生态链模式与智慧总部

从平台到生态链

小米把平台运营模式成功升级成了生态圈模式，走出了产品单一、边际效应递减的"瓶颈"，走出了一条健康、可持续发展的新模式。因此，公司不再需要抓住每个机会，而是只抓住最好的机会，然后帮助小伙伴们抓住其他机会，一起创造价值、共同分享。

雷军说过："我们的商业模式就是小费模式。我要求硬件加新零售打平。用户愿意用我们的互联网服务、愿意付我们钱，我们就把它视同成一种变相收小费的模式，这也是小米手机时代的主要盈利方式。"在生态圈的升级下，是品牌起到了平台作用，在各种小米生态链的产品中，做到了"只要是小米的，就不需要选择，闭着眼睛拿吧，全是好东西"的品牌建设。

截至 2018 年 3 月，小米已通过投资和管理建立了由 210 家公司组成的生态系统。其中，超过 90 家公司专注于研发智能硬件和生活消费品。在小米的电商平台上，除了手机、路由器、电视、VR（虚拟现实技术），其他都是小米生态链公司的。

生态圈的战略优势：重塑总部价值

从财务角度而言，生态链在传统产品销售的基础上成功叠加了股权投资收益，充分放大了一个生态系统的经济效益。

2017 年小米长期投资余额为 188 亿元。尽管公司没有披露长期投资的具体明细，由于其生态链中已经涌现出多家独角兽企业，我们判断小米价值 114 亿元的优先股投资中（对于初创企业的典型投资手段）的大多数都属于生态链企业及其相关产业链投资。

雷军说：物联网是生态圈和生态圈的竞争。

小米深刻体会到只有总部重新赋能，才能和其他生态圈竞争、才具有战略优势。为了帮助"小小米"成长，小米通过资本支持、供应链支持、品牌支持、产品与研发支持、渠道和流量支持的"赋能"方式给足"小小米"所需要的阳光、雨露和土壤。小米总部则专注于"黑科技、新零售、国际化、人工智能和互联网金融"五大核心战略发力，塑造企业的核心产品和竞争力。比如，在智能家居领域，小米主打路由器，路由器是底层链接用户的核心产品，其他产品都由生态链企业提供。小米之所以能够快速增长，除了它抓住了风口之外，其生态链战略和强大的智慧总部的塑造功不可没。

阿米巴组织划分的策略

阿米巴组织划分的九大考量因素

战略导向性：贯彻经营者意志，执行公司目的与方针

组织的划分说到底就是将公司的战略层层分解到执行层面，既要保证执行力超强又要保证组织之间沟通顺畅、协调能力超强，体现经营者意志的就是从公司战略到组织落地的过程。与战略目标不

相关的业务，应予以摒弃。

战略的导向性还需要考量企业在特定发展时期形成独特竞争优势。比如，是销售驱动，还是运营、技术驱动？是需要激活前端活力还是要重塑中台价值？往往大家会愿意认为阿米巴划分在某一特定行业应该有其特定的范式，但事实上，组织不是一成不变的，也没有最完美的范式，阿米巴组织的进化可能永无止境，但只要遵循战略导向性这一原则，组织的顶层设计大概不会跑偏。

部门协作性：考虑组织划分是否有利于部门协作效率提升

阿米巴经营诞生之日起，便要将外部市场竞争导入内部，从而激活组织，这是阿米巴最重要的目的之一。我们希望以市场的方式，尽可能地替代权力和流程的方式，实现部门间的协作、提升组织敏捷度。因此，在设计阿米巴组织模式时我们仍要清楚地认识到，组织划分一定是要利于内部协作的。

有时候不正确的组织划分，反而会带来长期的协作效率低下，如内部定价冗杂、业务处于不成熟阶段责权不明确等。在这种情况下，我们要灵活考虑划分的颗粒度和责权边界。比如，基于价值链切分不清楚的组织可以合二为一，让矛盾内部解决；又如，当前发展阶段组织颗粒度太细弊大于利，那就不要硬生生地拆分，等时机成熟再做拆分。

业务独立性：能独立开展业务和独立核算

阿米巴经营最大的价值之一就是内部核算，这使阿米巴之间可以通过内部价值转移进行独立核算，而独立核算的前提是能独立开展业务，拥有产出结果和交付物。如果无法界定交付结果，就意味着无法确定组织价值、无法实现独立核算，不能称作真正的阿米巴组织。

责权对等性：统一的衡量标准，充分体现责、权、利

值得一提的是，在阿米巴组织划分的过程中，要清晰界定各阿米巴组织的权利和义务，并合理分配收益。只有这样，才能确保阿米巴经营模式在企业中运行顺畅。

核算可行性：整个组织都能进行全成本核算

组织划分的必要条件之一是核算是否清晰、便捷可行，人员不能有遗漏，且须一一对应到组织，秉承"穷尽和互斥"原则。

人才充足性：考虑是否有合适的阿米巴巴长

发现和培养经营人才是阿米巴变革的初心之一。阿米巴巴长（阿米巴负责人）一般来说就是经营人才中的佼佼者，是整个阿米巴组织的团队领袖。我们在进行组织划分时要盘点巴长的储备情况，做到心中有数。

如果没有合适的巴长，阿米巴组织就不能设立吗？不一定。一方面，是通过内部竞聘来发现合适的巴长。事实上，在成功案例中，往往有很多企业在内部竞聘时涌现出平时不被关注的巴长，高手在民间；另一方面，也可以通过高级阿米巴巴长兼任的方式孵化、培养，或引入合适人才，再下正式任命和发文。

人才专业成长性：考虑人才专业技能提升因素

进行阿米巴改造的组织往往脱胎于直线职能制，引入阿米巴之后，大家一股脑地认为"人人都要成为经营人才"，于是在组织划分的时候往往忽略了人才在专业序列上的成长问题。尤其对于将中台能力作为核心竞争力的行业，人才的专业成长是非常关键的，如果我们只为了形成利润中心培养经营人才，而忽略专业人才的成长，那么短时间内，阿米巴模式的改造的确能促进利润改善，但对于长期的企业发展则是弊大于利的。因此，进行阿米巴组织划分时必须考虑人才的专业成长性。人才的专业能力和组织模式要一一匹配，在一定情况下甚至要引入矩阵式的组织模式强化专业发展通道，并采取不同的绩效管理模式。阿米巴组织不是传统的直线职能制、矩阵式管理的反义词，我们要灵活结合行业和企业实际，因地制宜。

员工积极性：考虑组织划分和绩效设计，如何提升员工积极性

组织变革着眼于未来，但立足于现在。激发员工的能动性是我们的变革目标之一，因此好的组织划分设计应该能体现更多的发展机会和成就通道。在组织设计的同时，也应该思考各阿米巴组织的绩效模式与考核指标设计。好的组织划分应该有助于设计激活人心的工作目标和绩效机制，否则来自员工的阻力很大，组织变革难以落地。

员工稳定性：考虑组织变动对于核心人员的冲击

组织变革一定会或多或少地对当前团队有冲击。我们在做组织

划分设计时要盘点好核心人员的位置和接受度，以免对公司经营产生重大冲击，当然，我们也需要通过恳谈等方式，做好核心人员的思想工作。变革对于本应被淘汰的对象，该怎么冲击就怎么冲击，但对于历史功臣，我们也要灵活应对，给他们合适的政策平滑过渡。

阿米巴组织划分维度

在传统企业中，组织划分拘泥于依照行政架构划分的思路，而阿米巴组织的划分突破了这个思维僵局，它的四个维度分别是：产品、地域、客户和价值链。在一个企业里，按价值链划分比较好理解，如销售、市场、技术、生产、研发，这些是指一个企业要进行正常运营所涉及的职能，其实就是价值链。如果我们把一个阿米巴看成一个小公司，那么这个阿米巴的正常运营就会涉及上面提到的全部或者几项价值，而且每项价值链的节点都有可能是一个阿米巴。最终的阿米巴划分，要根据总部与各阿米巴之间的价值定位，进行相应的职责和权力的确定。虽然我们定义阿米巴组织结构是自下而上的蜂巢状组织，但在一个企业刚开始实施阿米巴、进行初始化的时候，阿米巴必须由大到小进行层层划分，直至最小单元。整个公司是最大的"阿米巴单位"，公司的各个一级阿米巴是第二层的"阿米巴单位"。在一级阿米巴内部继续细分，得到第三层的"阿米巴单位"，即二级阿米巴，再由二级阿米巴划分到三级阿米巴甚至更小的经营单元。从公司到一级阿米巴的分解，根据不同公司业务特点，按产品、地域、客户、价值链进行划分如下。

表 4-1　阿米巴划分方式

阿米巴划分维度	企业类型	典型企业	备注
产品维度	产品型企业	宝洁公司、海尔	如飘柔、海飞丝
区域维度	连锁经营企业	麦当劳、肯德基	每个门店就是一个阿米巴
客户维度	客户导向型企业	银行、咨询公司	个人客户、企业客户、政府
价值链维度	工厂、房地产	富士康、万科	

　　每个类别的阿米巴往下划分，可能有交叉部分。比如，银行按客户划分，有个人客户、企业客户、政府客户，而银行的区域性又特别强，因此我们看到又有分行、支行，这就是按区域属性进行设置的。再如，宝洁公司，先按产品类别进行划分，然后按区域进行划分，最后按价值链划分到小的阿米巴。

阿米巴常见类型

　　根据阿米巴创造价值不同，可以将阿米巴分成以下几类，如下表所示。

表 4-2　阿米巴分类

阿米巴类型	考核指标	举例
盈利型	利润	生产部、销售部
预算型	预算指标	战略投入项目
成本型	预算指标	纯管理部门，如审计部、报表信批部
投资型	投资回报率	投行部、投资并购部

不难看出，阿米巴划分的原则是：在能够独立完成一道工序并能由此直接创造价值的前提下，明晰权责利，最大限度划小组织，自主经营、独立核算、自负盈亏。

由于阿米巴组织是以工作流程，而不是部门职能来构建组织结构的，所以组织架构的细分使得权、责、利更加明确，即使是最基层的阿米巴组织也能够利用公司的整体资源最大限度地发挥组织能量。企业全体员工经过组织划分后，由于独立核算、自负盈亏，员工会萌生一种经营自家企业的意识，工作会更加积极主动，源源不断地传递正能量，形成正向循环。

阿米巴组织划分的步骤

阿米巴组织划分通常分为五步，如下图所示。

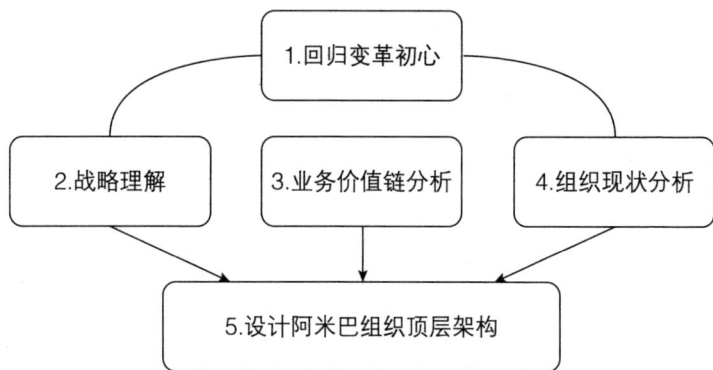

图 4-3　阿米巴组织划分步骤示意图

回归变革初心

首先，需要对变革的初心达成共识。比如，激活组织、量化核算、赋权经营、降本增效，或者是打造平台价值等，变革的初心就是组织划分的原点之一，当我们在组织划分遇到难点时不妨回归原点来审视。同时，只有对变革的初心达成共识，变革的阻力才会尽可能降低。

战略理解

对战略导向的理解是进行组织顶层设计的必要前提。即使没有清晰的战略规划，也要对当前的战略定位有基本的认知，其核心在于认知当前的竞争环境和发展阶段、明确企业当前的驱动力，如销售驱动、实施驱动、技术驱动等。

业务价值链分析

基于业务流程价值链的分析，让各阿米巴组织的责权边界和主次关系更加清晰。首先，进行业务价值链的分析，可以了解业务全流程、掌握各价值流程之间的关系。其次，梳理企业各个价值节点的核心竞争能力，就能根据战略导向，明确业务流程中需要重点提升的节点。

组织现状分析

组织现状分析可以让我们的组织设计更加贴合企业实际情况，解决目前的核心问题。通过全面的组织诊断，我们除了需要了解目前经营的核心问题，也要对组织架构不合理、不匹配的地方有深刻的认知和共识。

设计阿米巴组织顶层架构

当我们确定了变革初心，对战略导向、业务价值链、组织面临的核心问题有了清晰的认识之后，就可以进行组织的顶层设计了。首先，需要厘清本企业的阿米巴划分维度、类型及相互关系；其次，要明确整体组织架构的模式，如大中台小前端、小中台大前端等。最后，要盘点已有及潜在的阿米巴组织，形成组织架构预案。当然，阿米巴组织顶层架构的完成需要等待公司按照顶层设计的组织架构预案对应的岗位进行公开招募，全员均可主动举手竞聘成为各关键岗位负责人，最终的组织架构会根据举手竞聘的结果做适当调整和优化。

在这里需要强调的是，大家往往把集团法人架构、公司治理架构和组织架构混为一谈。事实上，阿米巴组织是虚拟组织架构，不需要与公司治理架构、集团法人架构一一对应，且阿米巴组织需要动态调整和进化，对应起来反而削弱了它的生态型组织的魅力。

阿米巴组织划分的关键点

划分阿米巴组织，必须先打破行政组织架构的观念局限。每个阿米巴组织都是自负盈亏的利润中心，要明确组织是为利润负责的（这里的利润针对不同类型的阿米巴有着不同的定义）。另外，将经营压力释放到每个阿米巴组织中，也能培养出真正具有经营意识的人才。

划分阿米巴时，我们主要关注两个关键点。

其一，经营核算表。每个阿米巴组织都要有自己的经营核算表，它是阿米巴经营落地的重要工具和反馈，详细记录阿米巴组织的收支情况。它让阿米巴巴长一目了然地知晓自己的阿米巴每小时产出多少附加价值、成本支出情况，以及累计数据反映出的经营状况。阿米巴经营核算表的设计在切合企业产品特性的同时要确保数据的精确性，才能真实地反映经营情况。

其二，阿米巴巴长。总体来看，阿米巴巴长作为整个组织的领导人物，需要具备两方面素质，即经营意识与经营能力。经营意识是指巴长对经营结果负责，在付出不亚于任何人的努力的同时要有全局视角；经营能力是指巴长能够将组织战略等抽象目标逐步分解，并落地到日常的工作行为中。

阿米巴经营的一大经营原则是以心为本，企业在追求利益的同时要重视员工的幸福感并培养有经营意识的人才、调动员工的积极性，实现人人都是经营者。而组织划分就是为员工提供机会，让员工能从经营者的立场出发，为经营好这个小阿米巴而谋划。这需要企业给予一定的支持和权力，让员工感到被重视，与企业站在同一阵线一起成长，从而在阿米巴之间形成良性竞争。

阿米巴组织划分的误区

误区一：纯职能部门必须也是盈利型阿米巴组织

在实施阿米巴的过程中一定要注意：公司的核算一定是全成

本核算。否则表面看起来公司盈利不少，一旦把研发、中后台费用加一起，公司就呈现不盈利的状况了。这种情况很常见，因为大家往往默认没有收入的部门不能列入独立核算范畴。其实在公司内部，即使是没有收入的部门，也可以进行独立核算，也是独立核算部门，而盈利型阿米巴组织则是承担任务的利润中心。公司的中后台组织，包括职能部门、公司级研发部门、战略投入部门等，虽然不是盈利型阿米巴，但也要进行独立核算，费用归集。具体操作时，可以将每项支出对应一个项目号，每个项目号归属于一个独立核算部门。

为什么说以上部门不能是盈利型阿米巴组织呢？原因很简单，职能部门是阿米巴制度的制定者和推行者，如果将它们划分成盈利型阿米巴组织，那它们无疑既是裁判也是运动员，为了达到营利目的，极有可能制定出更多的内部收费项目。再以战略部门举例，阿米巴惯以周、月、季、年为周期进行经营核算，而战略部门的收入在短期内无法实现，没有收入只有支出的部门，自然也不是盈利型阿米巴组织。当然某些职能部门能对外进行营业并独立于原有职能之外的主要收入来源与外部，完全可以成为盈利型阿米巴，如培训部门、招聘部门等。

💡 某上市公司职能部门阿米巴失败案例

某上市公司，对业务部门实施阿米巴独立核算两年以来，效果非常明显，很多冗余人员被识别出来并加以淘汰，全公司人员减少了40%，收入和利润反而有明显的增长，而后台职能部门也在阿米巴实施过程中减少了30%。按理说，接下来要加强中后台能力的打造，使公司变成一个赋能型的平台组织是该公司的不二选择。但遗憾的是，该公司一心想把阿米巴独立核算做到"极致"：开始对后台财务、人力行政、法务、公司IT中心、总裁办等全部职能部门进行独立核算和利润考核，每个部门的职能部门也要承担赚钱的任务。那么这些部门的收入从哪里来呢？一是向业务部门及分子公司收取服务费用，二是向市场兜售自己的"专业能力"。刚开始实施的时候，职能部门的人个个都摩拳擦掌，跃跃欲试：针对内部业务部门制定了各种服务定价清单，对盖一次章、出一次函、开一个户、跑一次社会保险缴纳、提供一次报表等都进行了价格定义。实施第一年，"效果"非常明显，职能部门整体费用又减少了30%，老板一看很兴奋，明确指示：职能部门每年都要提高效率30%，费用减少没有极限！即使费用减少到了极限，每个职能部门的创收也是没有极限的，内部收费能直接传导到客户，更何况职能部门也可以直接面向市场提供服务。但到了第二年，实施的结果是什么呢？在业务部门阿米巴找职能部门寻求帮助之前，都要掂量一下费用是多少，直接的结果就是业务部门和职能部门沟通减少，甚至开始关系紧张，连正常的沟通也受到影响。有离职员工在网上发帖称，该公司实施阿米巴后，公司对员工该有的服务都要收费：帮助员工办理一次工作居住证要收取200元的"跑腿费"，法务部门和经营管理部门在走合同评审流程的时候要收取"加急费"。这不能怪职能部门的人这么"势利"，这是公司领导人对利润无节制的追求及对阿米巴理解的偏差导致实施变形造成的！

可想而知，该公司实施阿米巴几年来，虽然把支出最小做到了极致，但公司总部中后台部门的能力大大削弱。近期获悉，该公司在年会中提出了文化及中后台全面升级的目标，证明领导班子已经认识到问题的严重性，只是经过这次折腾，该公司重新构建中后台的能力至少还得花三五年的时间。

误区二：阿米巴组织划分就是无限拆细、越细越好

通过上一节我们知道，能否划分阿米巴有两个关键点。一方面在于是否有合格的阿米巴巴长；另一方面则在于是否能够形成独立的经营核算表。

阿米巴的经营哲学是经营人心。与其说阿米巴的本质在于运营，不如说是在于对人的培养。如果没有合格的阿米巴巴长，就谈不上经营。所以如果没有发现和培养人才的机制，即便划出了小单元，也违背了阿米巴经营的初衷。

而关于"能够形成独立的经营核算表"，具体说来有 3 个条件。

- 能够单独完成一项业务／任务；
- 有收入，可以进行独立核算；
- 能够实现公司的战略方针。

在不能满足上述条件时而进行的强行划分，是难以形成有力的经营的，更不要说盈利和创新。

误区三：阿米巴组织会严重削弱协同性

下述的三条理论可以解释这种说法的错误性。

各阿米巴组织之间有其内部定价方式，这种定价方式体现了上

下游之间的价值关系，可以将传统企业中定义模糊的价值传递关系变为责、权、利明确的价值交换关系，不偏袒、不辜负，凸显了协同双方的价值，实现了更公平的协同合作。

阿米巴组织自带优胜劣汰的特性。协同性低的阿米巴的业务规模会随着大家更愿意选择协同性高的阿米巴合作而缩减，从而完成内部筛选和进化。

经营哲学强调、鼓励内部协作，宣扬"利他者自利"，在这种价值倡导下，协同合作不仅不会被削弱，反而会被加强。

阿米巴组织敏捷化演进

"金字塔式"职能型组织形式的适应性

现今企业主要采用传统的职能型金字塔式组织形式，如图4-4所示，这种组织形式在企业的发展壮大过程中发挥了举足轻重的作用。职能型组织形式运行效率的高低，主要受制于"二律背反"原则：相互联系的两种事物的运动规律之间存在着相互排斥的现象，如图4-5所示。职能型组织各部门各有"分工"，同时需要共同"协作"。"分工"明确会导致"协作"不畅，总存在"职能短板"；而"协作"顺畅则必须"集中"而不是"分工"。

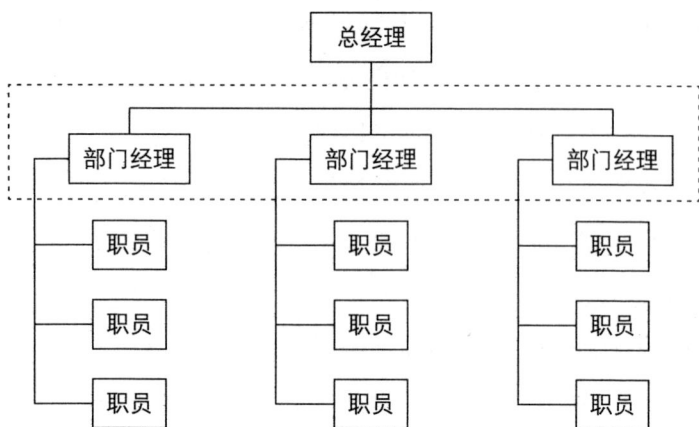

图 4-4 职能型金字塔式组织架构示意图

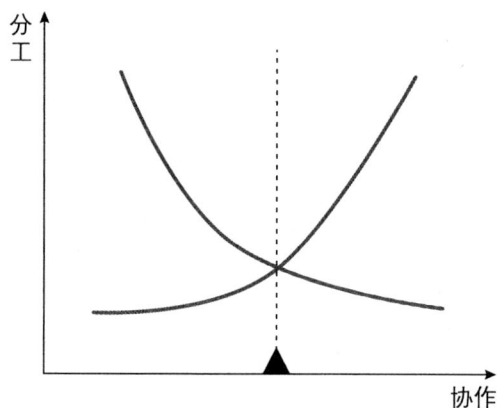

图 4-5 二律背反

当市场环境变化速度越来越快的时候,由于分工导致的跨部门协作推诿扯皮现象就越发严重,即大企业病。大企业病的主要症状为:一、创新不足;二、协同效率不高。

但是,"创新"与"协同"正是产业互联网时代市场发展的必然需求。传统企业普遍遭遇转型危机,市场上存在各种改良方法,但均无法根治大企业病,因为这是传统企业职能型组织形式与生俱来的特性,除非消灭职能型组织结构。

事业部制可缓解大企业病,但无法根除

企业实现持续扩张,必然需要时刻保证组织高效率运行。组织结构需要随着内外部市场环境变化进行自发调整,保障组织始终处于持续高效运行状态。在职能型组织形式中,横向的职能分工越多,纵向的职级就必须减少,从而简化统一职能体系内的协作程序,以提升跨职能部门的协同效率;如果纵向的职级变多时,横向的职能单元就必须进行缩减,进行集中化管理,以提升职能部门内部的创新性。如果横向的职能单元和纵向的职级同时扩张,组织过于臃肿,组织内部的协同效率就会走低,影响企业的持续发展。

正是因为存在二律背反规律,当职能型架构的职能单元和职级增加到一定程度,到达规模边际点,企业就会将同一业务或者同一产品线的职能单元集中在一起,赋予其新的职责以及相应的权限和利益,形成事业部或子公司。企业从"单核"业务变成"一大多小"的"多核"集团管理格局,目的也是追求集团企业整体运行效率最优化。

但是,事业部型组织结构或子公司模式,只能在某种程度上缓解大企业病:当各事业部业务逐步发展壮大,同样会产生大企业病,小范围内的矛盾相继在集团企业各事业部或子公司内部爆发。在职

能型组织形式中，所有的解决方法都只是改良，包括事业部制或分公司模式。如果想从根本上解决这个问题，就必须改变职能型组织形式的基本属性——分工和协作。

矩阵式组织是解决大企业病的重大探索

矩阵式组织形式兼具职能型组织和敏捷组织的特征，如下图：

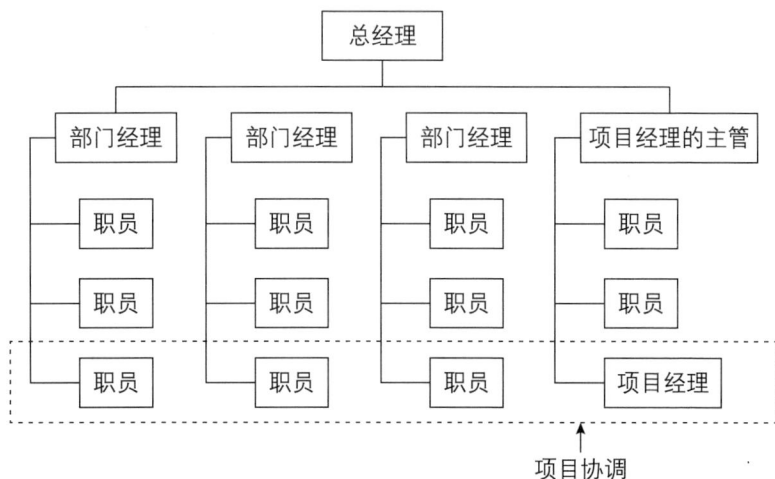

图 4-6　矩阵式组织架构示意图

矩阵式组织形式是基于传统的纵向职级管理模式：采用临时项目抽调的形式，进行单项目的横向跨职能部门集中管理，增强了部门应对市场环境变化的灵活性。项目团队的成员主要归属于原职能部门，仅在临时性项目中归属项目团队，为临时项目的项目目标负责。矩阵式组织是敏捷组织的雏形，是职能型组织形式向敏捷组织形式的过渡阶段。

矩阵型组织形式的转变过程需要经历三个阶段：弱矩阵、均衡矩阵和强矩阵，企业形态从金字塔形组织逐步向敏捷型组织转变。

弱矩阵带有明显的职能型组织结构特点，多采用项目抽调形式，项目经理承担跨职能部门沟通协调者，团队成员从各职能部门抽调，临时组建成项目组，任务完成后回归原职能部门。

均衡矩阵一方面保留了职能型组织的"分工"与"协作"价值，同时项目抽调团队逐步增加，形成稳定的跨职能部门合作关系和模式。两种管理模式在企业中势均力敌，处于均衡状态。

在强矩阵阶段，临时抽调项目组逐步固化在组织里，员工对于项目组的归属感逐步增强，职能部门的概念逐步弱化甚至消失，职能型组织形式逐步向敏捷型组织形式过渡。最终，企业脱离传统职能型组织形式，开启新的发展历程。

敏捷团队是组织架构未来的发展趋势

敏捷组织形式采用内部市场化的方式，解决了跨部门之间的分工与协作问题，集业务开展所需的大部分甚至所有职能于一身，彻底解决传统职能型组织的顽疾。基于服务定价与独立核算，利用市场化将竞争压力传导到企业内部，各敏捷小组端到端为交付负责、利润结果负责。

在移动互联、产业互联时代，企业面临多变的内外部市场和竞争环节，敏捷组织形式具备更加灵活的变形能力，依据市场环境需求，可以及时自主调整，以更好地支持企业的发展。

企业导入敏捷组织后有如下表现：

- 员工更有激情和主观能动性；

- 促进相互沟通和团队凝聚力；

- 有助于业务创新和单点突破。

敏捷组织在公司平台上承担特定的使命、接受公司的高度赋权经营、由交付所需的端到端各环节的职能角色组成，独立核算、自负盈亏。敏捷组织的特点如下：

- 清晰的团队使命和目标：承接公司战略落地和经营目标分解；

- 端到端交付的团队组建：团队成员具备端到端交付所需的关键职能，是相对稳定的团队；

- 高度赋权经营：团队获得公司的量化授权，自主开展经营；

- 平台赋能和高效协同：公司总部平台为敏捷组织赋能，解决其除了业务开展之外的所有后顾之忧；通过内部市场化的方式，解决跨团队协作效率不高的问题；

- 管理者向经营者转变：为企业培养一批内部经营人才。

制约敏捷团队打造的"瓶颈"是公司人员的充足性。人才匮乏或规模小的企业不适合采用敏捷团队形式。敏捷团队以客户为中心，一般为实现端到端交付，往往需要配备各种角色的人才，如市场、产品、研发等人员，若公司现有人才数量无法支撑拆分到各敏捷团队，便不具备建立一步到位的敏捷团队形式的条件，可采用过渡的部分敏捷形式，如采用"市场＋产品"的敏捷团队形式。

第五章

经营会计：
现金为王，量化分权

企业经营的两大难题是核算和分权。好的企业管理拥有公平的尺子，度量得当，才能实现权责利统一，企业才能真正做到任人唯贤。

先说核算。传统的财务会计能记录价值，却难以实时改善经营。在阿米巴模式下，构建经营会计体系，以经营结果为目标，根据企业实际灵活配置核心任务指标、记录分析数据，真正做到解析过去、控制现在、筹划未来。

再说分权。传统的企业依据流程分权，管理者拥有权力，却只对过程而不对结果负责，没有利害关系就难以理性决策，从而影响企业的发展。在阿米巴模式下则实现量化分权：即在明确的经营理念、原则指导下，以计划为基础，实现责任、权力的同时下放，要求员工对经营的结果真正负责任。

经营会计是量化分权的工具。运用经营会计实现量化分权，就是在给予权力的同时，时刻通过经营会计报表来掌握各阿米巴的实际运行情况，以实现权力和责任的高度统一。

本章将带你了解改善经营所应用的经营会计和量化分权之道。

经营数据：现场管理的起点和终点

日本企业界有句话："中小企业像脓包，变大就破。"意思是随着企业规模的逐步扩大，企业的流程和情况就会变得日趋复杂，如果没有经过科学的管理方式改良，而经营者的能力又无法随着企业的成长而成长，经营者就会管不过来，企业就会乱套。

京瓷也经历了从中小企业逐步成长为大企业的过程。在创始之初，全公司上下只有 28 人，而作为企业的负责人，稻盛和夫全权负责从新产品开发到生产、销售的所有环节。5 年后，京瓷的员工数量已经达到了 200 人，难以顾全首尾的他开始感到力不从心。在不断地思考如何破解难题的时候，他突然想到《西游记》中的孙悟空在遭受妖魔重兵围困时，能够"分身"出许多小孙悟空来共同抗敌。那么，自己是否也能"分身"出若干个小经营者让他们管理自己的小集体呢？由此为起点的思考，让稻盛和夫联想起阿米巴。让我们来回顾下阿米巴的特点。

"阿米巴"又称变形虫，在拉丁语中是单个原生体的意思。变形虫能够敏锐感知外界环境的变化，并不断调整自己以适应周遭变化的环境，以此达到生存目的。类比可知，阿米巴经营就是将庞大的组织拆分成若干个自成"生态"的小组织，各个小组织就像一个个独立的小企业。在经营过程中，以单位时间附加值核算为基础，追求附加价值的最大化，同时注重在公司内部培养具备经营者意识的人才，释放员工的现场创造力，让全员都参与到经营中来。

阿米巴模式能够让全员参与到经营中来，因此，稻盛和夫相信"现场有神灵""答案永远在现场"。他认为发现问题和解决问题的灵丹妙药在现场，员工是关键。通过及时公布的数据，让阿米巴组织中的每个人提高积极性，员工想要提高单位时间内的附加值，就要增加销售收入、降低成本、减少劳动时间，让每一位员工了解公司经营状况，变身经营者。

日本京瓷公司创立于 1959 年，主营陶瓷零部件生产。10 年后京瓷走出日本，先后在北美、欧洲、亚洲设立分公司。20 世纪 80 年代后，京瓷开始采取企业多元化战略，并多次挺进世界 500 强。截至 2019 年 3 月，京瓷营业收入高达 1.6 万亿日元，员工也由创业时的 28 名增长到超过 7.6 万名[①]。

尚在创业初期，京瓷公司就收到了一份松下的订单——生产用于电视机显像管中电子枪的绝缘陶瓷部件以及 U 型绝缘体。接下订单后，稻盛和夫考虑用镁橄榄石陶瓷进行合成。经过 1 年的研究探索，他成功地完成了材料合成，并保证产品没有杂质，这在日本尚属首例。其实，在合成过程中他遇到了一个很大的困难，就是矿物原料都是干燥的粉末，难以成型，如果采用传统工艺——黏土，就会混入杂质，无法获取纯净的物性。稻盛和夫苦思冥想，也无法

---

① 京瓷官网：https://www.kyocera.com.cn/60th/index.html。

想到好的解决方案。有一天他经过实验室，被东西绊了一下，险些摔倒，后来发现是鞋底上粘了前辈在实验中使用的松香。稻盛和夫由此得到灵感：他将纯净的松香作为黏合剂加入原料中，再将原料放入模具成型。

这有如神助的成功，让稻盛和夫更加肯定了"现场"的重要性：作为企业的经营者，无论企业战略如何、资金多寡、设备优劣、产品好坏、制度松紧，一旦离开了现场，以上种种都是无稽之谈。

要认识到，我们不是生活在抽象概念或虚无缥缈的空想中，而是生活在"现场"中——熙来攘往的尘世间、万物生长的大自然、忙忙碌碌的工作现场里……因此若想解决工作和生活中的各种难题，深入现场是首要考虑的途径，这是找到答案甚至是获得真理的前提。

稻盛和夫也曾提起过，京瓷的成功获益于高层次的经营哲学与阿米巴经营实学指导，而让哲学和实学能够着地发力的，恰恰是现场管理。企业经营者不脱离现场、采取有效手段改善现场管理，是防止企业臃肿、笨拙、迟钝的利器，是保持企业活力的法宝。

阿米巴经营模式总是优先注重现场管理。京瓷一直坚持按日统计经营业绩，并于次日反馈给现场，而以月为单位进行统计的业绩也会在结账后的第一时间反馈给相应的阿米巴领导人。正是有了这样的速度，现场员工才可以及时确认工作成果，才更容易凝聚广大员工的智慧，阿米巴领导人和决策层也可以及时地把握企业现状，迅速作出经营判断。因此，我们说企业的经营数据是现场管理的起点，也是现场管理的终点！

经营会计：经营能力持续提升密码

为了更好地反映和改善现场管理和经营，我们必须对经营数据进行科学的收集和分析，这个过程是通过会计手段完成的，我们把这种专门提升经营水平的会计体系称之为"经营会计"。

经营会计与财务会计的区别

财务会计是运用专门的账簿承载方法，依据相关法律法规规定的会计假设为指导，对企业过去发生的经营活动进行记录，旨在为企业的投资者、债权人、相关政府机构提供企业经营成果的对外报告会计。财务会计是对企业易产生的经济活动进行核算和监督的过程，因此成为企业经营管理活动的基础性工作之一。特别是股份制上市企业为了保护广大投资者的利益，其财务会计数据会受到十分严格且专业的会计事务所机构进行的审计和监督。反过来，正因如此，财务会计形成了一套完全规范、统一的通用准则，以确保审计的一致性，长此发展，形成了其"专门会计"的特征：即非专业人士难以看懂。

财务会计的专门性限制了其对于企业经营的可用性，大部分经营者很难通过财务会计的数据提升或改善经营成果，其实际应用价值很低，只能束之高阁。日本经营之圣稻盛和夫认为："企业会计必须为经营者提供方便，让经营者能更有效地追求'销售最大化、费用最小化'这一经营原则，而且把其成果清楚地展示出来。"因此，阿米巴经营的鼻祖稻盛和夫通过对日本企业数十年来积累的宝贵经验和企业自身的实操总结进行了整合，创立并完善了完整的经营会计体系。作为改善经营的利器，经营会计体系已在其创立或执掌的公司成熟运行了数十年，助推三家公司成为世界 500 强：精密陶瓷领导者京瓷（Kyocera）、日本第二大电信运营商（KDDI）和日本最大的航空公司日航（JAL）。

经营会计诞生于稻盛和夫的灵感之中，它是日本企业经营者长期探索、不断沉淀的企业实践结果。与"学院派"的管理理论不同，经营会计与企业的经营本身浑然一体，具有很强的实操性。因为企业本身深度的个性化并未形成统一的会计形式，不便于学界研究和传承。了解系统化理论同时兼具实务经验的人相对较少，故接下来我们将就经营会计与传统财务会计进行比较，在比较中我们可以更加深入地了解经营会计的功能与魅力。

会计思维：财务会计"看过去" VS 经营会计"看未来"

会计主要是研究企业的历史。很多人认为历史就只是研究过去，却忽略了研究过去的本质是为了更好地面向未来，会计更是如此。研究历史不仅是为了看过去，更重要的是看未来。我们在任何时间都可以选择看过去还是看未来。传统的财务会计只处理已发生的会计信息，显然它是一种"看过去"的思维方式，主要手段和目的是将"过去"与"更过去"作比较，如将 2014 年的财务报表与2013 年和 2012 年的年度财务报表作比较。事实上，市场瞬息万变，决策本身是面向未来的。经营会计的初心就是为了支持面向未来的决策，是一种看未来的思维方式。在这种格局下，企业必须基于战略来设定未来的目标，再不断地将实际结果与初始设定的目标进行全方位的比较，以此来检验经营成果或基于现实修正目标，其要义是服务经营、服务目标。

财务会计不涉及激励，经营会计则与激励密切相关。财务会计的主要任务是看过去，专业人员依赖整理分析凭证就可以完成相关工作，不太会研究具体的经营事项，无助于企业改善日常的经营管理。同时，财务会计有类似于"大锅饭"的弊病，其高度的综合性无法区分和衡量高层以下管理者和普通员工的绩效差异，也就没有可能依据数据制定有效的激励政策。从某种程度上说，财务会计就是对事不对人的工具，与人的激励无关，与日常经营成果无关。经营会计的工作则涉及为经营者设定目标并考核其绩效成果，各层级经营者与普通员工之间、各阿米巴之间必须有充分良好的沟通，以协调大家向一致的目标努力，实现上下同心；依靠经营会计的支撑，经营者在设定目标和标准时就必须切合实际，太高难以实现，太低又不利于对员工形成有效激励。

会计主体：财务会计"企业整体" VS 经营会计"基础单元"

经营会计主体是企业的基础单元，即阿米巴，阿米巴可以是企业内部的局部区域或个别部门，甚至是特定生产经营环节。而财务会计主体是整个企业，从而适应财务会计所特别强调的完整反映和监督整个经济过程的要求，并且不能遗漏会计主体的任何会计要素。[①]

会计职能定位：财务会计"记录价值"VS 经营会计"创造价值"

经营会计聚焦于"创造价值"，它贯穿于阿米巴经营的全过程。经营会计既有助于解析过去——基于各阿米巴的第一手数据和业务特点进行个性化定制，对过去的经营情况进行分析；又有助于控制现在——通过及时修正阿米巴在执行过程中出现的偏差，使企业的生产经营进程严格按照决策预设的目标执行；更有助于筹划未来——充分利用已掌握的数据和资料实现定量分析，帮助阿米巴领导人客观地把握当下的经营情况、科学理性地进行预测与决策。因此，经营会计属于"经营管理型会计"。相对来讲，财务会计的主要职能是"记录价值"，通过确认、计量、记录和报告等工作程序对企业已经发生的交易或事项进行记录、加工处理，提供并解释历史信息，因此称之为报账型会计。

会计服务的对象：财务会计"对外"VS 经营会计"对内"

经营会计的目的是服务经营，即为阿米巴经营者提供各种财务与管理信息。它是有效经营和最优化决策的有力支撑，更可以通过强化企业内部经营管理能力，提高企业经营产出，属于一种对内报告会计。正因如此，它不拘泥于形式、简单易懂、方便易用、聚焦经营目的，向经营者诚实、完整地反映各阿米巴具体经营的实际情

---

① 王祚：《浅析管理会计与财务会计的关系》，《黑龙江财会》2003 年第 12 期。

况，有力保障经营者进行正确、及时的决策。而财务会计虽然也对内提供基本的会计信息（有限且不具体、不细致），但主要侧重于对外部提供财务信息，如在面向投资者和债权人的上市公司年报中就包含了大量会计信息，因此，财务会计属于一种对外报告会计。由于财务会计专业性较强，导致非专业财务人士难以看懂数据，在企业中推广的难度可想而知，受到员工们的抗拒也在情理之中。

遵循的原则、标准不同

财务会计工作必须严格遵守《企业会计准则》和行业统一会计制度，以保证所提供的财务信息报表在时间上的一致性和空间上的可比性[1]。经营会计则不受相关行业通用准则的严格限制和约束，它的目的是服务经营，故只需要贯彻经营者意志并保持其权威性（如稻盛和夫归纳的经营会计七原则）。在这里，我们列举了几个实例来说明经营会计与财务会计处理原则的不同。

资产还是费用？在财务会计中，资产是指由企业过去的交易或者事项形成的、企业拥有或者控制的、预期会给企业带来经济利益的资源[2]。财务会计所涉及的资产囊括现金、存货、固定资产、无形资产、应收款项等。但在经营会计中，不得不扔掉的东西，就必须判定为费用支出，而不是资产，以免给经营者"固定资产比想象中还充裕"的错觉——这种错觉会降低经营者的节制意识。经营会计服务

---

① 张军：《对管理会计与财务会计的辨析》，《活力》2012 年第 1 期。

② 张旋：《资产定义的演变：从形式到内容的国际趋同》，《中国农业会计》2006 年第 12 期。

于经营，使命就是提高收益，故而在经营会计报表中，完全实现以现金为基础的结算。企业现有的、可以移动的资金才是资产，除此之外的"固定资产或者使用中的设备"都是费用支出，如此判定的目的是避免出现盲目支出的现象，同时也时刻给经营管理者敲响警钟——那些正在消耗的"固定资产"并不"固定"。

库存产品的价值如何评价？稻盛和夫创办的京瓷的主营业务之一是精密陶瓷，其关于"陶瓷还是石块"的讨论能快速帮助我们厘清思路。众所周知，精密陶瓷产品烧制出来后几乎不能再改变它的形状，即使在加工过程中要修改也几乎不可能，如果产生了库存，其价值该如何评价呢？从传统财务会计的视角看，产成品通常应按实际成本核算，入库和出库时也只记数量不记金额，期（月）末计算入库产成品的实际成本。举个例子，假如企业生产了1万个陶瓷产品，8000个交给客户，剩下的2000个作为库存，假设单价100元/个，那么财务账上就会记上20万元的库存。但稻盛和夫先生却认为："如果客户以后不再生产这种型号的机种，那么这批库存就变得毫无价值，尽管制造过程中花费了成本，尽管它是'合格品'，但作为陶瓷零件的这批货物已经没有用处，已等同于路边的'石块'。"因此从经营会计的角度来看，这批库存的价值就是零。这样做可以使公司资产货真价实，不含水分，对促进企业的健康经营非常重要。

什么是真正的收入？在财务会计中，收入的确认以风险报酬转移为主要标志，即只要提供的商品和服务的风险报酬转移给客户，不论是否收款，均应确认收入。这种奉行权责发生主义的会计方法，会造成收款与确认收入的时间不吻合的现象，使得损益表上显示的收入数字和实现的现金流入脱节。对经营者而言，这样的会计信息令人费解，乍一看云里雾里。因此，经营会计回归原点，关注会计中原本最重要的现金，并以此为基础进行正确的经营判断。在我们提供咨询服务的企业中，经营会计都颠覆了传统财务会计权责发生制的报表观，改用基于收付实现制的权责发生制，风险报酬转移且收到合同款项后才可确认合同收入。这就促使所有的阿米巴不只专注于签合同、做业务，还要关注收款，这种全业务链的管控更有利于发现和培养经营人才。

如何看懂经营损益报表

经营损益报表，顾名思义，就是反映阿米巴（基础单元）在一定期间利润实现或发生亏损的经营财务报表。作为阿米巴经营者，必须理解和运用经营会计报表，及时、清楚地了解所负责阿米巴的具体情况，从而主动地制定策略，为阿米巴创造利润。稻盛和夫先生说："无论是在公司还是在出差，我都会第一时间看每个部门的《经营会计报表》，透过销售额和费用的内容，就可以像看故事一样明白每个部门的实际经营状况，经营上的问题也一目了然地浮现出来。"

经营会计损益表的结构与项目

经营会计损益表纵向包括以下指标：收入、成本、毛利、资金占用费、内部结算费、费用、贡献利润、目标定额、超额利润、投入产出比等，横向包括年度预算、预算完成比、本年实际数和本年滚动预算，如表 5-1 所示。

收入、成本、费用：按照企业经营会计体系设定的原则和标准进行确认和计量，可以与财务会计保持相同口径，也可以根据企业的业务特性和客观的市场情况进行个性化的设计。

资金占用费、内部结算费：经营会计特有的报表项目，必须制定专门的核算管理办法进行规范，如现金核算管理办法、内部交易管理办法等。

毛利、贡献利润、超额利润和投入产出比：属于计算项目，根据直接确认的报表项目计算取得。比如，毛利＝收入－成本，贡献利润＝毛利－资金占用费－内部结算费－费用，超额利润＝贡献利润－目标定额，投入产出比 =（毛利－内部结算费）/（费用＋资金占用费）。

表 5-1　阿米巴经营会计报表

指标	序号	取值	年度预算	预算完成比	本年实际数	本年滚动预算
收入	①	－				
成本	②					
毛利	③	＝①－②				
资金占用费	④					
内部结算费	⑤					
费用	⑥					
贡献利润	⑦	＝③－④－⑤－⑥				
目标定额	⑧	－				
超额利润	⑨	＝⑦－⑧				
投入产出比	⑩	=（③－⑤）/（④＋⑥）				

透过经营会计损益表评价经营

毛利表示阿米巴通过外部交易获得利润的能力。毛利的变动能反映出产品或服务的市场竞争状况、开拓市场的意识和能力、成本管理的水平——如果市场上没有这类产品，或这类产品很少，又或这类产品相比市场上的同类产品其质量、功能价值要占有优势，那么产品的价格和毛利自然就高，反之如果是经营滞销产品或夕阳产业，市场处于竞争红海，就只能通过采用市场平均售价，获得平均毛利；阿米巴开拓市场的意识和能力越强，产品得到市场认可的程度就越高，那么这类产品的毛利通常也会比较高；如果阿米巴能够寻找到价格更低的供货商、具有较强的存货管理水平，相较于市场上的同类产品，它的产品就能具有成本上的优势，此时产品的毛利通常也比较高。

净利是阿米巴经营的最终成果，是衡量阿米巴经营效益的主要指标，是进行经营管理决策的基础。在阿米巴内外部收益固定的情况下，净利的变动取决于阿米巴日常的费用开支和资金占用。很多阿米巴都会碰到这种情况：感觉销售业务热火朝天，毛利也不错，可是净利就是不高，从经营会计报表上看，这些利润往往都是让费用和资金占用费给"吃"掉了。

如果把销售最大化、费用最小化作为经营的原点，那么增加销售额的同时，就不能增加费用，而是保持费用不变，可能的话还要降低费用。这不是随便就能做到的，这需要智慧、创意和努力，投入产出比就是在衡量阿米巴是否做到了销售最大化、费用最小化。

（毛利－内部结算费）就是阿米巴通过内外部市场销售产生的收益，（费用＋资金占用费）就是阿米巴日常经营产生的费用支出，如果要提高投入产出比，就要使作为分子的（毛利－内部结算费）最大化，作为分母的（费用＋资金占用费）最小化。

透过经营会计损益表应对经营

首先，经营者要关注收入，通过对比前后各期收入以及同行业收入的变化情况，判断阿米巴产品的市场销售情况。如果阿米巴的收入持续增长，则可以判断阿米巴的产品比较畅销，可以继续保持原来的经营与销售策略；如果阿米巴的收入持续减少，则可能是产品的销路不好或产品的定位不对，这时就需要从产品、客户、市场等多方面着手分析，改变经营或销售策略，从而提高收入。

其次，经营者还要关注毛利率，不能出现毛利率持续下降甚至为负的情况。一旦出现毛利率下降或者为负的情况，经营者就要重新审视经营策略，要么提高售价，要么降低成本，甚至是砍掉该项业务。当然，也有阿米巴为了快速抢占市场、获取新的市场机会，可能采取低价策略，但这也是希望在占领市场、确立优势地位后，获得较高的毛利率。

再次，经营者要关注费用。经营会计中费用包含固定费用和可变费用两部分，固定费用指阿米巴成员的薪酬及福利；可变费用主要是指阿米巴成员所发生的日常报销费用，包括通信费、办公用品、交通费、招待费、差旅费、会议费等。要对费用的结构和各个费用类型的增减变动趋势进行分析，分析各项费用占收入的百分比、分析费用结构和各费用类型的增减变化是否合理（对不合理的费用要分析原因）；还要将费用的实际发生数同预算数进行对比，看哪些项费用节约了，哪些费用超支了；然后再找出那些重要的或同预算发生较大出入的费用类型进行具体分析，查明其超支或节约的原因和责任人。为了实现扎实的经营，不仅要降低与销售相关的可变费用，而且要尽量降低固定费用，从而达到提高利润和投入产出比的目的。

最后，经营者要关注资金占用费。经营者一定要把握现金为王，要时刻清楚赚到的钱去哪儿了，以什么形式存在。

某企业账上的利润很多，但手头的现金有限，老板便问财务总监赚到的钱都到哪儿去了。财务总监回答说："利润变成了应收账款、库存商品、设备等各种形态。"老板又追问如何进行分红，财务总监却说要从银行借款。

企业赚了足够的利润，要分红时却要从银行借款，这听起来很不可思议，但在现实中是普遍存在的。财务会计在"发生主义"的基础上发展起来，由此计算出来的利润与实际手头的钱，即与现金流不能马上衔接。如果会计学只是为了计算出与现金完全脱离的会计利润，那么它在实际经营中就无法应用。因此，我们引入了现金管理办法，根据阿米巴实际的资金占用金额、占用时间，以一定的利率计算出的各阿米巴的资金利息，确认为资金占用费，作为阿米巴利润的扣减项，一个阿米巴即便销售和内部管理都做得非常好，但现金流情况非常差，它的盈利和投入产出比也会受现金的拖累，变得不理想。

量化分权：对结果而不是过程负责

《论语》与算盘全面对接

"日本企业之父"涩泽荣一在他晚年的著作《论语与算盘》一书中提出"理念"与"算盘"的经营之道："既讲儒家的忠恕之道，也讲精打细算的赚钱之术。"[1] "算盘要靠《论语》来拨动；同时《论语》也要靠算盘才能从事真正的致富活动。"[2]

然而，如何缩小《论语》与算盘间的距离，将《论语》与算盘有机结合，促进企业发展？基于涩泽荣一的思路，日本的"经营之神"松下幸之助发明了事业部制（即 SBU 量化分权）、创造性地破解了这一难题。可以说，事业部制是《论语》与算盘能否真正实现全面对接的关键。

1927 年，松下公司在日本率先尝试建立事业部制。松下幸之助表示："当企业规模尚小时，只有我一个人进行管理就够了，但是，当企业逐步发展起来时，自己常常是力不从心。因此，必须选择另外的人来分担我的工作，而我委派的那个人就是事业部的最高负责人。这是松下电器公司事业部的开端。其目的是通过事业部的设立，形成一种经营责任，也便于对工作业绩进行考核。事业部之

---

[1] 毕楠：《日本企业社会责任（CSR）理念的儒家思想基因及其传承》，《现代日本经济》2014 年第 3 期。

[2] 王中江：《从〈论语与算盘〉谈日本影响中国》，《博览群书》2010 年第 7 期。

间一定要独立核算，不能将某一个事业部的盈利转到另外的事业部中去。总而言之，事业部是真正考验企业家水平的地方，是出人才的地方。"

20世纪中期后，越来越多的日本企业开始复制松下模式开展事业部制，并取得了巨大的经营成功。事实上，"经营之圣"稻盛和夫创立的阿米巴经营模式与松下模式非常类似，可以把事业部制看作阿米巴经营模式的雏形。稻盛和夫说："所谓的阿米巴经营模式，就是将整个企业划分为一个个被称为'阿米巴'的小集体，从公司内部选拔阿米巴领导，并委以经营重任，从而培养出具有经营意识的领导。各个阿米巴自行制订计划，实行独立核算，并依靠全体员工的智慧和努力来完成目标。通过这种做法，让第一线的每一位员工都成为主角，主动参与经营，进而实现全员参与经营。"

由此可见，阿米巴量化分权之道是稻盛和夫对松下幸之助经营思想的继承和发展。

量化分权与流程分权

流程分权指的是不同层级根据流程拥有不同的审批或管理权限。这种授权方式并没有明确要求员工对结果（业绩）负责，只是对过程（任务事件）负责，相当于只给了员工权力而没有给出明确的责任，其本质也谈不上真正的分权。真正的分权，不能只给下属权力而不给责任，那样就会造成巨大的风险。流程分权往往会导致权力"一放就乱，一收就死"，老板很多时候被委托代理人（职业经理人）"绑架"，难以作出公正的决断。

💡 难以决断的业务招待费

　　实行流程分权的公司关于业务招待费的审批权限，通常有这样的规定：销售经理对 2000 元以下的业务招待费拥有审批权，销售总监对 5000 元以下的业务招待费拥有审批权，而对于 5000 元以上的业务招待费需经由总经理审批方可报销。那么当销售经理为了和大客户加深感情、拿下大单，需要花费 6000 元时，他就需要分别向销售总监和总经理解释开支这笔招待费的原因，然后由他们来决定。销售总监和总经理实际是很为难的：他们并不了解客户和业务进度，只能凭借销售经理的说辞进行判断，一旦审批通过，即便合同没有拿下，也与销售经理无关；但如果不准予通过，万一错失大单怎么办？对于有责任心、有业务拓展能力的销售经理而言，这样的审批流程无疑是会延误商机的；而对于没有实际业务拓展能力的销售经理而言，这样的审批流程反倒成就了他们谋取私利、推卸责任的手段，成为滋生腐败的温床。

　　关于流程分权的严重弊端，张瑞敏先生曾这样说过："流程不细致，造成很多管理风险；流程太细致，又把人管死了。"

　　量化分权是在明确的经营理念、严谨的经营原则指导下，以计划为基础，实现权力、责任的同时下放，要求员工对经营的结果真正做到负责任。量化分权给予了员工更大的过程决策空间，是真正的授权，是实现培养人才的经营模式。在这种赋权体制下，可以避免许多部门之间相互扯皮、贪污腐化和以权谋私等现象的发生，塑造高效灵活、阳光透明的企业文化。同样是 6000 元的业务招待费，阿米巴领导人就拥有审批权，但同时他需要对拿下这个客户、这个合同负责任，需要对整个阿米巴的经营结果负责任，他的权力越大，责任也随之越大，如下表所示。

表 5-2　流程分权和量化分权的比较

项目	责　任			文　化		
流程分权	对任务负责	绑架老板	责任转嫁	模糊经营	易滋生腐败	官僚僵化
量化分权	对结果负责	解放老板	责任承担	透明经营	阳光文化	高效灵活

量化分权与经营会计体系

分权模式与经营会计相互作用，经营会计是量化分权的工具。

松下幸之助说："会计是经营的罗盘，会计处理要有益于经营，事业部（SBU）分权体制与会计决算制度表里一体，是松下电器经久不衰的经营秘诀，如果会计处理紊乱，就会招来经营的紊乱。"运用经营会计实现量化分权，就是在给予权力的同时，时刻通过经营会计报表来掌握各阿米巴的实际运营情况，以实现权力和责任的高度统一，如下图所示。

事前算赢 （预算控制）	事中跟踪 （分析控制）	用数据支撑决策 （动态实时）	现金为王 （稳健经营）
商机预测	经营分析报表	经营业绩 汇总表	资金余额表
合同评审	业绩预测 跟踪表	收入/毛利表	现金流明细表
内部交易	合同项目 跟踪表	应收/应付/ 费用明细表	
人员及费用 预算		业绩指标排名	
现金流预算			

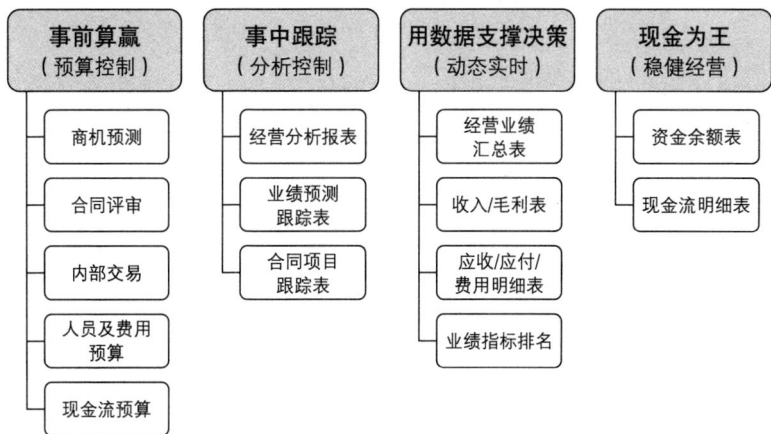

图 5-1　经营规划及持续改善的全景图

事前计划：计划水平衡量了一个企业的经营水平，是企业经营能力的综合反映。计划的制订并不能凭借天马行空的想象，而是在现有资源和已有条件的基础上进行，即根据市场需求、企业内外部环境、阿米巴自身条件变化，结合远期和近期的发展目标，巧妙地运用人、财、物等资源，全盘统筹阿米巴的全部经营活动，以达成预期目标。事前计划要周详缜密，预期目标要客观明确，针对特定对象，需签订具体明确的任务书，给予授权经营。

事中控制：通常企业都能进行一番精美绝伦、踌躇满志的计划，但在实际的工作中，往往难以执行、实现计划中所描绘的蓝图。因此，经营的好坏往往在于执行。对于经营管理者来说，在实际操作中，要能够把握经营节奏，应该及时将实际经营数据与计划数据进行对比，假设有一些数据偏离了原计划，就应该迅速找出问题的症结所在，并分析导致其发生的真实原因，着手在下一步行动中予以改善。如果发现是计划本身不合理，就应该及时地调整或优化计划。如果只是执行层面没有到位，比如说合同签署、产品交付、收款付款等步骤延期或有延期的风险，就应该组织采取相应的对策，促使当前或接下来的步骤或流程按时完成；同理，费用如果超出经营计划的设定，阿米巴经营者就应该更加严格地控制支出。通过简单量化数据来分析经营问题，实现牵一发而动全身的改善，并通过每一日、每一月、每一年的循环改善，做到极致。

事后评价：用经营会计损益表来评价各个阿米巴的经营成果，在保证公平竞争的前提下，基于简单量化的经营数据，对各阿米巴进行各项指标的大排名，选出经营成果好的阿米巴作为标杆在整个组织中推广其经营经验，形成内部经营能力的课堂，供组织内部交流、学习、分享。具体来说，怎样带动客户需求、怎样把握市场时机、怎样降低销售费用等都可以成为交流分享的课题，以实现企业内部的成功复制；经营成果较差的阿米巴需要加强学习、吸取教训，在对比中分析差距、取长补短。但需要指出的是，阿米巴经营不是"唯数字论"，要想把经营会计的作用发挥到极致，就不能只把它当成度量业绩的工具，而必须透过数字看本质，想透每个数字背后隐藏的事实、机遇和危机。工具必须注入灵魂才能真正助力企业的经营。

"由于阿米巴组织是按照小集体独立核算制来开展各项业务的，所以，也可称之为一个自由度较高的组织体。这不是一个受制于人的被动型组织，而是能够自觉发挥主体性来开展工作、提升自我能力的组织。但是，正是由于是一个自由度较高的组织体，其领导和成员才更应该具备高度的经营意识和道德规范。"[1]

只有赋予灵魂的工具系统才能推动企业的经营：灵魂就是理念，从老板的个人修炼到集体修炼，培养理念一致的经营人才。经营会计的运用，不能只停留在技术的层面，这项工具正确运用的关键在于理解经营之道——经营哲学。

运用经营会计，需要心怀利他之心

无论是企业内部协作还是外部合作，如果总是将所有行动的原则定义为利益优先，凡事都要集中在满足经营的数字任务和自身的利益上、事事都要达成对自己最优的方案，那么交易对手必然也只会考虑自身利益，锱铢必较，针锋相对，其结果必然是产生不必要的摩擦和矛盾，即使钱赚到了，也有可能失去口碑，最终丢掉长远的生意。如果经营者都拥有正确的经营哲学——心怀利他之心、感恩之心、诚恳之心，让交易对手和合作对象都觉得"这桩买卖做得顺心、干得漂亮！"那么，对方也会展示出合作的诚意，好意相报，最终相互包容，实现共赢。比如，在市场情况不好的时候，阿米巴之间不应该先考虑"窝里斗"，彼此压低对方的内部价格降低自身成本，而应该将重点放在"如何共同努力，在销售额最大化、费用最小化的前提下，保持各阿米巴的合理利润"上。只有这样，才能够最终实现公司整体的利润最大化。

---

[1] ［日］稻盛和夫：《稻盛和夫：阿米巴经营》，曹岫云译，中国大百科全书出版社，2016 年。

运用经营会计，需要秉持"以心为本"

"以心为本"的经营理念是指把关心员工放在重要的位置上，真诚对待员工、尊重员工的利益，使员工在企业发展中得到物质和精神的双丰收。这种关心和尊重既能使员工得到实际的利益，又能在精神上对员工产生激励作用。员工如果能够感受到企业对自身的关心，并且在企业的壮大发展过程中同时实现自身的价值，就会更加努力工作，实现促进企业发展和个人提升两个目标。用经营会计损益表来评价各个阿米巴的经营成果时，如果只强调数据本身的贡献，而不关注阿米巴和员工的成长与收获，必将导致员工之间互相认同、共同承担的风气逐渐消失，使只关注自己业绩的员工增多，职业道德不良风气日渐蔓延。当经营出现问题时，员工就无法理性思考其症结所在，转而选择弄虚作假、推诿逃避，甚至一蹶不振，这将给企业带来不可估量的伤害。

理念 + 钱，不能只讲钱

阿米巴组织结构中的每一层级都代表着相应的荣誉和责任，辅助部门实施阿米巴要谨慎。在第一章我们提到共享经济出现了滴滴、首汽等平台租车公司，很多公司减少甚至取消了车队。从阿米巴独立核算角度看，养一个车队肯定不划算，尤其是小公司。但在公司每年有很多 VIP 接待的情况下，如果有自己的车队给 VIP 感受和体验这一服务，则能更有效地传递公司对该客户的重视及关心。因此，阿米巴并不等同于净利考核，并非毫无依据地节约费用、提高利润，具体情况还要具体分析。

因此，阿米巴的"分"是表象，"合"才是其本质。"正是由于在这个集体的根基里绵延不绝地流淌着共同的、普遍的哲学思想、经营理念和价值观，所以无论组织如何细分，整个企业都能够像一个生命体般地正常运转。"①

---

① ［日］稻盛和夫：《稻盛和夫：阿米巴经营》，曹岫云译，中国大百科全书出版社，2016 年。

第六章

内部交易：
市场压力传导的利器

企业价值的最终来源是市场。在传统的企业生产经营中，仅有销售部门深入接触市场，而生产研发部门则远离市场。互联网时代，市场变化更加迅速，不了解市场和客户的企业无法提供适销对路的产品和服务，将逐步走向衰落。究其原因，并非人的问题，而在于机制。只有让销售、生产研发和职能部门都能够感知到市场压力和变化，企业的生产才能够跟上时代的节奏。

　　在阿米巴模式下，通过内部市场、市场定价的方式，让各个部门能够在内部交换价值，同时感知成本和收入的压力，明确责、权、利，将市场压力和变化传导至企业的各个角落，从而有的放矢地改善经营策略，提供最具盈利能力的产品和服务。

　　目标是谁的，动力就是谁的，内部市场让企业对市场更敏感。本章带你揭秘敏捷经营系统下内部市场的奥秘。

内部交易市场的发展史及类型

内部市场机制的前世今生

阿米巴是新型的、虚拟的利润中心，因此，其关键就是在企业内部形成虚拟市场。相对于外部市场的价格机制，我们将存在于企业内部的价格机制称之为内部市场。

内部市场并非新生事物，早在 1883 年，西吉韦奇（H.Sidgwich）在《政治经济学原理》一书中就指出："生产者有可能将自己所生产的产品重新投入到内部生产过程，用于再生产其他产品。在这种情况下，可以通过'假设生产者按市场价格向自己提供'后续生产所需原材料的方式来处理自给型内部生产消耗。"这里所谓的生产者"在生产中投入自己所生产的其他产品"可以理解为中间产品的内部价值转移。虽然西吉韦奇并未将"内部价格"的概念明确下来，但其"按市场价格"处理"自给型内部生产消耗"的建议已经非常接近"内部定价"的本质了。

19 世纪末至 20 世纪初，随着第二次工业革命稳步推进，交通、通信技术和金融服务等实现了迅速发展，企业经营突破了物理地域限制，规模经济优势出现，加之经济发展处于上行周期，规模即竞争力，强大的企业内部权威协调比外部市场协调具有更高的决策效率，进而提升生产效率、降低生产成本，从而实现更高的利润回报。多元化或纵向一体化等新型战略不断出现，小型企业纷纷实现规模扩张，现代意义上的多元化巨无霸企业出现，并逐步在经济活动中占据市场主导地位。随着生产规模、业务领域及地域范围的不断扩张，管理者所面临的问题越来越多，也越来越复杂，最终催生了管理制度的变革：从 20 世纪 20 年代开始，杜邦（Du Pont）、通用汽车（General Motors）、新泽西标准石油（Standard Oil of New Jersey）、西尔斯—罗巴科（Sears Roebuck）等公司逐步用多职能事业部制（即 M 型结构）替代了更为传统的职能制（即 U 型结构）。

在 U 型结构下，企业总部拥有绝对权威，对下级部门实施集权管理，各部门只需要执行上级指令即可，并无决策权；同时，在企业内部只存在一个利润中心，所有部门都需要对利润中心的盈利负责，各部门只需按部就班地完成上级分配的任务即可，因此中间产品的内部转移不存在任何风险。也就是说，U 型企业的内部价格实质上只是服务于核算的会计工具，用以计量中间产品价值与核算最终产品成本。然而，M 型结构多职能事业部的出现使内部价格的功用发生了质变。一方面，企业内部的各个多职能事业部都是较为独立的二级单位（自治或半自治），具有相应的生产决策自主权；另一方面，其利润中心不再是唯一的、隶属于企业总部的，而是被分配到不同事业部，各事业部成了利润的主体，需要对自身的盈利负责。在这种情况下，利润成为衡量评估事业部绩效并据以奖惩的指标和基础，内部中间产品转移事关事业部盈利与否，内部价格并非无用，而成为对事业部考核生死攸关的决定性要素。为了增加收入、降低成本，进而扩大盈利，各事业部必须聚精会神铆足劲儿，发挥其主观能动性和创新能力，基于内部价格制定相应的生产经营策略、进行以营利为目的的生产经营。综上所述，U 型结构的企业进化为 M 型结构，其重大意义就在于内部价格成为推动企业生产经营发展的无形之手。

科斯（R.Coase）于 1937 年提出了"企业的显著特征就是作为价格机制的替代物"这一论断。他认为："市场的运行是有成本的，通过形成一个组织，并允许某个权威（一个'企业家'）来支配资源，就能节约某些市场运行成本。"[①] 然而，随着经济技术发展和社会进步，大量的知识型员工出现在知识密集型产业或岗位中，对于这类员工来说，指挥和领导在某些条件下甚至成为累赘和被替代的对象，他们不需要被指导该如何工作，这些"指导"很难，甚至不可能实现对他们工作的监督和评估。

这些困扰在信息革命之后变得更加突出。在信息时代，信息成为越来越重要的生产资源，由于与企业生死存亡、胜败荣辱休戚相关的市场需求、客户信息集中分布在企业基层，因此基层员工的主观积极性和创新创造能力成为决定企业命运的关键，如何有效激励基层员工就成了企业管理者面临的重要任务。这些变化使得"权威机制"逐步失灵，由此造成的组织成本大幅增加，这时候如果还坚

---

① 邱锦美：《企业家与企业核心能力的构建——组织资本与社会资本的阐释》，《西南科技大学学报（哲学社会科学版）》2006 年第 1 期。

持用权威机制去号令员工，企业的发展必将陷入困顿。"如何引入新的机制来降低组织成本，从而实现对权威机制的替代"是多数企业管理者面临的共同课题。20 世纪 80 年代以来，越来越多的企业尝试构建内部虚拟市场，并利用价格机制来协调生产经营。实践表明，在知识密集型的大中型企业中，价格机制比权威机制能够更加有效地促进企业内部资源配置效率和竞争能力的全面提升，进而降低企业运行成本。当然，是否要以价格机制替换权威机制的关键在于：内部市场造成的交易成本的增加是否低于由此带来的组织成本的降低。

科斯认为企业组织作为市场的替代物，其运用市场机制的成本包括：（1）发现相对价格的成本；（2）交易的谈判和签约的成本；（3）不确定性原因引起的成本，即契约履行的成本；（4）企业内部组织交易的成本。零交易成本在现实经济运行中是不可能实现或达到的，但通过改善企业内部组织制度和企业产权制度，可以不断降低企业内外部的交易成本，使其不断逼进零的极限，从而最大限度地提高经济效益。① 因此，要想将内部交易成本控制在恰当的范围内，除了把握好内部组织大小划分的适当性、借助 IT 信息化手段以降低契约履行成本和内部交易组织成本之外，更重要的是建立高效、准确的价格形成和决策机制，消除讨价还价的价格协商成本，及上级经营者在价格裁定上的道德压力。

---

① 饶晓秋：《交易成本理论：解释成本管理会计理论的新视角》，《当代财经》2006 年第 1 期。

阿米巴：自主经营、独立核算

阿米巴本质上是利润中心吗？

上文提到，阿米巴分为四种类型，但在通常情况下，绝大部分阿米巴都是盈利型阿米巴，因此，本章所讨论的阿米巴为盈利型阿米巴组织。

很多人会问，"阿米巴是不是就是利润中心呢？"为了了解这个问题，我们必须对利润中心和阿米巴进行深入的对比，借此理解阿米巴模式对于企业发展的独特作用。

利润中心（Profit Center）指既对成本承担责任，又对收入和利润承担责任的企业所属单位。由于利润等于收入减成本和费用，所以利润中心实际上是对利润负责的责任中心。

为了便于阐释，我们在此将其分为自然的利润中心和虚拟的利润中心两种。

自然的利润中心是指在企业外部，通过市场销售产品或服务实现盈利的利润中心。通常这类利润中心是企业中相对独立的部门或单位，如分公司、分厂、独立事业部等，是在采购、销售、定价、生产上具有相对独立权限的责任中心（部门）。由于可以直连外部市场，既有采购又有销售，既有成本又有收入，可以独立核算利润，于是将其完成的利润（业绩）与计划中的预计目标作比较，就可以此来衡量和评估其工作成果，并实施激励。

虚拟的利润中心是指在企业内部依靠内部交易定价向本企业其他责任中心销售产品或提供服务，实现盈利的责任中心（这里所说的利润是内部市场的虚拟利润，只是为了核算和改善经营）。这类利润中心一般远离外部市场，其产品或服务的交易对象为企业内部的其他责任中心，极少与外部发生交易关系，如生产车间、组装车间、运输队、采购部门等。设置虚拟利润中心的目的是方便核算传统的成本中心收益，赋予成本中心提供的产品或服务以"价格"数据，进而使其获得名义上的收入。这样，原来的成本中心同样既拥有收入又拥有成本，就可以方便核算部门评估其工作成果并作出改善经营的决策。

因为阿米巴既承担成本又承担利润，所以阿米巴可以算作独立的利润中心。但和传统的利润中心不同，阿米巴的细分程度高、体量非常小：如京瓷六万余名员工，平均每个阿米巴只有二十余人，因此便无法在采购、研发、制造、销售、人事管理、资金管理等方面享有高度独立自主权。它带来的优势是，即便其中某个阿米巴经营不善，也不会像传统的利润中心那样让整个企业跟着伤筋动骨。

通常情况下，阿米巴都是虚拟的利润中心，因为阿米巴的细分程度较高，其利润不是单纯靠与外部市场交易所得，至少有部分收入或成本是与企业内部其他责任中心交易形成的，因此阿米巴的利润是内外部市场双重价格机制共同作用的结果。传统的利润中心所实现的利润是遵循传统财务会计思路，并按其所直接相关的收入和成本相减来计算的，类似于毛利，而那些在经营过程中发生的、与最终盈利产生间接联系的成本或收入却并没有计算在内，这些部分往往是由于其与企业内部各部门联系产生的。因此，利润中心与企业内部其他责任中心的关系并没有体现为内部市场关系，其他责任中心的价值并没有很好地体现出来。从价值评估的角度来讲，所有利润中心产生的"利润"之中有很大一部分与企业其他责任中心的"成本"相对应。较之于传统的利润中心，阿米巴在企业内外部与价值链的上下游或协作方都存在市场关系，实行的是全成本核算。

阿米巴与传统利润中心的区别

传统利润中心的责任指标的制定过程是自上而下的：由最高管理层制定年度大目标，将其分解，再下达给执行层。市场信息和经营决策也是由高到低，层层下达给各责任中心。因此，企业员工只是在被动地接受任务，而主动了解市场、培养经营意识等，则因为缺少平台和机制的支持而变成僭越。因此，员工缺乏自主管理的内在动力，对市场需求和市场压力的感知只能依赖于间接而迟缓的上层传达，无法形成市场价值观念。

而敏捷经营系统是一种"自下而上"的"目标承诺制"：阿米巴会根据历史财务数据，以及对环境和自身组织的研究分析，切实制定经营目标，并提出达成目标所需要的对策。经营目标由阿米巴自己认领且自行完成，市场需求和压力突破传统层级制，避开层层下达带来的信息滞后和信息失真，直接由阿米巴自己感知、自己分析，利于员工市场价值观念的形成和自主经营意识的培养。

传统的利润中心和阿米巴进行独立核算的目的也不同。传统的利润中心出具损益报表的目的是对各利润中心的责任目标完成情况进行跟踪检查，同时为公司战略提供决策支持，兼作管理者的业绩考评成绩和给予奖惩的依据。而阿米巴的经营会计报表则是给阿米巴经营状况的可量化提供数据反馈，目的是让各阿米巴经营单元实时了解自己的现状，并针对问题提出办法、提高业绩。它是改善业绩的工具和发现人才的途径，而不只是奖金分配的依据。稻盛和夫先生在回答海尔集团副总裁周云杰有关"阿米巴"如何考核的问题时这样说道："欧美国家都实行绩效主义，按绩效分配工资奖金。比如，保险行业推销保险业务，业绩高报酬也高，就是所谓计件制。这种做法确实很有刺激性，努力的人会更努力，业绩越好收入越高。但有的人也很努力，业绩却不佳，他们工资低，就会心怀不满。这种'绩效主义'在整体效益上升时也许有作用，但一旦销售额下降，不管怎样努力业绩也无法提升时，此前拿高工资的人的收入就会大幅下降。这时，如果连他们也成为不满分子，整个公司的气氛就会变坏。因此我不采取这种方针。"绩效奖励的方式不能千篇一律，要基于具体的国情、时代背景、行业特征进行定制化设计。由于在日本的企业多实行终生雇佣制，所以，在京瓷，阿米巴经营并没有一味地用物质奖励去激励员工，而是用薪资、嘉奖、晋升等多种方式对优秀职员做出合理激励。事实证明，强调激励要基于精神和物质双方面，结合合伙人制，在保障薪酬、股权激励等经济利益的基础之上，赋予合伙人以权力、地位、名誉等精神激励，才能达到既提升员工生活品质，又提升员工的忠诚度，助推企业良性发展的最佳效果。

阿米巴内部市场化的四种类型

经济学在研究外部市场的时候，根据市场主体在某一商品市场的数量比例和竞争程度，可以划分为四种类型，即完全竞争市场、完全垄断市场、垄断竞争市场、寡头垄断市场。[1] 按照冯俭教授对企业内部市场的分类方法[2]，我们也可以以阿米巴之间的合作、竞争行为对企业发展的重要程度为维度，将每个维度分为高（重要）、低（不重要）两种状态，从而将阿米巴内部市场分为简单型内部市场、合作主导型内部市场、竞争主导型内部市场和复合型内部市场四种结构类型。

简单型内部市场

当阿米巴之间的合作和竞争程度都很低时，阿米巴之间是否合作和竞争既不会影响交易价格，也不会影响阿米巴和企业的整体业绩，那么这一类的内部市场就被称为简单型内部市场。简单型内部市场主要是为了合理配置企业内部资源，减少不必要的内部损耗。比如，资金管理部门向超过最高透支额的阿米巴提供临时"贷款"

---

[1] 文青、王述英：《外资并购对中国市场结构的优化——目标与效应趋势》，《西南师范大学学报（人文社会科学版）》2006 年第 1 期。

[2] 冯俭：《企业内部市场的内涵、结构及协调范围探析》，《外国经济与管理》2007 年第 6 期。

所形成的内部市场：公司对每个阿米巴进行独立的现金流核算，当某个阿米巴的货币资金余额为负且绝对金额大于最高透支额时，公司将停止该阿米巴的一切主动付款。这个时候阿米巴可以就专门项目向资金管理部门申请临时提高透支额度并支付资金使用成本，这就在企业内部形成了一个资金交易市场。资金的供给方是独一无二的，在一家现金流正常的企业里，资金使用也不存在排他性和竞争性。

合作主导型内部市场

在合作主导型内部市场上，阿米巴之间的合作程度非常高，对阿米巴和企业的整体业绩实现也至关重要，而竞争则对企业发展无关紧要甚或有害。如内部市场中交易的中间产品或服务本身只在内部交易，或者存在外部市场，但企业的竞争策略或其他因素决定了内部交易的专有性或必要性（即不允许接触外部市场）。其中最具代表性的应该是企业为核心专利产品设立的内部市场：在企业核心专利产品的供应链上，研发阿米巴对产品的性能负责，但性能的设计方案来自销售阿米巴对客户需求的反馈；生产阿米巴对产品的质量负责，但质量的好坏在很大程度上与采购阿米巴对原材料和设备供应商的选择有关；销售阿米巴对产品的销量负责，但销量取决于产品的性能和质量。因此，处于内部供应链不同环节的阿米巴成员间需建立一种有效的协调机制，通过提高信息共享水平，实现降库存、降成本；充分整合各方的优势，快速高效地开展新产品的创新和创造，缩短新产品响应市场的时间；同时，通过有计划、适度的生产经营设备和技术更新，真正实现产品或服务的质量不断提升，最终赢得客户，赢得市场。

竞争主导型内部市场

在竞争主导型内部市场上，阿米巴之间的竞争对于企业发展、绩效改善、提高最终产品的竞争力非常重要，而合作的重要性则相对较低。在此类结构的内部市场中，各阿米巴之间不发生直接联系，但在内部资源或顾客分配上却存在竞争，由此形成了竞争主导型内部市场：如企业为了提升客户服务质量，建立了内部市场，允许顾客在其所属的多家客服中心之间自主选择，通过客服中心之间的直接竞争，顾客对企业服务的满意度大大提高。

复合型内部市场

在复合型内部市场上，阿米巴之间的合作与竞争对企业发展都相当重要。通常在该类内部市场中，内部交易的中间产品或服务并不具备专有性，也被允许通过外部市场的方式获得。由于具备一定的经营自主权，各交易主体间既可以有内部市场上的竞争合作，还可以具有与外部市场交易主体的竞合关系。也就是说，如果不满意内部市场的合作，就可以引入外部合作伙伴完成合作。在这种情况下，对于内部交易主体来说，内部和外部市场的竞争与合作都必须同时关注，也就是说，其实企业内外部并不存在天然壁垒，利益成为衡量内外部竞争合作关系的主要因素，竞争合作成为动态关系，既要紧盯内外部的竞争对手谋求战胜，又要积极联合内外部合作对象，实现优势互补、利益共享。在那些执行成本优先战略的企业里，拥有自主权的采购部门完全有可能舍弃内部供应商，转而与外部供应商合作，以此达到企业成本的降低。

阿米巴内部交易市场是独立核算和全成本核算的基础，它要求阿米巴之间的产品或服务的内部购销都需要按一定价格进行结算，并明确说明每个阿米巴对组织贡献的大小。事实上，每个阿米巴就像一个个独立运营的公司。内部交易结算的本质不是为了分钱——因为利润是虚拟的市场，不是真正的客户，而是为了核算和改善。

定价即经营：定价方法和原则

定价即经营

稻盛和夫先生说："定价就是定死活，定价即经营。"

产品定价决定利润空间，是经营者必须参与的核心环节。定价太高，容易滞销亏损，价格太低，则不能保障合理利润。那么经营者如何定价，才能获取最大利润？

稻盛和夫的《经营企业的十二条准则（二）》[①] 给出了一些答案：

"在正确判断产品价值的基础上，寻求单个的利润与销售数量

---

① ［日］稻盛和夫：《经营企业的十二条准则（二）》，曹岫云译，《中外管理》2009 年第 6 期。

乘积为最大值的某一点，据此定价。我认为这一点应该是顾客乐意付钱购买的最高价格。但是，即使以该价格卖出了，也未必意味着经营一定顺当。以顾客乐意的最高价格出售了，却仍没获利，这种情形屡见不鲜。问题在于：在已定的价格下，怎样才能挤出利润？必须在深思熟虑后定下的价格之内，努力获取最大利润。在满足质量、规格等一切客户要求的前提下，必须千方百计，彻底降低制造成本。定价、采购、压缩生产成本这三者必须联动，定价不可孤立而行。就是说定价意味着对降低采购成本及生产成本负责。价格之所以要由经营者亲自决定，理由就在于此。也就是说，在决定价格的时候，必须考虑降低制造成本。反过来讲，正因为对降低成本心中有数，才能正确定价。因此如果让缺乏战略意识的营业担当来决定价格，必出乱子。"

将市场机制引入企业内部是推行阿米巴经营模式的一个核心目的。只要阿米巴之间存在中间产品或服务的交换，就可以通过内部价格机制来度量阿米巴的价值创造。这时，如果内部定价不合理，就会直接造成各阿米巴之间的利益及阿米巴与企业整体利益之间的纷争不断。企业内部处处都在刀剑相向，又如何保证员工的主动性、积极性和创造力？久而久之，企业内部就会形成不同阵营，形成内耗，从而增加企业内部的组织成本。

阿米巴内部交易如何定价？应该由熟悉公司业务的权威人士（或接近市场的特定部门）基于业务的社会性常识，较为准确地量化评价各环节阿米巴所承担的各项成本和合理利润、公平划定相应的价格，并通过一套连通市场的机制动态调整价格。这里所说的社会性常识是关于劳动价值的常识，诸如销售软硬件的企业一般拥有何种比例的毛利、相应的人员的工资成本价格是多少，外包的成本又是多少等。作为经营者，深入学习并熟悉相关内容才能制定具有公信力的价格，我们通过以下的例子来认识为什么需要这些知识。

💡 阿米巴内部交易定价案例

某公司根据客户需求制订了某解决方案，该方案涉及的产品既有公司自行研发的应用软件，还含有需外购的某硬件。其中外购的某硬件提供相对比较简单，由负责第三方产品业务的阿米巴负责，只需要采购符合要求的设备即可。如果公司内部市场的定价根据"单位时间附加值"决定，由于是高附加值的服务，各参与环节都要按照这一"单位时间附加值"去核算，于是单纯提供外购设备的第三方业务阿米巴也将按照这一标准切分收益。因此与实际市场价格相比，其服务的售价高出很多，获得了超额利润，即使不努力也能赚很多。而产品研发部门由于需要持续投入高水平的技术型员工，负担的人力成本较高，而且实际得到的利润可能比市场合理的利润还要低，这无形中促使公司内部其他部门转向低附加值的生产环节。为了避免这种不公平现象，具备熟识公司业务的定价机构就应该将负责第三方业务阿米巴的售价调整到合理的市场价格区间内。

阿米巴内部定价的四项基本原则

经过不断的实践和总结，我们认为企业在制定阿米巴内部交易价格时，应遵循以下原则。

自愿接受原则

基于供求双方自愿接受的前提制定内部价格。在企业整体利益最大化的前提下，阿米巴拥有一定经营自主权，企业老板（或特定权力机构）应保障各阿米巴经营者在经营层面的决策自由。因此在进行阿米巴内部定价时，应充分尊重阿米巴组织的自主性，消除上级价格协调上的道德压力。但是，为了避免阿米巴之间不必要的、恶意的价格博弈，企业可以提供相应的制度原则或指导方法，并成为出现价格纠纷时的处理机制。

公平合理原则

阿米巴的内部定价应当努力使交易双方的阿米巴均感到公平、合理，而不能使特定阿米巴因内部交易定价的不合理而产生额外的收益或损失，以致不能正确核算各阿米巴的业绩和价值。假设某个部门得益于较高的定价而具备很强的盈利能力，反之，另一部门则因为定价低廉，无论整个团队如何努力也无力实现营收平衡。这样的不公平现象，不仅容易引起矛盾，更会影响企业整体目标的实现。为避免市场定价的不公平，对定价作出最终判断的老板（或特定机构）必须制定任何一方都较为信服的公正、公平、公开的价格。因此，参与定价的人必须充分综合具体部门的费用情况、人力支出、技术难度和市场行情等多维度信息，并与相关交易主体进行沟通和协商，最终确定较为合理的价格，并实时根据市场变化调整优化。

服务业务发展原则

阿米巴的内部定价本身服务于企业的经营，因此要优先支持业务需求，不能为了核算而核算，更不能因内部结算而阻碍了业务部门发展的意愿。企业内部结算关系往往涉及不同性质、不同环节的部门，必须分析各部门与市场的远近关系，一定要优先向市场倾斜。要想发挥阿米巴内部市场的作用，就必须使得内部交易价格的制定尽可能贴近市场，充分考虑到市场价格的波动，从而根据市场变化做出正确的、动态的调整，这样才算是真正地将外部市场机制引入企业内部。

激励和约束原则

阿米巴的内部定价要能够激励各阿米巴努力降低生产成本、提高经营业绩，还要约束阿米巴领导人的不良经营行为，有效地避免代理人因信息不对称而产生的道德风险和逆向选择，确保阿米巴领导人能够朝着实现企业整体目标和整体利益的方向行事。若要阿米巴与企业整体目标和利益完全一致几乎是不可能的，但是，内部定价至少不应鼓励阿米巴做出与企业整体目标相冲突的决策。

阿米巴内部定价的基本方法

阿米巴内部交易定价以成本和市价为基础，依据具体情况进行调整，基本方法包括成本基础的内部交易定价和市价基础的内部交易定价。很多咨询机构还提到了协商定价法，我们认为协商只是确定内部交易价格的方式，而不是方法，协商的基础还是基于成本和市价。另外，也有一些企业部分基于双重价格给内部市场交易进行定价，对同一产品或服务的转移，对于转入和转出部门设定不同的对交易双方都有利的售价，促使双方都愿意接受、乐于交易。但该方法的实施带来了企业实际收益的虚增，具体表现为企业的总收益低于各单元收益之和（两者中间的差额就是本身不存在的虚增收益）。这样一来企业经营的水分就很大，影响了我们对企业经营的判断，对企业的发展弊大于利，因此双重价格定价法并非我们认可的阿米巴内部交易定价办法之一。

成本基础的内部交易定价

成本基础的内部交易定价是指以产品或劳务在各阿米巴的成本为基础制定内部交易价格。据 National Association of Cost Accountants（NACA）1930 年公布的一项对美国不同行业超过 40 家企业内部定价实践的调查显示，七成被调查企业只使用实际成本法，而其余的三成被调查企业有时也使用实际成本方法。可见，实际成本法是内部市场早期的主要定价方法。

在传统利润中心的管理模式下，利润中心仅具有一定的执行内部交易的决策权，内部转移价格一般是由相关高管基于产品或劳务在相应部门的变动成本、完全成本、标准成本或者这些成本的一定加成来制定。但这种方法存在一个较为严重的缺陷：内部转移价格受供应链上游阿米巴生产成本变化的影响而发生不可控的波动。也就是说，假如上游阿米巴由于经营不善导致长期无法有效控制生产成本，对于下游阿米巴来说，无论自身的经营如何卓越，都无法改变中间产品或劳务的实际成本可能高于市价的局面，从而导致最终产成品的成本不具备优势而丧失产品甚至企业的竞争力。

在阿米巴经营模式下，成本基础的内部交易定价一定不适合竞争主导型内部市场和复合型内部市场，因为在这两个市场上交易的中间产品和服务通常都有丰富的外部市场；成本基础的内部交易定价也不适合合作主导型内部市场，因为这个市场上的各阿米巴系企业核心专利产品供应链上的一个环节或一道工序，合作的结果就是为了保证最终产品的竞争优势，如果采用成本加成法，各个环节的阿米巴就很难产生提升工艺水平、降低生产成本的动机。因此，只有简单型内部市场适合采用成本基础的内部交易定价。由于简单型内部市场主要存在于中后台职能部门与阿米巴之间，可以考虑以产品或服务的变动成本为制定转移价格的依据，不考虑与决策无关的固定成本。

市场基础的内部交易定价

基于市场价格的内部交易定价以产品或劳务的市场价格作为企业部门间交易价格的称之为市场基础的内部交易定价。20 世纪中期之后，多元化战略的重要性在企业的实践中不断被验证和强化，从而引发了外部市场法在企业界的实践风潮。据统计，截至 20 世纪 70 年代后期，采用外部市场法的企业已超过 2/3。

当转移价格对标市场价格时，各阿米巴（利润中心）的利润接近于其对整个企业的真实经济贡献。因此，基于市场价格的内部交易定价可以较为客观地衡量和评估各阿米巴的业绩。当参与内部交易的产品本身的外部市场就是充分竞争的市场，且参与交易的阿米巴相互独立时，那么基于市场价格定价就有利于实现企业经济效益的最大化。

市场基础的内部交易定价具体方法可以划分为两种：市场定价法和市场倒推定价法。市场定价法指的是直接以中间产品或服务的外部市价为基础，剔除外部销售价格中所含的销售费用、广告推广费用、运输费用、内部库存费用以及税金等费用后的价格作为内部交易价格。竞争主导型内部市场就非常适合采用市场定价法。市场倒推定价法是以最终产成品的对外售价倒推价值链上每个组成部分（每道工序）的价格，这种方法通常适用于合作主导型内部市场。比如，某项 IT 解决方案要通过销售、咨询规划、实施交付、硬件采购和售后支持等阿米巴通力合作。此时，阿米巴之间的售价就应该以订单总额为标准，从订单签订的销售部门到咨询部门、实施交付、硬件采购和售后支持阿米巴依次进行分配。但是，由于判断各阿米巴之间买卖价格的客观标准只有订单价格，所以就根据提供该服务所需各组成部分的"单位时间附加值"来决定阿米巴之间的售价。

💡 某科技公司价值链改进分析

某金融科技公司的价值链为"获客"—业务—渠道与"公盘"运营。"获客"负责获取流量，业务部门根据渠道部门提供的产品进行客户转化，未转化的流量进入"公盘"，等待进行二次转化及日常维护。

随着企业的快速发展，业务部的业绩目标越来越高，部门间的相互指责推诿也愈演愈烈，会议中经常出现争吵。归其原因是，业务部门指责"获客"部门"获客"质量低、转化率低；指责渠道部门消化能力差，满足不了客需，最终导致业绩目标完成不了，"公盘"运营被指责运营效果差，流量进了"公盘"就像石沉大海。"获客"等三部门指责业务部转化率低，而且拿出多项数据指标论证，认为转化能力差才是业绩问题的主因。但业务主导型公司的业务部处在不可撼动的位置上，导致决策者左右为难。年度的任务目标下达是最为困难的时期，多至3～4个月才能下达。

后来，该公司在共识基础上明确机制规则，配合多劳多得的战功机制，导入内部市场化。首先各部门在共识基础上进行独立核算，将"获客"部、渠道部按照市场化定价，业务部门进行自愿采购，运营部的收入是成单后才进行收益切分。业务部门可自行进行"获客"和渠道开发，但所有投入费用需自行承担，投入较大时需要进行经营执委会审核。这种方法倒逼"获客"部、渠道部在最小的成本下获得更优质的流量，质量越优，业务部门的采购数量越多，"获客"部的收入也就越多，合作双赢；业务部门的流量均需付出成本，所以会珍惜每一客户资源，尽全力转化。在利润低的经营单元则主选在"公盘"中深度挖掘，由运营部积极进行维护，因为促进成单才有收入。

试运行1个月期间，公司逐渐减少了争吵和推诿，多了很多的交流与合作，用经营解决了管理问题。经过1年的运行，逐步完善升级，运行效果很好。

解读公共费用的四项处理原则

为保障阿米巴的生产运营，企业需要成立一个具有风险控制和服务支持功能的后台职能体系。该体系通常包括财务管理部门、人力资源管理部门、行政管理部门、项目管理部门、市场推广部门、资质管理部门、设备物资管理部门、企业信息化管理部门、法律部门等，通过流程再造和企业文化的宣贯。我们将这个体系打造成一个为阿米巴提供各种资源服务的企业平台，该平台所发生的各项资源费用就是阿米巴体系运行的公共费用。

企业在处理公共费用时应遵循以下原则。

直接受益原则

在处理公共费用时，要按照"谁受益、谁承担"的原则进行：阿米巴从该项资源消耗中直接受益就应该承担相应的费用，否则就不应承担。例如，办公区的租金、阿米巴领用的办公设备、生产经营消耗的水电煤气等，阿米巴均应按照其消耗量承担相应的费用；但后台职能部门的人力成本是为管控企业级风险所发生的，阿米巴并未从中直接受益，就不应由阿米巴来承担。

公平原则

公共费用的分摊应遵循公平原则：同样的资源消耗要采用相同

的计价模式，不能出现阿米巴 A 使用公司的工位不承担租金，阿米巴 B 使用公司的工位就需要承担租金的情况；也不能出现阿米巴 A 使用公司的工位承担每天 2 元 / 平方米的租金，阿米巴 B 使用公司的工位就需要承担每天 4 元 / 平方米的租金的情况。这种不公平的计价模式必然会导致各个阿米巴之间互相猜疑和内讧，导入阿米巴经营模式就会功亏一篑。

一致认同原则

公共费用的分摊是阿米巴组织开展经营活动的基础，直接决定了阿米巴组织的经营支出项目，进而对阿米巴组织的经营收益产生决定性影响，因而也决定了广大员工对阿米巴经营模式的认同程度。为了有效推进阿米巴经营在企业中的顺利开展，提高阿米巴成员作为经营者的意识，企业在公共费用分摊过程中要充分体现民主理念，公共费用分摊的结果必须经过阿米巴领导人的签字认可才能生效。

核算简易原则

公共费用的分摊应在不影响合理分摊的前提下尽量简化分摊项目和分摊规则。选择合适的成本动因，尽可能地通过一一对应的成本动因将各项费用直接归集至受益的阿米巴，尽量减少使用间接分配费用的方式；在存在一系列可能性的成本动因的情况下，要选择信息容易获得的成本动因以降低获取信息的成本。例如，办公区的租金就不应按照阿米巴人数进行分摊，而应按照阿米巴使用的实际面积进行归集。

遵循公共费用的处理原则，我们首先要做的就是将公共费用分成两大类：一类是企业为实施公司级的风险管控所发生的费用，阿米巴并不会从中直接受益，不应由阿米巴来承担；另一类是为阿米巴提供各种资源服务所发生的费用，这部分费用阿米巴需按照科学的方法进行分摊，以让员工更加全面深入地理解成本概念、增强全面成本管理的意识。

阿米巴公共费用分配的标准至关重要。分配标准的不科学会对企业的经营活动产生潜在的负面影响，如以阿米巴人数为标准对阿米巴各项资源耗用进行分摊，必然会高估人数较多的阿米巴的费用，低估了人数较少的阿米巴的费用，这可能会使某些阿米巴裁员，或减少新进员工的数量。费用信息失真必然会导致阿米巴利润信息失真，这将会影响阿米巴经营模式的运行基础。

我们认为，公共费用这样分摊会比较科学。

房屋费用

房屋费用应按照阿米巴组织实际使用的面积和公用分摊的面积，以折旧费或租赁费的方式分摊给阿米巴。在计算单位使用面积的价格时，不能用房屋面积或租赁面积，而应该用实际办公区域面积。

公司每月房租为100万元，租赁面积为4000平方米，公共区域面积为1500平方米，实际办公区域面积为2500平方米，阿米巴A的实际使用面积为25平方米，则阿米巴A每月需分摊的房屋费用计算如下：

单位使用面积的价格 =100 万元 /2500 平方米 =400 元 / 平方米 / 月

阿米巴 A 每月需分摊的房屋费用 =400 元 / 平方米 / 月 ×25 平方米 =10000 元 / 月

如果是公司自有房产，房租就替换为房产折旧。但在北京、上海、深圳这样房价上涨过快的一线城市，我们会遇到房产折旧远低于房屋租金的情况，这个时候，可以从房屋运营的角度考虑，参照当地租赁市场行情给单位使用面积定价。

设备费用

设备费用应根据阿米巴的使用情况，以折旧费或租赁费的方式分摊给阿米巴。设备主要是指在财务上作为固定资产（一年以上）处理的机器设备、模具设备和工艺装备等。

2017 年 12 月 31 日公司购买一台服务器，价格为 36000 元，折旧年限 3 年，2019 年 1 月 1 日由阿米巴 A 领用，于 2019 年 3 月 31 日还回，2019 年 6 月 1 日由阿米巴 B 领用，一直使用至 2019 年 12 月 31 日。

服务器每月折旧费为：

36000（元）÷3（年）÷12（月）=1000（元 / 月）

2019 年阿米巴 A 需分摊的服务器费用为：

1000（元 / 月）×3（月）=3000（元）

2019 年阿米巴 B 需分摊的服务器费用为：

1000（元 / 月）×7（月）=7000（元）

2019 年 4 月 1 日至 2019 年 5 月 31 日，服务器无阿米巴使用，不能将服务器折旧费分摊给阿米巴。

物资费用

物资费用应根据阿米巴的实际消耗领用情况量化计入阿米巴。比如，办公用品的领用：行政管理部门需要提前给每项办公用品定价，并将价目表公示出来，阿米巴领用办公用品时，需有领用记录。每月行政管理部门会根据每个阿米巴的领用情况计算费用金额，报送至经营会计部门。阿米巴如果认为行政管理部门的办公用品报价过高，也可以自行采购。

能源费用

能源费用应以实际发生的费用计入各阿米巴组织，对于消耗能源大户必须完善计量手段，确保数据可靠、真实，做到精细化管理，减少浪费。这里所说的能源主要包括水、电等能源资源。如果无法对能源消耗进行计量，则可以按照阿米巴人数或者阿米巴实际占用面积进行分摊。办公场所发生的能源消耗应该按照阿米巴人数来分摊，生产、经营场所发生的能源消耗应该按照阿米巴的实际占用面积进行分摊。

服务费用

服务费用应根据阿米巴的实际使用情况计入阿米巴。这里的服务是指由企业外部供应商提供的市场推广、邮寄快递、会务招待、维修检测、信息化建设等服务。能够分清服务对象和服务费用金额的，可直接计入阿米巴费用核算，如邮寄快递费，在阿米巴递交邮寄的物品或文件时，可要求阿米巴在邮寄快递登记表上签字；不能分清服务对象和服务费用金额的，可在申请服务之前，由参与该项服务的各方阿米巴协商确定各自的费用承担比例，在服务结束后，按照事先确定的承担比例分摊计入阿米巴。这里的服务之所以不包括后台职能部门提供的服务，是因为后台职能部门给阿米巴提供服务可以通过内部交易定价，服务费用通过内部结算费直接计入阿米巴。

调解机制：交易分歧处理方法

各阿米巴如果不靠自负盈亏、维护自身利益的利己主义是无法生存的；另外，从公司的整体来看，追求总体利益的最大化也是原本的使命。当个人利益与整体利益出现对立时，就会纠纷不断。要克服这种纠纷，作为一个个体在维护本部门利益的同时，必须能够超越立场的差异，拥有利他之心，站在经营哲学的层面解决问题。但是，利他之心的建立是一个漫长的过程，而且当纷争产生的时候，总要有一套解决问题的方法。某公司通过"经营执委会"行使调解委员会的职能来解决这类问题：在充分了解、尊重各自立场的前提下，希望通过公开、公平及公正的方式使双方达成一致意见。

通常情况下，调解机制包含以下条款。

调解条件

当阿米巴之间由于内部定价、客户归属等问题不能达成一致意见，其阿米巴所在一级阿米巴最高领导之间也无法达成协议时，可以申请进入调解程序。

调解基本规则：由调解委员会出面协调

1.定价调解：以成本、利润及市场价格作为参考，进行综合评定。

2.用户归属调解：以确定项目的主导方全权负责项目的实施并对项目的执行结果承担责任。要协调考虑的因素为：

（1）用户合同总金额（要详细界定用户单位）；

（2）非同一用户时，在同行业内签订的同产品合同总金额；

（3）阿米巴的目标定额；

（4）阿米巴的任务增长率。

其中，用户归属需要按业务性质进行分类。

调解办法

1. 规则明细

（1）自行和解：部门可以自行和解，此时调解终止；

（2）调解决定：调解以调解委员会的讨论决定为主，辅以评分的形式进行；

（3）调解委员会组成：公司总裁、争议涉及的阿米巴巴长及分管最高领导、财务、运营、HR 等负责人。

2. 调解成本

凡申请调解的阿米巴，收取调解费用（如 2500 元 / 次），由败诉部门承担成本。

3. 规则修改机制

阿米巴巴长可以提提案，修改内容经调解委员会 2/3 以上人员同意后施行。

第七章

合伙人制：
裂变式增长的密码

秦国能统一天下，原因是多方面的，一般认为最主要的原因是商鞅变法。彼时新兴军功地主阶级代表着先进的生产力水平，却缺乏合适的社会地位，变法破除了"贵族世袭"的"世卿世禄制"，颁布了"以战功论英雄"的"二十等爵制度"，让新兴军功地主阶级通过军功授爵成为帝国伙伴，一举让秦国成为列国中最能发现和招揽人才的平台，彻底激活了帝国的战力，最终助推秦国一扫六合。

如今，人力资本跃升为企业发展的最重要的因素，智慧的经营者成为企业发展的关键。如何凝聚人才、打造具有吸引力的开放平台，其关键同样在于是否能构建一套"规则明确""以战功论英雄"的合伙人体系。

阿米巴合伙人制"以战功论英雄"，拥有激活组织的能力，并利用经营会计实现核算透明公平，融合经营哲学保障组织内部互信互助，打造出利他感恩、共创共赢的狼性组织，是时下最具实践价值的合伙人制度之一。

合伙人制让阿米巴如虎添翼

为留住牛人，企业都用过什么招

人力资本雇佣货币资本的时代，谁都明白人才对于企业的意义，而牛人更是企业发展、创新的关键，留住牛人不能单单靠高薪，而要创造一种利益共享、风险共担的机制。

我国企业传统的激励制度纷繁复杂，总结起来主要有以下几种。

利润留成制度

利润留成制度，即基于销售业务量按比例分成的制度。虽然分成比率、梯度安排变化万千，但简单来说就是基于销售收入指标来进行的利益切分。这个制度之所以很常见，是因为它推动了员工的积极性，为企业扩张了销售规模。在经济上行期，利润比较稳定，几乎与销售额挂钩，所以用成本加成法得出的销售单价与数量的乘积便是销售额，分成的部分甚至被当成固定的费用计入成本。在这种情况下，效益好的业务单元利润增加得越多，留下的就越多。但是利润都是企业拿大头，团队或个人拿小头，企业是增利或减亏的主体。

但实际上，企业很难拿到应得收益。由于总部高层不参与直接经营，与一线员工存在信息不对称的情况，因此难以监督员工，使得作为代理人的经营者多拿多吃，企业利益的风险与日俱增，其自身利益得不到保障。一方面，经营者可以谎报经营情况，将未报利润纳入私囊；另一方面，经营者可以在成本上做文章，如将资金用于非经营相关的福利领域，但计入生产成本。这样的账目很难查清楚，即使要查也会浪费巨大的精力，且执行起来困难重重。何况利益之下，负责监督的部门也难保与经营者蛇鼠一窝。因此，实施利润留成制度并没有保障企业的利益、保障企业的发展。

更重要的是，利润留成制度在经济下行期危害更大。一方面项目虽然经营盈利，但核算成本之后公司整体亏损，而相应的业务单元却大赚特赚。利润分成的时候有人跟进，等进入亏损的时候，经营者却往往不会分担减损的部分。这样一来，原来的企业利润就会变差，往往会出现经营者出走、"墙倒众人推"的典型现象。天下熙熙，皆为利来。单纯的利润留成制度并不能保障企业的持续发展，特别是在当下这样的危急时刻。

承包制

这种形式很常见，小到项目承包制，大到分公司、事业部承包制。每个部门或项目由负责人承包，该负责人向企业支付一定的承包费，超出承包费的企业收益按一定规则和总部分成，有大头在总部的，也有大头在各小单元的。承包制看起来可以保障企业的利益，但事实上依旧会出现各种问题。究其原因，第一是没有考虑到市场变化和通货膨胀的因素：如果承包费用不变，企业利益就会受损，如果承包费用过高，就会造成人员流失，这样企业经营就会不稳定。

第二，包赚不包赔的现象依然会出现，因为并没有出台有效的措施对经营者进行惩罚——毕竟大家都可以离职出走。在这种情况下，就会诱使某些经营者通过各种看似合法的方式牟取私利。比如，可以在与上下游企业的产供销过程中，内外合谋，提高采购成本、降低销售价格，以此将企业的利润输送给自己。而这样的情形并没有有效合法的方式可以杜绝。

明晰产权

随着互联网转型火热起来的还有员工持股、合伙人制。无论是利润留成制度还是承包制，对责权利的界定都不够完全，特别是在对企业的所有权上表现得尤为明显。有的企业用一线员工来塑造企业的主人翁精神，类似于加盟制度，共用品牌和供应链，由员工来负责终端环节，有的企业抓精英合伙来把握企业走向，如阿里巴巴湖畔合伙人制，有的企业干脆实行员工持股，如华为、万科。

明晰产权的方式的确推动了劳动生产积极性的提高，但在实际操作中，要么是员工个人的利益并未落到实处，只是空头支票，要么公司利益受损，个人能力难以匹配所持股权。一个企业的命运如果掌握在能力不达标的员工手中势必会造成经营的困顿。企业在转型过程中会因为触碰相关利益方的利益而受阻，如果没有合法性的制度安排让大家心服口服，企业的所有制改革将会损益参半，甚至搞得一地鸡毛。这种静态的分配制度并未直接影响到盈利的本质，因为不管盈利状况如何，与所有权和分配制度都并没有产生动态的因果关系，难以形成持续激励，企业不过是多了股东数，效果等同于二级市场——股民多少对于企业真实的发展是没有直接影响的。

合伙人制形式虽然有多种，但归根结底是所有权和分配制度的改革。谁是企业的所有者？如何分配才能兼顾公平和效率？分配公平的合法性如何保证？对于利益的争端又有什么样的意识形态准备与制度安排相适应？

如果这些问题得不到回答，员工合伙的边际效用就会显现：拥有相对较大的资本所有量的经营者必然能获得更多的资源，所有量小的经营者由于激励有限，依然会出现投机或利益输送的可能，势必造成阶层对立。但如果人人都是老板，将重回大锅饭；如果老板太少，对其他人的激励又很有限。因此如果仅仅明晰产权，而没有相应的制度安排来配套，就只能是在旧的机制和意识形态下重走老路。持续激励没成功、大股东控制权又不复存在，赔了夫人又折兵。

合伙人制让阿米巴机制如虎添翼

回归原点：企业追逐利润，个人追求财富和名誉

企业这样的大组织有没有存在的价值？当前，信息对称程度和交易的边际成本依然没有达到非常理想的状态，行业仍然有壁垒，知识的壁垒甚至越来越高。对这个问题的回答暂时显然是肯定的。

在之前的章节，我们谈到企业的存在意义在于保障个体福利收益的稳定性、规模经济和专业分工。因此，也许有着超高收入（如投机商）、不存在规模效应（如设计师行业）和专业分工的行业不需要企业这样的组织形式。就未来发展的更可能的状况来说，全社

会将变成一个大企业，那么我们所谈论的合伙人制的话题将不再只是一个经营管理话题，而是一个经济乃至社会话题。

企业追逐利润，个人追求财富，一个好的公司应该为个人提供追求财富的机会。回首过去传统企业的各种激励制度，制度安排所必须面对的最基础问题是：企业是谁的，利益如何分配。

最好的激励主体：奋斗者为本

任正非明确提出可以将华为的员工分为三类，第一类是普通劳动者，第二类是一般奋斗者，第三类是有成效的奋斗者，要将公司的剩余价值与有成效的奋斗者分享，因为他们才是华为事业的中坚力量。从"以人为本"到"以奋斗者为本"，企业的组织力量由此脱颖而出。

我们从对传统的企业激励制度的分析中可以了解到，如何选取激励主体至关重要：如果全员都得到激励，那么激励将是无效的。全凭拍脑袋划定的激励主体对普通员工的效用有限。

溯本求源：我们为什么激励员工？是因为企业要增加利润、创造更多的剩余价值。因此，什么样的员工是我们应该重视的激励主体？显然是为公司创造更有效利润的奋斗者。这些人被激励后就会形成示范效应，鞭策其他人成为奋斗者，让员工从简单的劳动力成为能够创造更多剩余价值的人力资本。

"奋斗者为本"本身是一个动态的概念，不是基于过去划定的，而是基于现在和可以预期的未来的、实打实的利润划定的。特别是在当今社会，人力资本、知识资本已经成为企业重要的生产要素，所有的竞争力归根结底是有能力、有意愿努力的个人。所以所有的制度安排都要关注到这些个人，才能够实现企业的长久发展。因此，选择有成效的奋斗者为激励的主体是至关重要的。

一次分配：兼顾效率与公平

通俗地讲，经营企业就是经营人心，如果员工本身没有动力，企业的劳动生产率很难提高。经济学上的个人都是理性人，理性人更相信客观的事实，受一次分配的影响很大。经济学界普遍认为：一次分配注重效率、二次分配注重公平，分配很难同时实现效率与公平的兼顾。

有的企业认为，既然一次分配的时候不能达到公平与效率的统一，就寄希望于二次分配。但我认为，这可能会事倍功半。我所在的公司曾经做过一次测试，受试者为公司员工。测试统计大家自认为对公司利润的贡献度，把统计结果加合起来，其总量是公司总利润的 10 倍。也就是说，在一次分配中没有说清楚，二次分配中就要用 10 倍的薪资才能满足他们的需求。这种不公平的感觉既体现在不同部门之间的分成上，也体现在部门与公司的分成问题上。由此看来，如果一次分配没有讲清楚、这种不满足感就会打击员工的积极性。

一般企业的一次分配仅限于对毛利的切分，因此，分成基于毛利而非企业的净利润。而在阿米巴经营理念和体制下，公司对所有部门进行全成本核算，所有部门的价值都以数字体现，实现了一次分配的完全性和透明性：总利润中扣除上缴公司的，均由所有部门切分完毕。

一次分配的彻底性保障了效率，那核算的公平性该如何保障呢？

经营会计体系：保障一次分配的公平合理

一次分配的公平性取决于会计体系的安排。在敏捷经营系统中，经营会计体系有别于管理会计和财务会计，后两者复杂且更新速度慢，一年出几期，且经营者无法从中获得决策支持。通过阿米巴会计体系的核算机制，各项目的成本、费用、收入以及整个业务链条的切分关系得到明确，杜绝了业绩重复计算的问题，各部门通过协商明确相应的收益占比，一块蛋糕众人分。唯有通力合作把蛋糕做大，才能实现多赢。经营会计体系下的全成本核算，方法简单、通俗易懂，绝大多数员工都能明白彼此的价值，因此一次分配结束后，利润分配的关系就彻底结束，对于企业本身，所收的利润就是最终的实际利润，也便于企业了解经营实况，各子部门同样可以追踪本部门的经营进展。

基于数字化的经营会计体系一旦形成，就保障了一次分配的合理性。

经营哲学：符合制度安排的意识形态

正如我们在第三章所讲，经营哲学为分配和其他制度安排提供意识形态支持，为经营者理解和解决经营过程中的难题提供思想武器和方法论。

合伙人制的类型及演进解读

合伙企业本身是一个法学概念，一般集中在人力资源密集型行业。在这些行业中，人的能力和知识是核心资产，律师事务所、会计师事务所、咨询机构等就是合伙企业。近年来，因股权架构问题，阿里巴巴放弃港交所，于纽交所上市，"湖畔合伙人"横空出世；房地产龙头企业——万科的"万宝华股权之争"和"事业合伙人制"浮出水面。一时间，合伙人制的概念如排山倒海般席卷管理学界，但上述企业仍然是公司制企业，合伙人制并没有改变企业性质。然而，在互联网时代，人力资本价值凸显的趋势使得合伙人制的精神和形式对于企业管理的影响力正在与日俱增。

法学意义上的合伙人制

合伙企业区别于公司制企业，是指由两个或两个以上合伙人拥有公司并分享公司利润、合伙人即公司主人或股东的组织形式。[①]

合伙企业的合伙人是法律意义上的合伙人，是指以成立合伙企业的方式，在法律约束下、协议基础上，共同投资、共同经营、分

---

① 奚锡：《合伙人制度在现代民营企业中发挥的作用》，《上海集体经济》2015年第1期。

享利润、共担风险的法人或自然人。[①]

在我国，合伙制企业与公司的区别是：第一，承担责任不同。对于企业债务，普通合伙人承担无限连带责任，而公司股东承担有限责任。第二，出资方式不同。合伙企业可以以劳务出资，而公司企业则不可以。

律师事务所的合伙人制度

合伙制律师事务所从本质上说属于合伙人自愿组合、财产归全部合伙人所有、合伙人对律师事务所的债务承担无限连带责任的人合组织。[②]

在决策方面，最高决策机构是合伙人会议，拥有重大事项（章程、人财物、分配及经营要务）的决定权。

在表决权方面，通常执行平均表决权制（一人一票），有时也会按照出资比例分配表决权（也有在章程中赋予特定合伙人表决权的效力高于一票的）。

在分配制度方面：主要有平均分配制、份额分配制、各自提成制和计点制。

在人事制度方面：分为发起合伙人和后增合伙人，前者指的是共同缔造事务所的合伙人，后者则需要经过一定程序加入。

[①] 李寒冰：《一文读懂合伙人制的过去、现在和未来》，《中国机电工业》2016年第8期。

[②] 张学兵：《合伙制律师事务所管理制度研究》，《第四届中国律师论坛论文集》，2004年。

律师事务所本质上就是一个人合组织，从法律上就界定了合伙人拥有同等权利和义务。这要求合伙人之间充分信任，否则就无法发挥合伙组织的"人合"动力足的优势。但绝对的民主像一把双刃剑，统一合伙人意见变成了合伙企业的难点，并且随着规模扩张，组织运转效率就会随之降低，因此合伙企业规模普遍偏小，大型公司难以效仿。

会计师事务所合伙人制

会计师事务所的组织形式分为无限责任制［包括独资（SP）、普通合伙制（GP）］，有限责任合伙制（LLP）和有限合伙制（LP）。

在无限责任制（普通合伙制、独资）下，合伙人需要承担无限（连带）责任，即以全部私人财产（无论是否投入了事务所）承担企业的最终风险。

在有限责任合伙制下，原则上非人力资本投资者，只有引起风险责任的才承担无限责任，但是由于这些人都需要承担能够引起责任风险的审计职责（如签署独立审计报告），因而也是合伙人。

在有限合伙制下，事务所非人力资本所有者分为出资人和合伙人两类，两者的不同是前者只承担有限责任，并不承担事务所的最终责任，因此并非合伙人。责任不同，权力自然也不同：合伙人有最终控制权和剩余索取权[1]；出资人可获得固定合同收入和平均的

---

[1] 王善平：《会计师事务所内部的委托代理问题》，《2002 中国会计教授会年会论文集》2002 年。

资本投资收益，但合伙人获得的是与承担最终风险相对应的风险收益[①]。在一般情况下，合伙人的收益远高于出资人，但是一旦出现诉讼等风险，合伙人可能就要倾家荡产了。

投行的合伙人制度

在国外的部分投行（如高盛）采用了合伙制企业的架构。在投行中，合伙人制度的机制及其优点主要表现在利益分享方面：所有者和经营者的物质利益得到了合理配置。在有限合伙制投资银行中，有限合伙人提供大约99%的资本，分享约80%的收益；而普通合伙人提供1%的资本，享有管理费（管理资产总额的约3%）、利润分配等经济利益，最多可获得20%的投资收益分配[②]。

有限合伙制度充分体现了激励与约束对等的安排，曾被认为是投行最理想的体制。一方面，无限连带责任的特质使得合伙人对于风险的把控和自我约束更加全面，深受客户信赖；另一方面，业务骨干可以被吸纳为新合伙人，权力和地位的激励能够提升员工的忠诚度，助推企业良性发展。

管理意义上的合伙人制

合伙制企业与公司制企业相比，各有利弊。合伙企业的合伙人

---

① 甄颖：《我国注册会计师事务所的组织形式该何去何从》，《山西经济管理干部学院学报》2007 年第 1 期。

② 马广奇：《美国投资银行的组织形式、治理结构与激励约束机制》，《金融教学与研究》2006 年第 5 期。

即股东，代理成本更低、更有责任意识，但与此同时，无限连带责任的特点使得合伙人对于高风险业务少有涉及，对于企业融资也造成了巨大阻力。

在这种情况下，公司体制的合伙人制借鉴了上述两种企业形式的管理模式，取长补短：一方面，可以通过合伙人制分享利益，激励员工；另一方面，并不改变公司体制的企业形式，规避了无限连带责任的诸多风险。这种创新使得越来越多的大型企业致力于用合伙人制改造企业，焕发活力。

万科的事业合伙人制度

万科的事业合伙人制度十分重视员工的参与感，同时又着重管理层对企业的控制权，以作牵制。主要内容包括两个机制，一是跟投机制：负责新项目的公司管理层和该项目的管理人员必须跟随公司一起投资；二是股票机制：通过管理层控制的公司——深圳盈安财务顾问企业增持公司股份。

事业合伙人被要求签署《授权委托与承诺书》，其中"授权委托"意味着他们将把自己从经济利润奖金集体奖金账户中获得的权益全部委托给盈安合伙的一般合伙人进行投资管理，包括引入融资杠杆进行投资；同时，文件所说的"承诺"是指在事业合伙人的集体奖金所担负的返还公司的义务解除前，以及融资本息偿付完成前，该部分集体奖金及相应的衍生财产都会被封闭管理，不会兑付给某个具体个人。

按照时任万科总裁郁亮的说法，万科事业合伙人制度是基于两个基本考虑而产生的：首先是防止公司被恶意收购；其次是为了提高员工的稳定性。过去的万科走的是职业经理人的路子：职业经理人和股东之间是雇佣关系，职业经理人依靠职业精神对股东负责。但参考小米等一些企业的管理经验后不难发现，合伙人制度是一种更好的利益共享机制：对股东负责就是对自己负责。将人才绑在公司发展的利益战车上，才能很好地解决困扰房企多年的人员流动问题。

永辉超市的合伙人制度

我们可以从三个方面解读永辉超市的合伙人制度：一线员工合伙人制、专业买手股权激励制和农户合作协议"合伙人"。

一线员工合伙人制：在零售行业中，一线员工的积极性是决定运营水平的关键，而他们的收入往往非常低。永辉超市为提高员工的积极性和参与感，决定分别在品类、柜台、部门开展企业和员工收益分成制，即各部门或各柜台等单位达到基础设定的毛利额或利润额后，由企业和员工进行收益分成，且在分成比例上因地制宜，实现了员工收入与品类、部门、科目和柜台等的收入挂钩，并由此实现了开源节流。提供更出色的服务，就能得到固定工资之外更多的回报，这就是"开源"。另外，由于分成基于利润或毛利，员工会尽量避免成本浪费：以果蔬为例，有了经营者意识，员工在码放果蔬时就会轻拿轻放，并注意对果蔬的保鲜，由此节省出的成本就是节流。这一制度的威力就是：相较于国内整个果蔬部分超过30%的损耗率，永辉只有4%～5%的损耗率。

合伙制在永辉超市是因"店"制宜：以部门、柜台、品类、科目为单位都可以成为项目组，非常灵活。在合伙制下，企业的放权还远不止这些，比如说员工组甚至有一定的人事决策权——对于一线人员招聘和解雇都是由员工组的所有成员决定的。基于收益分享机制，实现了人尽其职。这一切在无形中让永辉的一线员工形成了一个利益共同体，既降低了企业的管理成本，又提高了员工的稳定性。而为了避免可预见的短期行为，超市总部每个月都会对这些项目组进行跟进和沟通、每个季度进行分析和目标调整，以得到更高效的团队和成果。

专业买手股权激励制：在一线员工中，企业还有一些具有专业才能的重要员工，买手也可视同此列。永辉通过合伙人制向买手们发放股权激励，借此将他们稳固在企业的周围，也可以理解为是一种更特别的合伙制。

农户合作协议"合伙人"：永辉超市和当地的农户签署了合作协议，建立了一种类似"合伙人制度"的合作。合作协议是法律基础，而法律永远都是底线。通过不断地摸索以及不断地提炼经验总结教训，永辉发现，和农户合作，最重要的是信任。经过多年的资源精耕，永辉获得了一大批忠实可靠的合作伙伴，这也恰恰是永辉超市在果蔬方面的核心竞争力，是永辉和农户间类似于"合伙人制"的合作所带来的优势。

阿里巴巴的合伙人制度

阿里的合伙人制度与其说是合伙企业的合伙人制度，不如说是精神上的合伙人制度，于是有人称之为"合伙人制度的合伙人"。

阿里合伙人制度有着系统的章程，自 2010 年开始试运行。每个合伙人在合伙期间都会持有一定比例的公司股份，这是前提条件。截至 2019 年 6 月，阿里共有 38 位合伙人，马云和蔡崇信为永久合伙人，而其余合伙人一旦离开阿里巴巴集团公司或关联公司，就退出阿里巴巴合伙人。

合伙人的权利包括董事提名权和奖金分配权。合伙人的选举标准为：在阿里巴巴工作五年以上、具备优秀的领导能力、高度认同公司文化，并且对公司发展有积极贡献，愿意为公司文化和使命传承竭尽全力。

阿里合伙人制的初心是为了保证拥有较低股权的创始人能够掌握对公司的控制权，因此阿里合伙制的核心在于对公司董事会选任的把控上。阿里合伙人可以提名董事会董事，被提名者经股东会投票通过方可获得委任。这与现今通行的董事会选任制度，即董事由股东大会选举产生有所不同。

普通企业合伙人制度的局限性

综上所述，我们可以发现，无论是律师事务所还是普通企业的合伙人制度，从根本上都是出于以下几个基本点构架。

激励员工，致力于形成命运共同体

越来越多的公司已经意识到：在新常态下，人已经成为企业成功的关键。阿里巴巴等企业主要着眼于精英管理层；永辉超市等企业着眼于一线员工等基层人员。我们有理由相信，在变幻莫测的市场环境下，对市场变化的快速反应能力和对战略变革的预见能力同样重要，所以精英管理层和一线员工之间必须同样受到重视。以上种种合伙人制度并未有效实现这两者的并重，并且随着企业的扩张，在一线基层员工的上升通道方面，上述合伙人制度也并未给出一个有效公正的衡量标准和晋升机制。我们甚至可以预见到，由于合伙人阶层不断壮大，它会在一定程度上形成利益阶层，影响整个公司人力资源的积累与释放，最终影响一线员工的积极性，而命运共同体也就丧失了原有的激励作用。

一般以股权利益等物质刺激为主

以万科员工持股获取分红为例。由于合伙人数量的稀释效应，股权利益或奖金存在额度的有限和规则的束缚，对于卓越的个人难以形成足够的吸引力——如万科高级副总裁肖莉的离职。股权激励受公司盈利大环境的影响很大，一定程度上还是在吃大锅饭，存在部分人盈利但整体不盈利的情况，对于有能力和付出努力的部分人造成收益损失，极大地增加了优秀员工的离职风险，当企业走过某个权利或利益的拐点的时候，就有可能触发系统性的恶性后果。

股权利益等物质刺激，并没有直接着眼于"人"这一新常态下最重要的资本的提升

尽管股权利益等物质刺激已从职业经理人的对程序负责上升到对结果负责，但终究不是完全对自己负责。在业绩和价值衡量上有可能刺激员工的短期行为，但在一定程度上业绩仍然有可能没有伴随员工经营能力的提高而提高，成为企业人力资源扩张的假象。

过度致力于推动精细化管理

精细化管理在一定程度上释放了原有体系内部损失的部分劳动生产率。在新常态下，精细化管理是公司发展的重点，但在业务扩张上，合伙人制度并未给出一种有效的刺激方式，而且在一定程度上，公司整体性的业务扩张会带来极强的不确定性，这在新常态下是一种危险行为。作为一个更加广泛的决策团体，如何平衡风险和业务扩张的需要？如何在某个细分领域作出正确决策？兼顾内部精细化管理和外部扩张成了合伙人制度的难题。

综上，一般的合伙人制度存在以下局限：

- 没有打通从底层到精英管理层的上升通道；
- 没有合理衡量员工价值（经营水平）的标准；
- 没有解决"如何实现业务快速扩张"的问题。

什么样的合伙人制才是好的合伙人制

是普适的机制：制度覆盖范围和可适用范围为所有员工

通常事业合伙人制，将合伙的中心放在了牛人身上，如雷军认为创业之初"找合伙人"是最重要的；阿里巴巴圈定了公司最重要的核心管理层作为"湖畔合伙人"。事实上，这些合伙人制激励的主体范围非常小，对于员工来说，成为合伙人的概率几乎为零。这样，所谓的"合伙人"无非就是将管理层利益绑定在一起，多了几个股东而已，并没有形成全员的影响力，其效力也会大打折扣。蒋委员长团结的是军阀诸侯，毛主席团结的是群众，最终两支部队的战斗力之比较显而易见。

团结大佬的方式依旧是传统的产业思路，已经过时。在创新驱动的互联网时代，创新总在边缘发生，企业牛人独当一面，当然要有保障，而一线员工千舟竞发、万马奔腾，激励同样不可少。所以，新的激励制度必须具有普遍意义，要让所有员工在原则上都拥有较大的参与机会，提高员工的参与感和利益分享可能性，必将真正激发整个组织的活力，实现持续盈利和创新。

是自由的机制：动态淘汰和自由选择由机制自动完成

所有权和分配机制必须具备动态的因果关系。一个良好运转的内部要素交易生态就应该是自由的"类市场"机制。合伙人之间、团队之间的协作关系应该可以自由选择，而不是绝对的上下级关系，更不能是依附关系。不符合机制要求的合伙人会被淘汰，而符合要求的合伙人应该获得机会，且按照一定规则，应可以自由选择其内部归属。由于制度应普遍适用于全体员工，因此，每个人都应该有较大机会找到自己的位置、发挥价值。对企业价值大的合伙人应该按照既定规则，对应更大的权责利，从而发挥类似"市场无形的手"的作用，推动整个组织高效运转，持续盈利和创新。

是平等的机制：是以经营数据为代表的客观标准

在承认自由竞争的前提下，必然要为竞争提供明确、简单、透明的规则。由于企业追逐利润、个人追求财富，所以规则应该基于实际经营数据而制定，而非由所谓的管理层权威制定，从而杜绝了既得利益者偏袒自身的可能。只有在经营数据透明的规则下，普遍参与和自由竞争才有了实现的可能。效率优先的平等才是真正的平等，基于平等的效率才是稳定的效率。

是促进新生的机制：能够促进新生力量被发现和被培养的

既然合伙人制基于"人合"，就必然涉及协作。一个可持续的机制必须是激励新生力量持续成长的，一个稳定的机制必须是保障中坚力量获益稳定的。因此一个好的合伙人制度，必须对中坚力量发现和培养新生力量的行为进行有效持续的激励，从而形成利益共同体。过去的雇佣关系衍生出极为明显的上下，甚至是依附关系。这些对于企业都是不利的，因此好的合伙人制必须解决这一问题。

是高效的机制：建立和实现合理的差异化激励

为什么通常企业会重点激励牛人，本质上是因为激励的边际效应问题：当业务、利润到达较高规模的时候，业绩增速趋缓，同时面临的困难越来越大，这就意味着要继续提升业绩，就必须付出比以前更大的努力。也就是说，员工的投入产出比已经开始降低，如果还用同样力度的激励方式，员工的奋斗意愿就会降低。经营企业就是经营人心，这时，我们就要给予更大的激励以保证员工的投入产出比仍然可观，这就是企业通常重点激励牛人的原因。它在本质上也是一种差异化激励，让经营能力更强的人维持或提升其投入产出比，达到有效激励。

为什么要实现差异化激励？除了激励的边际效应影响之外，还因为只有差异化的激励才是真正的激励。这个道理很简单：假如雷锋会被评为"好人"，如果当"雷锋"就是做一件好事，那么人人都很容易成为"雷锋"。一旦人人都是"好人"，"好人"本身就没有任何意义了，就不会有人去做雷锋、成为"好人"。

那什么是差异化激励？首先，它是基于战功的激励；其次，它应该是梯度化的激励；最后，它应该是可持续的激励。

什么是合理的差异化激励？对应差异化激励的三条原则，可以这样解读。

第一，战功要合理。战功应该定义为全成本核算之后的净利润贡献，并且基于同一事件的"战功"不可简单地重复核算给各方参与者，计算方法应该是各参与方参与切分。在理想状态下，"战功"应该是基于真实经营数据、由各方在实际工作中已然协商切分好的。激励与"战功"之间的正相关系数我们暂且称为激励系数，数值越高表示激励程度越高，那么合理的激励系数应该能够实现：激励分配的总额应该稍高于创业或去其他企业的一般收益，但低于其利润的总额。

第二，梯度化要合理。企业需要根据行业特点和实际情况来划分梯度：在同一梯度上战功与激励的激励系数一致，上级梯度应在下级梯度的考核基准上有较大跃升，而其激励系数也要随之提升。

第三，可持续的激励。首先，激励不能超过个人贡献。其次，为了避免员工的短视或透支未来收益，在可分配利润和留存利润之间需要有个合理的比例。关于这方面的解释需要体现在机制设置中，避免寅吃卯粮。最后，激励应与员工的团队地位保持动态统一，保证其权责利的统一，包括地位、话语权等精神激励，使得牛人与公司保持强关系。

是落地的机制：能够匹配企业自身的文化和经营哲学

合伙人制是基于"人合"的机制。我们知道，管理源自人类集体性活动的客观需要：劳动是社会的劳动，要想战胜自然困难、获得更加有保障的生存，就需要集体协作，而这种社会协作总是要有组织、有秩序、有分工的，也就是说，需要管理。如果没有管理，想要维系错综复杂的关系是不可能的，因此管理本身就是在告诉人类如何生存。这就不难解释为什么文化和哲学最能降低管理成本了，因为这些意识形态的制度会告诉大家如何生存。

一个好的合伙人制度里必须有匹配的企业文化和经营哲学。一方面，企业文化和经营哲学必须倡导合伙人制的本质内容，即为什么要合伙、什么样的人能合伙、合伙之后有什么好处；另一方面，合伙人制要体现企业文化和经营哲学的意志，也就是说，嘴里说的要和企业的实践完全一致。

合伙人制出现的原因是为了激励员工，那究竟激励什么？是激励成果还是激励付出？这一点是我们需要思考的。不管大家如何选择，我们认为只要企业文化和合伙人制一致、说的和做的一致，就是合理的。

💡 宗毅：公司留住牛人的秘诀

宗毅，曾一口气创办 10 家公司，身家过亿，被全球三大商业财经媒体之一的《First Company》纳入 2014 年"中国商业最具创意人物 100"中，与马云、雷军齐名。

（一）困扰：为什么牛人会离开公司？

2002 年，宗毅创办了芬尼克兹，一家做空气源热泵的传统企业。按他的话来说，这个行业比较小，当时的他们就相当于手机行业的富士康。创业两年后，分管营销的高管突然离职，其决定之突然，去意之笃定，让宗毅愕然。事后宗毅了解到，这个手握芬尼克兹 80% 销售业务的高管离职后，开了一家和芬尼克兹一模一样的公司。兄弟阋墙，尚能外御其侮，但自立门户，倒戈相向所带来的是"教会徒弟饿死师傅"的恐惧。这个"新对手"对芬尼克兹知根知底，初来乍到就抢夺地盘，裹挟而来的威胁不言而喻。虽然这家公司后来并没给芬尼克兹造成太大影响，但这件事犹如当头棒喝，给宗毅带来的启发很大，它让宗毅开始认真思考"怎么留住公司里那些只想当老大的牛人"这个问题。其实，宗毅自己当年也是这样离开老东家的，将心比心，他认为只有从制度上创新才能解决这个问题。想当老大？我就让你当老大。没有钱？我投给你钱。

（二）尝试：你想当老大，我就让你做老大！

想法虽好，但实现起来并不容易。2006 年，公司要开展新业务，按照惯例，公司将会成立一个车间，并用 50 万元启动新产品。但由之前高管离职事件带来的思考，宗毅想换个路子，他想通过这个项目去试验自己的"留人"新想法：他和公司的 6 个高管协商，让他们做股东。最终有 4 人同意了方案，另外 2 人出于对此事执行落地的怀疑而持观望态度。言必行，行必果，投了 10 万块的高管做了总经理，投了 5 万元的高管做了股东。宗毅发现，这个方法的效果立竿见影，公司第一年就做了 400 万元的业务，有 100 多万元的利润。年终分钱的时候，"为了让没有参与的高管后悔一辈子"，宗毅将当年产生的一半利润分给了所有股东。此事带给公司和员工的思考和影响都是巨大的：第二年，又有一个类似的项目要启动的时候，无须动员，员工自发连夜超额凑够了启动资金——员工对这个模式的信心被激发出来了。

自此以后，一年一度的创业项目就成了芬尼克兹的特色，成了每年令员工翘首以待的盛会，不仅是因为员工可以参与投资，更因为会从员工中选出一个股东级的总经理。

（三）人人都是合伙人

2009 年，互联网已成星星之火，渐成燎原之势，而芬尼克兹只是一个代工厂，并没有人懂互联网。宗毅在启动项目之时感受到了空前的压力，因为项目越做越大，需要真正有创业精神和领导才能的人来做，指定高管的方式已经不合时宜。由此，他在内部发起了名为"如果我是总经理"的创业大赛：员工作为参赛选手自由组队，拟订商业计划，并以路演的形式推广，宗毅邀请投资圈大咖做评委，最终结果由公司员工投票决定。有意思的是，选票不是写在纸上的，而是直接拿现金投票，这样一来，员工在作选择的时候就需要更加慎重。创业大赛成了融资路演，最后这个项目的胜出者拿到了 750 万元，宗毅和他的合伙人跟投了 750 万元。

（四）启示

截至 2015 年，宗毅靠这种办法裂变出了 7 个公司，其中不包括其他规模太小或彻底独立的公司。宗毅讶异于通过这种机制成立的公司没有完全失败的案例，变现最差的一个公司的年回报率也在 70%。

宗毅裂变式创业的成功，就在于他创立了一种利益共享的机制，让公司的牛人变成股东级的合伙人，最后干脆让更多的员工变成股东。员工和公司的利益一旦绑定，无论是带头人的创业动力，还是其他员工的协作程度，都会在这种利益共享的机制中得到保证。现在的宗毅几乎不用操心公司的运营，因为利益共享的公司不需要监管。将牛人变成自己的合伙人，是宗毅为"如何留住牛人"这一难题开出的一剂良方。

创建阿米巴合伙人制的步骤

在道合敏捷经营系统中，我们借鉴阿米巴的"哲学共有、划小单元、独立核算"核心理念，将阿米巴组织的负责人作为事业合伙的主体，设计了一套通道明确、责权清晰、支撑裂变的合伙人机制，我们把这种基于阿米巴组织的合伙人制称为"阿米巴合伙人制"。

阿米巴合伙人制是企业平台给予员工实现事业理想、改变命运的机制通道，能够连住员工的利益，实现员工和平台共赢共创。下面我们就来谈谈创建阿米巴合伙人制的核心步骤。

第一步：打造阿米巴体系，夯实合伙人制的地基

在设立阿米巴合伙人制之前，需要做以下三个准备。

组织准备：组织划小、独立经营、自负盈亏。只要是能够进行独立核算的小团体都可以被划分为一个小的阿米巴，每个阿米巴自行制订各自的计划，并依靠全体成员的智慧和努力来完成目标。通过这种方法，让第一线的员工成为主角，主动参与经营，进而实现全员经营。阿米巴经营从本质上做到了精细化管理，奉行销售额最大化、经费最小化的经营原则，单位时间附加值的增长率成为衡量经营价值的唯一指标，经营水平与业绩紧密关联，从而真正实现通过提升员工经营水平来驱动公司发展的目的。

核算准备：实现独立核算，客观衡量。阿米巴经营为公司提供了统一的、公平的测量企业经营水平的考核标准——单位时间附加值的增长率。在此标准下，"准合伙人"的经营水平得到肯定后，就会进入合伙人体系。也就是说，阿米巴经营为选拔合伙人提供了具体的考核方法，而同时自我复制、无限扩张的设置为合伙人的晋升提供了足够多的机会。

文化准备：实现价值观和经营原则的统一。要树立以合伙人机制为导向的经营哲学，它会为合伙人的日常协作和竞争提供原则指南。

第二步：设立举手、战功制等闭环合伙人机制

战功制：不问出处，以"战功"论英雄

阿米巴合伙人制的核心制度是战功制而非任命制。阿米巴经营要将组织划分成一个个的小阿米巴，什么样的组织能成为阿米巴呢？从上文中我们了解到阿米巴的划分要满足两个层面的要求：一是"人"的层面，即是否满足三个人以上。解释这个标准的由来很简单——只有团队才会锻炼出经营者。二是"事"的层面，企业要盈利，个人要致富，每一个小阿米巴都需要承担数字任务，因为实现了全成本核算，所以一般来说就是净利润任务。

那么如何按战功论英雄呢？基于业务特点和行业合理利润情况，公司每年设计出一套数字任务体系，并说明承诺任务对应的合伙人层级，以及对应的激励方案。根据合伙人承诺完成的任务指标，赋予合伙人权力和待遇，就像游戏通关一样，在满足下线经营人才数量的基础上，承诺完成什么样的数字任务，就对应什么样的授权和收益。在这种情况下，对于每个员工，理论上经营报表均可体现其是否可以成为何种级别合伙人。赛马不需相马，而直接赛马即可。每个人的级别与自己为企业带来的净利一一对应。这样，通过一套有效的晋升机制，形成一线员工的晋升通道、打通从一线员工到精英管理层的上升通道，形成经营生态的闭环，而非孤立的某一小部分人的合伙体系，做到真正的以战功论英雄。

在某科技公司根据任务指标由低到高，合伙人被分成三级阿米巴合伙人、二级阿米巴合伙人、一级阿米巴合伙人。

举手制：毛遂自荐，赛马不相马

针对准备申请成为合伙人的普通员工来说，制定举手制度：当某经营单元的经营者认为自己有能力成为合伙人时，就可以举手申请，在通过经营执委会根据其业绩状况、经营能力，和经营人才培养能力的综合考核后即可晋级。

当合伙人的任务量达到升级标准的时候，可以向上级提出申请。如果上级同意，就意味着上级也要随之升级，从而增加任务量。如果上级不同意，则该下级可以向经营执委会提出申请，申请得到同意后，挂靠其他有能力孵化的上级，而原有的上级也会因为该下级的改弦更张，使原本属于自己的一部分业绩化为泡影、使自己的业绩压力增大。因此在该制度下，经营能力成为选拔人才的关键。

裂变孵化制：竹林生态，自动生长

传统企业的目标是成长为一棵百年松树，枝繁叶茂、基业长青。然而如果有一天企业遭到市场变化的意外打击（如降维打击、行业颠覆），就会轰然倒地，毫无回春之力。而阿米巴合伙人制则是要帮助企业打造竹林生态：竹子单点突破快、根系发达，能够自我更新、自我进化，因此整片竹林就能够生生不息。成长为竹林生态的企业，其核心的方法论就是寻找有孵化潜力的竹笋。在阿米巴合伙人制体系中，同样拥有一套孵化裂变的机制。

针对三级阿米巴来说，只有上一年度完成任务的三级阿米巴才能进行裂变和孵化。

裂变：指完成任务的三级阿米巴分拆成两个三级阿米巴，原三级阿米巴升级为二级阿米巴。

孵化：独立经营体有利润但不够达到成立三级阿米巴的最低线时，由公司经营执委会分派至某三级阿米巴下进行孵化。

合伙人每上升一级，都要求发展一定数量的下线，并要求任务量增大，待遇也会随之提高。这样一来，每一个团队领袖都有机会将经营成果分享给自己的得力干将，且会在选拔和培养经营人才上倾注心血，而下级也会努力工作，帮助上级完成升级，从而实现自我升级。同时，在员工晋升的过程中，企业业务规模也会自动扩大，使得企业在实现经营水平提高的同时，收获业务规模自发性增长的成果。

在合伙人体系下，裂变孵化成了经营人才的自发行为。经营人才提出申请并向经营执委会做申请报告，通过经营执委会评审后，方可升级（通常情况下，经营执委会由一级阿米巴高级别合伙人组成）。

兄弟联盟制：利他利己，抱团打仗

三级阿米巴升级为二级阿米巴，二级阿米巴升级为一级阿米巴，合伙人在升级过程中自然成长为一个多阿米巴的综合体，上下级之间并非普通的上下级关系，在财务上也各自独立。在经济上，各阿米巴形成内部购销关系（内部结算费）；在业绩核算上，下级合伙人的业务只作为上级合伙人业绩核算的数字依据，经济权益仍各自独立。上级合伙人获得业绩汇总带来的等级福利和权益，同时负担有对所管辖的阿米巴的数字任务和风险事项的连带责任。当下属的合伙人团队没有完成数字任务时，上级就需要用自己阿米巴的利润补齐缺口。这样一来，上级对于下级的经营指导和管理关注度就会提升很高。

各个大的行业一级阿米巴更像是一个兄弟联盟，每个独立三级阿米巴就像特种小部队，各自在自己的领域奋战；也可以和兄弟部门联合作战，抱团打仗、占据市场。而当小兄弟业绩不好的时候，高级合伙人就要负起帮忙应对的责任，胜则举杯相庆，败则拼死相救。上下级和同级之间都是一种利他者自利的关系。这不仅是一种兄弟文化，更是一种兄弟联盟机制。

合伙人制并非只是各自为政，而是通过形成兄弟联盟，在内教学相长、抱团取暖，同时通过晋升机制优胜劣汰、自动进化。这种机制和文化相互促进，助推利益共同体形成更加强大的军团。

内部转会制：恋爱自由，得道多助

内部转会制度的设置目的就是激活组织，让上级培养和关爱有能力的下级。有很多公司开了非人力资源的人力资源培训，试图将业务部门的领导都培养成半个人力资源专家，但往往培训后几乎没什么效果，而且还遭到业务部门的抱怨：涉及人力资源的管理不都是人力资源部门的事情吗？通过一些权威的调查发现，有能力的下级离职，有60%以上的原因是来自直接上级。在这一制度下，当你觉得你的直接上级对你没什么帮助甚至对你的成长造成阻碍的时候，就可以提出申请，协商换到其他业务单元。这样一来，既规避了因为人员出走导致的整个业务线人员流失的风险，也提高了上级合伙人对自己下级的关注程度。当然，为了避免各一级阿米巴之间恶意挖人，还需要设置一些条件。

职位调整与退出机制

对于未完成年度业绩指标但不亏损的三级阿米巴及以上组织，该组织负责人可指定其他人员担任该组织负责人，而该组织原负责人降级，可担任该组织的副职，其薪资及能力级别在一年内保持不变。如该组织在第二年仍未完成任务，则降职降薪。

对于亏损的三级阿米巴及以上组织，由经营执委会决定，任命其他人作为该组织的负责人或对该组织进行拆并，该组织原负责人降职降薪或接受其他方式处理。

合伙人退出含主动退出和被动退出两种情况，公司有权按照经营规则或经营执委会裁决的结果进行合伙层级调整或决定合伙人的退出。

合伙人退出时均须进行离任审计。

第三步：举手任命大会，从"要我干"变"我要干"

合伙人机制的设计要经历几上几下的过程。没有完美的机制，只有适合的机制，而适合的标志至少是大家愿意成为合伙人。因此，准合伙人举手的过程至关重要。

首先，公司需要给准合伙人进行全面的宣贯，且组织和人力资源部门负责人要对准合伙人做到心中有数，并在合伙人制施行的首年密切与准合伙人做好一对一或者一对多的沟通，获取反馈并帮助他们消除误解和疑点。

其次，基于对准合伙人意愿的了解，发布合伙人竞聘通知。全体中高管就地免职，准合伙人开始申请举手成为新的阿米巴负责人，在经过变革管理委员会（成熟运行后就是经营执委会）评审后，获得阿米巴负责人的资格。

最后，公司举办任命大会，正式任命各层级合伙人，并由各层级合伙人签署任务书，当众承诺目标。

第四步：设立经营执委会，管理合伙人事务

经营执委会是合伙人事务的决策机构，按照一定规则由高级别合伙人组成，主要处理重大事项的决策，发挥集体智慧的作用，也为合伙人参与经营决策提供场所。经营执委会一方面可以开展战略、经营模式的定期研讨和决策；另一方面则致力于构建、维护和升级企业内部规则、协调内部矛盾。

在第六章我们已经深入接触了内部调解机制，这里做一个简单的回顾。各业务单元、合伙人之间总会出现各种各样的分歧。当不同的业务单元竞争同一个客户、相互之间定价不能达成一致，到了无法协商的时候该怎么办呢？这时候就需要由高级别合伙人组成的经营执委会通过调解的方式，参考双方实力等因素，裁定该由谁来主导项目，由谁来辅助项目。在阿米巴经营体制下，调解要占用经营执委会的时间和精力，故本身是需要收取一定费用的。调解的目的并非倡导更多的调解，事实上，经过几次调解之后，大家都会反思。合作和协商永远比内部打仗好，如果在公司内部大家都不愿和你合

作，当你面对客户和外部竞争对手时，事业的开展将会更加艰难。

综上所述，阿米巴合伙人制是以阿米巴为基本组成单元，按照一定规则，由多个低级别单元共同组成的高级别单元，形成合伙人体系后，以阿米巴经营为管理原则，以完成数字任务和培养经营人才为目的的企业内部组织制度，其目的是建立规则、打造平台，激活组织。

合伙人层级由经营数据（数字任务）和下级单元数目共同决定，各级单元经营核算独立，层级仅决定合伙人的待遇、头衔排名、股权激励等，高级别单元对下属所有单元负有数字任务、风险事项等的连带责任。由高级别合伙人组成的经营执委会是决策治理机构，依托任务指标、现金流管理制度等实现业绩（数字任务）的管控，通过转会制度、调解制度、裂变孵化制度、举手制度等保障经营人才培养的推进；通过与市场直接联系的独立核算制进行运营，培养具有经营意识的领导者，让全体员工参与经营管理，从而实现全员参与。阿米巴合伙人制打造的组织，是扁平化的企业利益共同体。

阿米巴合伙人制的落地案例

某科技公司是一家在二线城市、在区域内具有一定影响力的企业，主营业务为信息化系统集成，主要的客户分别是地产、学校、医院、酒店等。经过了 15 年的不懈奋斗，完成了从创业期到成长期再到成熟期的发展历程，2018 年营业收入 5 个亿，利润 3500 万元。

其面临的主要发展问题是：由于所处行业的利润率逐年降低，业务的转型升级势在必行，而组织的战略支撑也存在问题；经营方面，由于行业特点，应收账款过多，面临着账面上有利润、手中没钱花的困局，同时企业正处在 IPO 观察期的最后一年。

面对这种情况，项目组通过一个月的调研，确定了为期一年（6个月变革 +6 个月落地实践）的变革方案。通过调研，我们发现，这家企业的核心竞争力在于核心团队忠诚度高，每个关键岗位（基于价值链关键环节）都有 10 年以上的老员工为担当，且能力强；并在发展过程中积累下了宝贵的技术经验、技术人才和资质等硬性能力，技术能力在行业中处于领先地位。该公司在前几年已经尝试了分公司、经营体、自组织等多种组织模式，为后续变革的推动提供了宝贵经验。

项目定位为企业整体变革推进项目。以协助企业战略落地为目标、业务转型升级为目的、组织变革为推动手段、创业合伙人项目为抓手。项目成功的关键指标为年度业绩目标的达成以及创业合伙机制的落地。

由于项目的开始时间为 11 月中旬，正好是企业拟订 2019 年年度经营计划和全面预算的时间，也对项目的实施提出了要求：需要在年底前完成创业合伙机制的制定并发布，并基于新的经营单元进行数字指标的落地。项目整体设计采用逆向思维，从结果进行倒推，以终为始。

首先是年度业绩目标，企业过去存在年度目标虚高，年中进行调整的情况。可以说过去的几年，都没有按照年初既定目标达成的情况。存在领导拍脑门而下属对业绩目标缺乏目标感，存在"反正后面还会变"的心理。在此次的目标制定过程中，项目组对企业目前不同的业务行业市场进行了分析，如下调了商业地产行业的业绩目标预期、加大了医院和酒店行业的业绩目标、盘点了现有项目和商机，与企业经验丰富的业务人员，共同制定了相对科学的业绩目标，并与业务部门达成了共识，最终结果与董事会的心理预期也达成了一致。

在创业合伙机制设计中，着重强调了责先行、利共享、权分摊的理念，事业部（独立经营单元）采用合伙经营的方式。合伙经营责任制的核心在于事业部内部采用最少三个合伙人的方式，三个合伙人每个人担任不同角色，分别以 A、B、C 为例：事业部负责人 A 为主要业务负责人；B 为 A 的继任者，协调公司中台部门，完成业务内容；C 为类似政委的角色，与公司文化契合度高，防止业务跑偏，造成只顾自身利益而不顾公司利益的情况。关键事项事业部内部采用举手表决。事业部整体独立核算、自负盈亏，对超额利润部分，事业部具有分配权。

在企业的平台化设计过程中，将企业现在的金字塔结构调整为平台型的组织架构，分为前台、中台、后台。前台部门独立核算、自负盈亏（减去本部门费用和成本、中台切分和后台公摊费用的纯利）；中台部门定位为公司的业务支撑、前台赋能部门，独立核算，与前台进行利益切分，不自负盈亏；后台部门则定位为公司的管控部门，是成本中心。

在机制落地过程中, 企业根据战略需要, 将前台事业部进行了规划。例如, 在企业重点发展的业务领域成立行业事业部, 定位为全能事业部, 可以完整地实现价值链的各个环节; 在企业的一般业务领域, 定位为销售事业部, 其项目实施及技术实现环节通过中台部门实现。根据测算的 2019 年业绩目标和业务类型占比, 匹配不同的任务定额和扶持政策。这里采用自愿举手的原则, 前台人员可根据自己的优势, 采用自组织的方式, 在符合三人小组条件的前提下形成经营单元提报经营执委会进行预评审。预评审通过后, 制作部门基于 2019 年度全面预算及事前算赢的《平台创业计划书》, 详述目标市场分析和规划, 及业绩目标达成策略, 并明确事前算赢是事业部举手成功的必要条件。在这个过程中, 出现了原业务支持部门负责人 A 与原分公司总经理 B 进行组合, A 担任事业部负责人, B 作为辅助举手行业事业部的情况。最终成功通过评审。整个举手评审过程分为两次, 第一次评审没有通过的部门, 被给予了第二次机会。评审会严格按照规则执行, 也打消了很多人事前的观望心态, 第一次评审会的通过率在 70%。

依据举手结果, 形成了公司新的组织架构图, 并依据新的组织架构图进行了流程梳理。不同于常规的 BPR (Business Process Reengineering, 业务流程重组) 项目, 由于项目时间紧张, 流程梳理在 2 周内完成, 且采用了相对简单、直接的核心干系人和经营执委会召开研讨会的形式。依据公司价值链以及各部门的战略定位, 设计了 9 条主要流程, 48 条业务流程。通过业务流程梳理, 明确了业务流程通道以及各个部门的权责。并形成了各部门的部门职责及关键岗位的岗位职责。

组织结构、部门定岗定编后进行了各岗位的价值梳理，确定了各岗位胜任力要求，并对各部门的薪酬策略进行了定位，确认了哪些部门是行业领先型薪酬还是跟随型薪酬。通过行业研究对标同类企业的薪酬标准，依据企业当前的薪酬情况制定了薪酬策略。由于企业之间的薪酬差异较大，所以采用分步调整的策略，逐步实现具有战略导向且更具备激励效果的薪酬体系。

为保障战略落地的顺畅，设计了月度经营分析会机制和创业训练营两个子项目。旨在推动机制落地过程中出现问题时可以快速纠偏、帮助创业合伙人快速胜任新的职责以及对战略的不断共识。

月度经营分析会的召开方式主要采用汇报和现场研讨的方式。会前要求各事业部负责人按照此模板与事业部核心三人小组一起完成《事业部月度经营分析报告》；经营会计负责人对经营数据进行分析并制作《经营数据分析报告书》；运营委员会负责人对公司整体经营情况进行分析并制作《公司月度经营分析报告书》。会议的主要设计思路以帮助前台事业部解决经营中的问题为核心，采取有问题现场研讨、现场决策、现场产生解决方案及后续计划的方式。月度经营分析会经过三次的磨合后步入正轨，会议时间从最初的超过 12 个小时到 9 个小时。通过重点工作督进机制，上半年有 80%的事业部成功达成了业绩目标。

创业训练营项目的目标主要有四个：一是推动事业部业绩目标的达成；二是提升前台事业部的经营能力和业务能力，实现平台的价值；三是促进事业部和公司平台达成战略共识和文化共识；四是经验萃取，并形成知识库。主要采用创业导师制、专题培训、业务互助以及创业俱乐部的四种方式。其中创业导师制在释放中后台高管能力的同时，也使得中后台对前台业务有了更加深入的了解；培训也从以前的通用型管理培训转变成了对业务有实际帮助的落地式培训，前台业务人员从以前的反感培训，到主动提出培训需求，追着要培训。创业俱乐部采用准入门槛的方式，在提高创业合伙人积极性的同时，也提高了大家的企业荣誉感。通过组织高端活动（茶道、高尔夫等），也形成了我创业、我担当、我光荣的心理认知。

经过半年的紧密推动，阿米巴合伙人制变革项目在该企业成功落地，上半年业绩如期达成。在半年的时间中，《创业合伙经营责任制》修订了三次，核算机制修订一次，部门调整一次，流程调整三次。变革是一场死中求生的涅槃之路，需要更多的决心和勇气，也是一个企业内部相互树立信心的过程，没有共同的文化和经营理念的支撑，变革之路将举步维艰。

第八章

合伙管理：
合伙人选拔、考核与分配

所谓"千军易得，良将难求"，不论企业处于哪一个阶段，对人才的渴求与珍视都始终如一，但对人才的标准却莫衷一是，德才兼备者、恪责尽忠者、敢于谏言者……各有拥护者。在雇佣关系弱化、合伙人时代来临的大背景下，选人标准应是"不惟有超世之才，亦必有奋斗之心"。如今走在浪潮前端的各名企的人才观都以"奋斗精神"为重，华为更是将"以奋斗者为本"作为企业文化的内核之一。能奋斗、懂经营的人，才是企业要去关注和培养的人。

然而一旦被动地寻找人才，或是平台发展步调与人才成长步调不一致，人才的留任风险就会增大，这也是始终困扰老板的难题。那么，如何定义人才、培育人才，不用三顾茅庐就能求得经世之才呢？

阿米巴合伙人的选拔

什么样的人值得录用和投资？

每一个阿米巴都像一个初创企业，团队规模不大，独立核算，自负盈亏。每个阿米巴在巴长的带领下，全体员工共同奋斗，努力盈利生存，为团队的命运而战。通常，如果一个团队能够以较低的成本获取较高的收益，我们就可以说这个团队经营得好。因此，我们可以这样简单地界定：经营就是生产组织为了实现盈利而进行的一切活动，经营者就是组织并参与这些活动的劳动者。

基于上述定义，从外部结果的角度来说，经营人才就是能够实现"销售额最大化、成本最小化"的经营者，也就是说，他们能够将团队利益最大化。从内生原因看，经营人才必须具备全局观和高情商，只有这样才能够实现理性决策和高效协作，带领团队齐心协力，走向正确的方向。

综上，我们认为经营人才就是具备全局观、高情商，同时能够做到"销售额最大化、费用最小化"的人才。

是经营人才，而不是专业人才

企业追逐利润，个人追逐财富，这是企业发展和员工成长的基本诉求，只有具备卓越的经营能力，才能满足诉求，才能实现事业的持续发展。

首先，经营能力体现在对经营理念的理解上：第一，要有"销售额最大化、费用最小化"的"净利"意识；第二，要有核算和经营风险的"商机"意识，而不是一味地否定有风险的商机，事业开张就一定会有风险，经营事业就是经营风险；第三，要有经营为王的意识：经营是生意里最重要的工作，管理的目的就是更好地经营，要实事求是，不能教条主义，让管理喧宾夺主。

其次，经营能力体现在经营的实践上：第一，要擅长收集和分析数据，持续改善经营；第二，要擅长发现和培养经营人才，赛马而不相马，要给予下级足够的锻炼机会。

具备经营能力的人，我们称之为经营人才。经营人才主导经营，是实现团队"销售额最大化、费用最小化"的目标的主心骨和风向标，是为团队创造财富的动力。故，我们需要优先录用和投资经营人才。

那么有人要问，为什么不是优先录用专业人才？诚然，专业人才是企业发展、创新的根本力量之一，在现代企业竞争中，专业实力的确可以成为企业的核心竞争力。然而，如果没有好的经营人才，就很难用好技术人才。没有好的经营，就没有好的生意和客户，也就没有技术人才发挥自身聪明才智、实现社会价值的用武之地。

💡 雅虎北研关闭，专业人才遭疯抢

雅虎宣布北京研发中心关闭的时候，众多一线互联网巨头对被遣散的雅虎员工"虎视眈眈"，用"疯抢"一词来形容当时的阵仗

一点儿也不为过。百度、京东、华为、清华同方等各公司的 HR 甚至直接蹲守清华同方科技广场"抢人"，这在当时引起了热议。由此可见，雅虎的人才技术过硬、首屈一指，但同时也不禁让人喟叹，人才济济也挡不住雅虎大厦将倾——由于雅虎本身的经营不善，再牛的人才也不得不另择良木。

一个企业在不具备大量经营人才的前提下，盲目把大量资源投入到专业人才的培养中，其结果就可能是为其他企业培养了后备人才，为对手做嫁衣。因此，要先发现和培养经营人才，再投资专业人才。

是奋斗者，而不是"人手"

初创企业锐不可当是因为其具有大量的奋斗者，华为认为企业应该以奋斗者为本，我们也常说艰苦奋斗是中华民族的优良传统。究竟什么是奋斗精神？从字面上讲，奋斗者就是具备奋斗精神的人，那对于企业来说，希望奋斗者具备什么样的奋斗精神呢？

我们认为奋斗精神至少可以分解为三个方面的精神。

创业精神。事业从 0 到 1 的创业阶段是一个以有限资源博取生存机会的过程，创业者要直面困境和挑战，只有胸怀梦想和强烈的渴望，艰苦奋斗、勇于挑战、敢于创新，才能以小博大、突破自我、成就事业。而当下的企业，尤其是大企业，往往沉浸在过去的辉煌中，不会居安思危，失去了创业精神，最终倒在不断变化的市场环境和日益激烈的市场竞争中。

实干精神。有很多企业家感慨，事业的停滞不前不是因为没有卓越的战略规划，而是缺乏有效的执行，其深层次的原因在于缺少具备实干精神的团队和个人。实干精神包括勇于承担的责任感，"言必行、行必果"的行动精神和实事求是的务实精神。具备实干精神的实干家是企业盈利发展的中流砥柱，是创造财富和贯彻经营者意志的主体。缺乏实干精神的团队只能纸上谈兵，终将因失去战斗力而被淘汰出局。

团队精神。包括奉献精神、利他之心、感恩精神和集体荣誉感。企业发展的关键在于人，能否发挥出人的价值，关键在于协作。如果大部分员工都过于强调自己的利益，自私自利、没有集体精神，那么内部矛盾就会不断激化和沉淀，最终爆发——千里之堤，溃于蚁穴。好的团队崇尚协作，在工作的默契配合中形成归属于整体的弱文化，随着事业的发展和协作的持续，最终营造出可信赖的企业氛围，让全员向着一致的目标和愿景进发。

奋斗精神就是奋斗者具备的精神，从以上的解读中，我们不难发现，奋斗者心有梦想、满怀激情，具备创业精神和实干精神，是企业持续创新和持续盈利的主体；同时，奋斗者具备团队精神，拥有团队忠诚度和荣誉感，是值得信赖的伙伴。故，奋斗者是企业值得优先录用和投资的人。

💡 从马云靠什么击败 eBay 说起

1999 年，在杭州，马云在自己的公寓中集合妻子和 17 名好友。他们投资 6 万美元成立了阿里巴巴，一家帮助商户销售商品的网站。

当时，拨号连接的速度非常慢，马云花费了超过 3 个小时时间，才打开了一个网页的一半。

虽然是一家刚刚起步的小型创业公司，马云却信心满满，斗志昂扬。他鼓励员工将阿里巴巴发展成一家能匹敌硅谷公司的国际性网站。

那一年，常驻北京的科技行业顾问邓肯·克拉克（Duncan Clark）访问了杭州，看到阿里巴巴的许多员工挤在同一处公寓里，他说："我可以根据洗手间牙刷和杯子的数量来确定有多少人。很明显这里有着创业公司的氛围，人们 7×24 小时地忙于这一项目。"

这是阿里巴巴初创时的场景。

2003 年，淘宝的出现打破了易趣在国内 C2C 市场独占鳌头的格局。

这是一个经典战役。2003 年 2 月，马云在一次会上与当时的十几名阿里巴巴高管在办公室签署了一份文件，承诺一起完成一项秘密任务。这份文件诞生了淘宝网，而这十几个人正是制作淘宝网站的核心队伍。

此时，易趣和 eBay 对中国市场的虎视眈眈让淘宝网尚在襁褓之时就有劲敌相抗。

eBay 是全球首屈一指的个人、企业商品在线交易市场，是 1998 年就已上市的公司。而易趣在网上交易、尤其是 C2C 领域一直统率着国内电子商务领域。2003 年 6 月 12 日，eBay 正式入主易趣，二者强强联手，立志要吃掉中国 C2C 市场。尚起于微时，敌人就已如庞然大物，实力悬殊下，二者又狭路相逢，但马云四两拨千斤，还是取得了最后的胜利。

淘宝网与 eBay 竞争的第一个策略是"免费"。交易服务、登录、推广统统免费——这就相当于对现实世界中的商贩免除了铺面租金、取消了营业税。虽然这如天上掉馅饼一样的诱惑已经让互联网生意人难以抵御，但马云清楚，光靠免费还是远远不够的，"客户第一"的价值观才是马云的杀手铜。带着创业者的奋斗精神，他不断搜集各种各样的客户需求，甚至经常在论坛上泡到深夜——他要用免费的方式做出比收费更好的服务。

单单为了解决支付风险这一网上交易的超级难题，淘宝就不惜付出巨大代价推出支付宝。

凡此种种，都让淘宝虽处困境却成长得枝繁叶茂。至 2007 年，eBay 在中国市场的份额已下降至不到 8%，这家硅谷巨头最终悻悻而返，退出了中国市场。

那么，马云是靠什么击败 eBay 的呢？无论是棋高一着的竞争策略还是战功卓著的初创团队，归根结底都是源于马云及其团队敢闯敢干的奋斗精神。逆水行舟，初创企业的老板和员工往往目标明确、全心投入，带着"求生"之心激流勇进。因为人人都是奋斗者，所以初创时的企业往往朝气蓬勃，既有气吞万里如虎的奋起之势，又有攻坚克难、无所畏惧的鏖战之心。

以奋斗者为本，回归原点，具备老板精神的奋斗者才能让企业焕发创业时的活力，在竞争中脱颖而出。

让机制发现和培养经营人才

对于一个处在市场中的企业来说，如何拥有可靠、有用之人是必须解决的问题。通常，我们会采取两种路径来打通企业人才的输送通道，一是靠外部吸引，也就是通常说的招聘、挖人；二是通过内部发现和培养。外部吸引需要考虑的因素很多，包括企业核心竞争力、市场化薪酬福利、企业机制与文化等，尽管一个公司的人才培养机制也会影响外部吸引的结果，但并不是外部吸引的决定因素。现代的企业发展方向是平台型企业，平台，归根结底是人才的平台，所谓铁打的营盘流水的兵，本节着重分析在阿米巴经营机制中如何在内部发现和培养人才。

阿米巴独立核算机制：培养具备奋斗精神的经营人才

从上一节我们知道，经营人才和奋斗者都是企业需要的"好员工"，那为什么这里有两个不同的群体标签呢？这是因为我们研究问题的角度不同：经营人才的概念是基于员工劳动结果的角度去定义，而"奋斗者"则是基于劳动动机。经营能力具有隐秘性，不看结果、不核算很难发现和评价；奋斗精神则具有外显性，能引发人们的主观判断。企业机制如果只盲目激励结果，则容易失去人心；只激励付出，则容易模糊目标意识。这是很多机制都难以平衡好的，偏废其一都有可能使企业的发展陷入困顿。

我们认为，奋斗者拥有足够的意愿付出劳动、创造财富、实现个人价值。而经营人才具备创造财富的能力——奋斗者渴望成为经营人才，企业同样需要经营人才。那么，我们应该设计出一个合理的机制，将奋斗者培养成为经营人才，从而最终实现个体与企业的双赢，同时利用"以奋斗为本"的企业文化去感染那些缺乏"奋斗精神"的经营人才，使得经营人才也能够成为奋斗者。

故，阿米巴合伙人制下的人才培养目标是：将人才培养成为具有奋斗精神的经营人才，如下图所示。

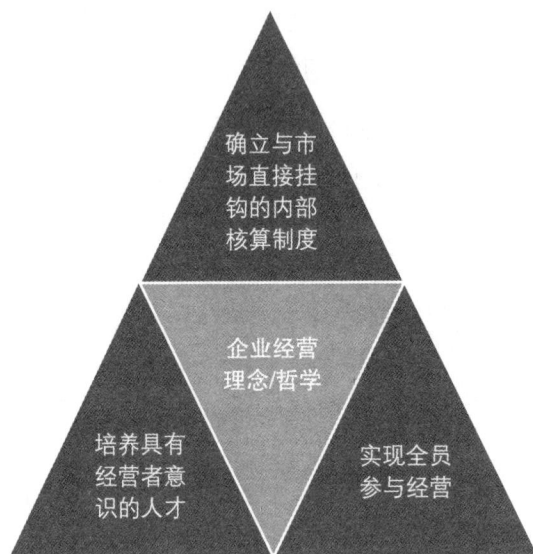

图 8-1　阿米巴合伙人制的目的是发现和培养经营人才

阿米巴合伙人制的根本目的：以企业经营理念和经营哲学为基础，培养和发现经营人才、复制老板，培养内部企业家，这既是企业经营的起点，也是企业经营的终点。

公司分成若干个独立核算小组，自食其力、自负盈亏——让员工的潜力得到惊人的激发，让隐形机会变为现实，让销售额最大化、费用最小化，每位员工必须懂成本、会经营。这样，就会使公司利润得到大幅提高。在阿米巴不断裂变孵化的过程中，就有不断涌现出来的巴长，也即裂变和孵化经营人才的过程。

举手制度：有教无类，自由成长

传统企业的人才培养一般分为两部分内容：基于人岗匹配原则，首先要实现人才的识别和定位，然后根据判断和意愿为其设置由公司预先设定的管理或是业务、技术序列的培养路径。在阿米巴合伙人制下，我们采用举手的模式来解决人才成长和培养的问题：对于人才我们不限制其定位，给予机会，通过自愿举手来争取自身的发展机遇，用数据核算和判断人才的胜任能力，用对等的责权利吸引和保留人才。

有教无类：人才的识别和定位机制

传统企业的人才培养充满着浓郁的家长制色彩：人才通过层层面试，加入企业，一经相中，就被识别和定位为某一岗位的合适人才，因此入职即上岗。这种识别和定位是基于求职者意愿和面试者意志的判断，一方面具有很强的主观性，往往与实际工作体现的特质特性不同，从而使得内部人才培养效果不佳；另一方面缺乏变通，岗位一旦确定，在一个企业中便很难改变，缺乏动态的变化和选择。用人之术，在于将合适的人才放在合适的位置，讲的是胜任和适合。传统的用人思维是一个萝卜一个坑，往往削足适履，让人才的智慧得不到发挥，这样一来，企业又谈何进步与发展呢？

家长制的主观判断是因材施教的大前提，主观判断的片面性决定了因材施教是个伪命题。在阿米巴经营体制下，我们崇尚"赛马而不相马"，讲究用客观的经营数据来识别和定位人才，在机制上给予企业员工更新和重新定义自己岗位职责的机会。

在阿米巴实践中，惊人的发现是，经营数据的客观体现与我们对人才的主观判断差异巨大，甚至连当事人也觉得不可思议。

💡 "赛马不相马"，不为人才设限

某公司曾有个三级阿米巴经理需要胜任二级阿米巴总经理，条件是所属下级要有三位三级阿米巴合伙人，而找来找去只找来两位合适的人，迟迟难以决定第三位，而合适的人选中只剩下一位技术人员。从这位技术人员的经营数据来说，数据还不错，但就是魄力不够，看起来并不是一个合适的总经理人选，但迫于升级的需要，最终提拔了这个技术人员，计划试用一段时间，如果实在难以胜任，后期再更换人选。结果，自从当了总经理，这个技术人员的经营数据让人刮目相看，恰恰是因为他看起来老实可靠，被客户更加信任，业绩远超其他两位三级阿米巴总经理，从而完成了他自己都不曾料想到的事业的飞跃。

自由成长：人才的培养路径及关联机制

阿米巴的人才培养目标是培养具有奋斗精神的经营人才，从根本上就模糊了传统意义上的技术序列、销售序列、管理序列的界限，打破了具有岗位思维的传统培养规则。在阿米巴经营体制下，我们对全员"有教无类"，给予所有人平等的"教育权"和"晋升权"，建立通识教育体系和晋升通道，无论职能还是业务部门的员工，只要能够满足经营数据和其他机制明确规定的要求，就可以实现晋升。传统的培养路径在操作过程中往往变成了晋升路径，只给要求

不给培养，这就造成全员只能通过野路子自我成长，或者通过外部吸引的方式去招聘符合职级岗位要求的人才，从而使企业的内生能力减弱。企业的人才培养病，外用药治得了一时，治不了一世，最终丧失自愈的能力，一旦进入危机时期，就有可能导致企业陨落。

另一个值得关注问题是职能部门的员工成长性问题。在传统企业，只有业务部门才具有弹性，而职能部门的员工薪酬福利要差得多，并且成长无望。从操作层面来看，一个企业的效率取决于职能部门而并非业务部门，如果职能部门缺乏有效激励、与对接的业务部门待遇差距较大，就会造成人员流失和因心理失衡而带来的不配合、不作为，这些都是企业高效运行的掣肘之处。在职能部门无可经营的前提下，企业便陷入一潭死水。

在阿米巴经营体制下，与阿米巴经营体制的经营思维一脉相承，凡是部门皆可经营，培养制度也遵循相同的理念：凡是员工都有可能找到可经营的业务增长点，实现部门及个人的增值。职能部门也能通过提供服务改善自身状况，并且通过更新服务清单来扩大收入、实现经营，甚至成为业务部门。独立考核的职能部门，为了扩大自己的经营，必然需要提升效率和服务水平，从而在很大程度上解决了企业运行低效的问题。

数据说话：英雄不问出处

作为人才培养客观性和动态性的支撑部分，来自全公司、以经营数据为代表的价值测量体系将会为人才培养提供全周期的决策支持，实现人才的识别及动态检验。我们会将经营数据核算到基层合伙人下两级，以此来实现对潜在经营人才的挖掘和分析。部门负责人能够看到本部门人员的实时经营数据，与传统企业迟滞的、内容空洞的季报、年报不同，月报、周报会为大家提供可靠的、较为及时的经营情况分析。作为公司的高层，则可以看到全公司的经营情况，如有需要，可以对公司进行经营数据大排名，从而实现对人才质量的直观了解，颇有一种"总裁不出门，便知天下人"的感觉，经营人才被埋没在阿米巴体制下不太可能。

而作为员工本人，也可以通过经营数据了解自己、发掘自己的潜力。内部市场可以为人才提供练兵场，在经营数据的佐证下，调整自己、发现自己。对于大部分人来说，对于承担新的业绩指标很可能充满压力，而经营数据则为大家长期观察自己提供了便利，从而摸清自己的实力，增强自信、挑战自己。

与此同时，可靠的数据也会为公司筛选出不同指标下的标兵，通过内部分享的方式，有的放矢地为员工答疑解惑、教学相长。

职能部门：管控型人才向风险经营型人才和服务经营型人才转变

人力资本是企业最大的资本。在阿米巴体制下，会定期对人才进行盘点，受盘点对象会写明自己的角色说明，或者称之为"任务书"。在传统企业，业务部门有可能承诺利润或收入，职能部门则有可能把岗位职责抄一遍。而在阿米巴体制下，对于职能部门来说，一般会有两个角色说明清单，一是管理清单，二是服务清单。管理清单主要明确本部门或个人承担的管理职责。在我们的实操过程中，管理清单必须以纸面形式描述清楚管理事项，要么是管风险、要么是管经营，必须写出具体的原因、管理的方法和标准，从而有效杜绝管了不该管的事情，降低企业效率。服务清单则是描述为企业内部市场提供的服务事项。这个目录的存在为人才成长和发掘自身价值的实现带来了可能：员工可以不断发展本部门或个人的潜在经营项目，并通过更新服务清单向全公司开放服务，收取服务费。这么做的好处，一方面是激励大家去为公司提供更全面的服务，另一方面是为个人的成长增加了增长点。结合经营数据的客观支撑，在不断的人才盘点中，企业可以结合企业目标，遴选出优秀的人才，而通过角色说明书的更新，则拓宽了员工特别是职能部门员工的职业道路，甚至改变事业路径，实现自由成长。

构建经营人才教育体系：利益相关，开放、鲜活

由于事业部门被划分成小单元，与本专业相关的技能培训将会由部门承担，在实战中检验。因此在公司层面，更多的是为员工提供有教无类的通识教育。而即使是公司级的能力类课程，由于有"有教无类、全员经营"的理念，也会开放给全员。

具体来说主要分为几个方面的实践。

思维方法类培训。对于企业来说，形成共有价值观可以有效降低沟通成本、增强协作。在阿米巴体制下，思维方法类培训主要以经营制度课程为主，分为公司级和部门级。公司领袖（如董事长）将定期对合伙人乃至全员宣讲经营制度，包括经营哲学、阿米巴组织划分、经营会计体系、合伙人制度等与企业意志和个人意愿有关的课程，着重对员工的思维方法加以引导。

经营能力类培训。这方面的课程比较丰富。与传统企业的区别在于，能力类的培训通常会开放给全员，并通过课程设置，让不同类别的员工能够跨界表达和学习。一方面可以增强职能部门与业务部门的理解，另一方面也为员工开拓思路、拓展职业道路提供实质性的帮助。

与考核紧密相关的学习考评机制。一个与员工发展无关的培训是不会受到欢迎和重视的。面向全员开放 E-learning 系统，相关课程学习和考试将纳入入职、升职、绩效、薪酬考核体系中。当然并非为了强行植入课程，所有纳入相关考评的课程都与个人成长和内部协作紧密相关，换句话说，学习了它们，员工可以更好地在企业生存发展，企业不做无效的灌输。

高频丰富的企业文化交流活动。包括读书分享、演讲等丰富的交流活动，为员工提供现场分享和学习的机会。通过经营数据分析推选卓越人才、分享成功经验，从而将最优秀的经验、"活的课程"传播分享给全员。

阿米巴合伙人的标准

厘清人才选拔中的一些错误理念

一是"功者有功，苦劳者同赏"

"没有功劳还有苦劳"的说法不仅在日常生活中被我们所熟知，在企业中也在潜在地影响着管理观念。这里说的"苦劳者"是指参与工作，但是没有对最终的绩效完成作出贡献的一类员工。企业在做绩效分配时，如果对有苦劳的人员进行照顾，就会赏罚不明，打击真正对绩效完成有贡献的功劳人员。长此以往，功劳者工作动力不足，苦劳者"有恃无恐"，形成一定程度上的大锅饭，造成管理上的浪费。

二是"'我愿做'重于'我能做'"

能力和态度谁更重要，这是不少企业管理中特别纠结的一个问题，两方各执一词，相持不下。比如，有人意愿做、态度端正，但是能力不足、对绩效没有帮助；相反，有人有能力做但无意愿做，就会产生副作用。针对这个问题，我们需要厘清的是，管理对什么负责？企业追求什么？管理对绩效负责，企业追求利润，而直接产生绩效的是能力。因此，能力比态度重要。只要企业能够制定有效的激励机制，能力就能转化为绩效；有态度无能力的人往往是企业里闲散的老好人，和谁关系都好，但对完成绩效没有任何帮助。所以，如果企业重视态度大于重视能力，就会形成管理的第二大浪费。

三是"德才兼备，以德为先"

选拔人才时，"德才兼备者"是很多企业的理想标准，即便二者不可得兼，很多企业也认为"有德无才者"优于"有才无德者"。不可否认，德行非常重要，但一个人的品行优劣只有在遇到重大考验时才能评价，而通常情况下，我们很难去评价一个人的品德好坏。在寻找这个问题的答案时，和上一小节一样，我建议大家回到管理的角度来思考。好的管理一定有一套好的机制，让大家没机会或很难犯错误，如果偏执地认为应该招聘德行好的人，那么从某种意义上说，企业的有序经营多半是靠大家的自律，而管理的作用微乎其微。

所以，管理的重点应该是寻找有才干的人，通过内部机制的设计，让大家充分发挥自己的才干，创造绩效、创造价值。但有一点需要说明，在提聘高级管理人员时，职位越高，品德权重越大，因为管理中有一个重要的能级原理，即彼得原理——在一个组织中，往往是对在某个职位上称职的员工进行提拔，而非是从该人员是否胜任被提拔到的岗位的角度考虑，因而雇员总是被晋升到其不称职的岗位[1]。这个时候"德"的参考占比就会增大——候选人往往因为品行好、可信赖而被拥戴。所以被任命为企业高管的人一定是品格高尚的人。

理念及原则

在对员工提出奋斗和经营的标准之后，我们不免会进一步思考——"谁"来带领这样一批有经营头脑的奋斗者？

从人本时代到能本时代的迭代、劳动者个人价值的崛起，都对领导人的胜任资质提出了更高的要求。

"德才兼备，以德为先"是一以贯之的用人标准，但"人"是平台上发展的"人"，如果对"人"的要求过高，从某种意义上说，

---

① 宋继文、郑恩婵、吴维库：《向上爬的烦恼》，《企业管理》2008 年第 5 期。

就意味着平台在规范和培养人才功能方面的薄弱。

当然这并不是说，要"才"不要"德"，德才兼备依旧是遴选人才的最优标准，我们只是把每一项特征剥离开来，来讨论每一项的衡量标尺和利益相关性，以及"当二者不可得兼时，我们如何抉择"的问题。

首先，"德"的概念太宽泛，且衡量标准不一而足。所谓日久见人心，即便具有可操作性，也需要付出巨大的时间成本。

其次，企业是以营利为目的的，运用各种生产要素（土地、劳动力、资本、技术和企业家才能等）向市场提供商品或服务，实行自主经营、自负盈亏、独立核算的法人或其他社会经济组织。企业的诞生使命就决定了企业用人是以能力为先，同时精减人员，避免人员冗杂、组织臃肿、降低人力成本、实现人尽其才。故而，有德无才的"老资格"是不建议作为后备领导力量的。

最后，一套良好的机制能够带来律人律己的规范作用。打造更广阔的平台、建立更合理的激励体系、致力于提供更个性化的成长路径和无边界的发展空间、更合理且可持续的利益共享机制。在好的管理制度下，人员的正向作为是应运而生的。

综上，我们提出弃"劳苦"而取"功高"的"能力为王、功绩辅证"的领导人遴选原则。

阿米巴巴长的六大软能力

无论你是身先士卒的榜样型领导还是乐于选育良才的教练型领导，抑或在团队之外为管理提供咨询并作出决策的顾问型领导，作为一个合格的领导者，都要承担起多种角色。整体来看，他是一个企业或是一个团队的掌舵者，分解来讲，除了上述的奋斗者和经营人才，他还一定是一个优秀的战略制定者，一个高效的计划执行者，一个选贤举能、能够圈兵点将的人才培育者。本着"能力为王，功绩辅证"的原则，我们对于领导者要求作出了如下描述。

第一项软能力：牺牲精神和感恩之心

将牺牲精神与感恩列为能力，是因为"精神首先是一种思想形式，是一种驱动智慧运思的意识形态"。相较于普通员工，公司高层或是合伙人承担着公司战略部署、行业使命和员工职业发展等诸多责任，以及由此带来的心理压力。在此情境下依旧甘于奉献并感恩于周遭存在，很大程度上是自己作出的选择，是一种能力的体现。

领导者的牺牲精神，是个人利益居于集体利益之后的自觉意识。我们常说：权力越大，责任越大。我们也说：经营企业就是经营人心。

具备牺牲精神的领导人，其品质是利他的，而利他的经营哲学始于感恩。只有懂得感恩才能发现员工的付出和优点，才能建立起良性沟通和良性激励，才能"利"员工，进而"利"企业。

第二项软能力：拥有点燃人心的使命感

当事业成为人的使命，成为责无旁贷的任务，人就会尽心竭力。当外界压力重重时，领导者能够化被动为主动、更改内在动力，并转化为自我驱动。观念影响行动，自我驱动的实现将会更改领导者看待问题的视野和角度，从"迫于压力而付诸行动"到"感知到变化而未雨绸缪"。

使命感带来的主动性也会促发工作热情。企业如人，组织如身，一个卓越的组织就是一个生命体。领导者只有将自己变成火种，点燃员工的激情，让组织焕发出活力，才能激发每个人的潜能，企业发展才能势如破竹。

第三项软能力：明确地描绘愿景并策动全员努力实现

战略由人承接，落地由人执行，明确地描绘愿景并策动全员努力实现则涵盖了"沟通"和"执行"两方面能力。"明确地沟通"不仅要求领导者对自身决策有着深刻的理解，还要求领导者能保证将决策内容完整而不失真地传达下去，从而保证工作效率和工作协同度的提高。

而目标的实现涉及流程、技能、意愿等要素。如上述理念及原则所言，要求的不仅是态度，也就是说，要求领导者具备的不仅是坚定地贯彻到底的完成意愿，更重要的是"领导者"的领导技能、用人策略、规划部署能力，以及流程通路的畅达。

这为企业带来的将不仅是效率的提高、成本的缩减，更是一种可以内化为企业文化的影响力量。

第四项软能力：对自我挑战和创新乐此不疲

信息革命的发生让创新成了时代的主旋律。在新事物层出不穷的时代里，故步自封无异于自掘坟墓，无论是求生存还是谋发展都要求领导者不断地挑战新事物。

美国 3M 公司有句很有名的口号："为了发现王子，你必须和无数个青蛙接吻。"敢为人先、不怕冒险的勇气来自领导者丰富的知识储备、敏锐的行业嗅觉、全面的战略视野和在承受失败后重整旗鼓的能力。

挑战新事物不是时代的要求，而是一个领导者必须具备的资质，只是风云莫测的时代凸显了它的重要性。

第五项软能力：以心为本，为员工赋能

稻盛和夫先生一直追求"以心为本"的经营，也是凭借与员工之间的强有力的信任基础才完成了一个个经营奇迹。不难发现，文中所提的几项领导人资质相互关联、有机统一，分别从不同侧面来解读"经营人心"：感恩才能尊重，尊重才有理解，牺牲精神和使命感才会帮忙做到更好的员工培育，而良好的人才培育机制又能带来强大的后备领导力量，企业的沟通就会随之畅达、执行就会随之高效。

"人"是中间重要的一环，是以上种种的承接者，对于"人"的潜力的激发，不仅可以帮助员工发现自己更多面的能力和潜质、实现自我价值，还能为企业带来不竭的动力之源。

第六项软能力：同理能力和共情之心

领导者的本质是出于责任和关爱，带有同理和共情之心的沟通和理解，更能增强员工的归属感和认同感，也更能促进领导者之间

的合作与共赢。

领导者往往是在黑暗中前行的勇者，在牺牲更多、承担更多之时，其抱着关爱之心进行的管理能带给他强有力的支持和理解，这更有利于领导者自身面对挫折时的心理重建，增强领导力和团队凝聚力，从而焕发出企业的战斗力。

阿米巴合伙人的考核

通过对前面阿米巴合伙人制的了解，我们的人力资源策略会在人才的选育用留方面发生根本的变化。在较传统的人事制度中，选人用人更偏重显性的能力，而在阿米巴合伙人制下，选人用人更偏重理念一致、有奋斗精神的经营者，同时，公司层面的人事权会下沉到阿米巴组织，如下表所示。

表 8-1　阿米巴合伙人制下的人才"选、育、用、留"策略

方法 制度	选	育	用	留
传统企业管理	标准多而乱 人事集中管控	要我学 培训是福利、是费用	重伦理、自上而下、定岗定责 领导评价、相马文化	人格不独立，文化、利益不统一 重管理人才

方法 制度	选	育	用	留
阿米巴 合伙人 制	简单明确 人事权下放，阿米巴自主定岗定编定薪	我要学 经营能力培养，自己出钱学	结果导向、公开透明 举手制度、赛马文化、以奋斗者为本	重经营人才 话语权、经营权、收益权

阿米巴合伙人制下的绩效考核

在公司的绩效考核方面存在诸多困惑：难量化、"拍脑门"、难执行、员工抵触、无标准等这些绩效考核难点导致考核结果不公平、容易造成人才流失。但实施阿米巴合伙人制下的绩效考核则更容易客观量化、更容易操作。每个组织和个人通过持续的经营分析与行动，改善经营业绩，实现绩效的提升，如下图所示。

图 8-2　阿米巴合伙人制下的绩效考核

阿米巴合伙人制下的全面薪酬制度

在阿米巴合伙人机制下，除传统的薪资及奖金制度外，可以加入利润分享、股权期权激励及股权投资等留用策略，如下图所示。

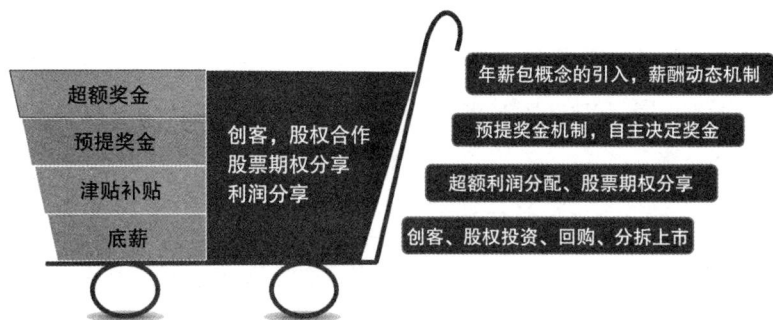

超额奖金		年薪包概念的引入，薪酬动态机制
预提奖金	创客，股权合作	预提奖金机制，自主决定奖金
津贴补贴	股票期权分享 利润分享	超额利润分配、股票期权分享
底薪		创客、股权投资、回购、分拆上市

图 8-3　阿米巴合伙人制下的薪酬制度

层级待遇，举手定薪

从合伙人体系可以明白，在这套体系下，一个员工拿多少年薪或者月薪，是由他自己举手哪个层级决定的，而不是由公司任命到某个岗位，然后给出一个薪资方案。这里有个核心问题是，在这套机制下要先说清楚责权利：每个员工都很清楚自己做到什么程度就有什么样的回报。但为了风险控制，会根据员工认领任务的完成进度进行薪资包的自动调整，从而避免一种现象：年初认领高任务，年末即使没有完成任务但固定薪酬早早兑现了。

自主决定奖金，采用预提制度

自主决定奖金，是由这套分配制度决定的，超额利润归属阿米巴所有。按照经营会计核算口径，每个阿米巴的业绩核算公式如下：

超额利润＝收入 ± 内部结算－成本－税金－应收计损 ± 利息－费用－上缴公司任务 ± 其他收支

超额利润全部归阿米巴所有，每个阿米巴自行决定当年分配超额利润的多少，可以事先预提。但建议每个阿米巴当年分配累计超额利润的 30%，可以递延分配。这样的好处是，每个阿米巴做市场或者研发投入的时候还有余粮可以用，而且这样分配又增加了平台的黏性。

股权期权分享，股权合作

有了阿米巴合伙人制作为支撑，股权期权机制就变得容易。大家知道，很多公司在做股权期权激励的时候，最大的问题是如何确定激励对象以及分配额度如何确定。而因为合伙人制就是以战功论英雄，所以对象和分配额度很容易就可以确定出来，这样我们做股权期权分享时就不会担心因不公平而引起激励对象的不满。

在这样的体系下，我们针对不同的合伙人，采用不同的吸引策略，如下表所示。

表 8-2 阿米巴合伙人制下的人才吸引策略

序号	合伙人类型	合作方式	吸引策略	关键价值
1	事业合伙人	内部举手 内部孵化 内部裂变 外部加盟	超额利润分红 期权、股权 股票增值权 独立经营权 决策话语权 收益分配权 合伙人福利 合伙人培训 项目跟投	解决人才问题
2	股权合伙人	内部创业 单独设立公司 （平台控股）	品牌共享 资质共享 基础设施共享 战略投资 投后管理 分拆独立	解决创新问题
3	生态合伙人	参股合资 战略合作	业务合作 生态链支持 投融资服务 并购协同 资产注入 人才输入	解决产业问题

阿米巴合伙人制致力于打造开放的生态圈，因此人才合作的方式也是多种多样的。无论是与已有公司的团队成立合资公司，或者设置新公司，抑或以并购的方式实现外链式合作，还是阿米巴孵化、

核心管理层投资基金投资（天使、VC、A 轮、B 轮）的内部平台孵化的模式，我们都致力于打造能够为奋斗者改变命运的平台、为人才和团队的成长提供土壤、阳光和雨露。

阿米巴合伙人的激励

人力资本"非激励不可调动"，而激励本身要基于人性。马斯洛认为人自下而上有生理、安全、社交、尊重和自我实现的需求。结合国情，对于事业合伙人来说，自下而上的需求可以总结为三点：利、名、权，对应着安全、尊重与社交、自我实现。我们基于战功制，围绕"利、名、权"对阿米巴合伙人的激励模式进行了实践和探索，取得了非常好的成效，可供借鉴。

利益激励：灵活务实，符合人性

利益分配机制是最基础的激励机制，在阿米巴合伙人制下，价值核算的主体为阿米巴经营单元，所以如果不特别说明，利益分配的机制主要针对阿米巴组织，而非个人。

超额分享模式

超额分享指的是针对基础目标以上的超额部分进行分享的模式。在阿米巴合伙人制下，就是针对超额利润进行分润，这种激励模式更适用于利润型阿米巴。

首先，每年在制定责权利规则的时候，公司经营执委会在明确目标定额（目标）的同时，需要提前定义超额利润分享的规则。

其次，对于目标定额和超额利润分享的比例的确定，要结合战略和公司整体情况进行测算，总体来说不要对现有薪酬体系产生巨大的冲击。

最后，对于超额利润分享的执行，需要考虑阿米巴经营的持续性，建议年度实际发放的比例要适量，要保证留存利润与来年投入的合理性。对于金额太大的，可以考虑递延发放。

冠军巨奖模式：给最优秀的人一个大奖

"重赏之下必有勇夫"，为了鼓励大家超额完成目标，可以给冠军一份大奖。在阿米巴合伙人制下，数字量化直观公平，更有利于巨奖的公平性。当然对应地，也可以设置巨罚机制。

评价指标的设置可以综合考虑公司战略导向和业绩指标，规则的公开透明非常重要，一般建议在合伙人年会等公开场合宣布和发放奖励，并保持适度神秘感，将大奖的刺激传播到整个合伙人团队和全公司。这个既可以针对阿米巴组织，也可以针对合伙人个人。

分期兑现模式

对于薪酬和激励都可以采取分期兑现的方式。其核心是设置一个比常规激励更高的奖金包（或薪酬包），但需要分期兑现或递延兑现，兑现的规则就是目标的完成。这样既能有激励性，又能够保持风险可控。

收支差分享模式

节约分享模式一般指的是针对特定的成本节省的部分，按比例提取奖金的模式。在阿米巴合伙人制下，更多地针对非利润型阿米巴采用这种方式。由于业务环节的成本中心在阿米巴体系下多数都转变为利润中心，所以，采用节约分享的阿米巴一般是后台职能部门阿米巴。

在具体操作上，除管理清单外，给予职能部门阿米巴收支差指标，收支差达标后超额的部分就是计提奖金的基数。在具体执行上与超额分享模式类似。

福利提升模式

福利提升也是一个可以体现差异化激励的方式。对于不同层级的合伙人，可以设计梯度的福利待遇，如体检、生日祝福等，相对于年终大奖，这些琐碎的日常关怀费用不高，却能起到凝聚人心的价值。

股权期权激励模式

股权期权激励也是一种有效而巧妙的激励方式，无论是初创企业还是上市公司，都可以运用。股权期权激励的对象和额度在基于战功制的阿米巴合伙人制下很容易就能确定，而且可以获得广泛认可。总的来说，价格、额度、条件都可以向高级别合伙人倾斜，以达到激励合伙人向更高目标进发，与公司同享成长带来的价值。

名誉激励：军功爵制，赢得尊重

职衔

职衔也是一种特殊的激励工具。职衔和职级体系通常很难设计，容易混乱，最后沦为任人打扮的小姑娘。很多公司的职衔都很随意，为了方便接触客户，级别一般是随便填，越高越好。在阿米巴合伙人制下，职衔也成了体现战功的工具之一，不同层级的合伙人职衔有明确的设定规则，由公司管控。这样一来，不同的名称就能非常清晰地明确不同的战功。可以将职衔比作爵位，我们靠战功而不是分封去定义。

排名

排名，就是在公司内部排座次，一般在合伙人出席公司正式场合的活动时得以体现，也可以在邮件、发文函件中体现。姓名的前后顺序按照层级自上而下排序，如果排名相同就按照任务额的高低排序。尽管是细节，但在一个战功制的体系下，依然能够起到焕发事业奋斗热情、内部赛马的作用。

权力激励：参与治理，自我实现

话语权

合伙人的话语权主要包括参与公司游戏规则的制定和重大事项

的决策。经营执委会由高级别合伙人组成，是经营最高决策机构。合伙人可以通过努力提升层级，获得自己的话语权。在阿米巴合伙人制下，企业逐步实现内部自治，大家都有机会成为公司政策的引导者，只要大家努力。

跟投权

公司发展迎来更多的投资机会，合伙人可以优先获得跟投权，成为新项目的股东，实现从事业合伙人向股权合伙人的转变。一些公司在实践中，对于新设立的公司往往采取众筹或者合资的方式，这不仅可以减少公司的资本投入，还可以凝聚合伙人，使合伙人和公司平台成为利益共同体。

股权

优秀的合伙人可以择优成为公司的股东，真正"当家做主人"。

阿米巴合伙人的分配

分配模型设计的整体性思维

长期以来，管理强调得更多的往往是分工、分权、分利，甚至对于阿米巴模式的理解更多地停留在"分"的层面。事实上，在新经济时代，平台的整体和持续竞争力成为企业竞相关注的核心，如何形成合力才是关键。因此在设计价值分配的模型时，我们在关注个体的利益的同时，要有"公司是一个持续经营的整体"的理念。

价值分配模型设计的真正挑战以及魅力是：如何让企业有远见、让组织上下同欲，形成一个持续稳健发展的整体。

在我们的实践中，阿米巴合伙人的分配模式需要因地制宜，我们也总结了一些经验。在设计企业的价值分配模型时应注意如下两点：

第一，我们要考虑投入的整体性。对于平台来说，投入包括业务平台投入（历史投入、未来投入）和职能平台投入，对于自主经营体来说，主要是成本、费用和税金。应先判定公司所处行业是不是一个重投入的行业，既要考虑历史的投入情况，也要考虑未来即将投入的情况。如果是重投入，平台与自主经营体就要优先承担，这部分的投入要优先从收入中计提出来，以保障公司基础研发和投入的可持续性，这是公司核心竞争力的基石，这部分费用可以称之为"平台费"（即打造业务平台所投入的费用）。如果是轻投入，这部分费用就可以与职能平台的费用合并，在毛利阶段与公司切分即可。

第二，我们要考虑价值分配的整体性，要承认和明确平台与自主经营体的价值。对于重投入的业务，平台价值更显著，应适当在分配上倾斜，一方面享受定额，另一方面在超额利润上持续分享。对于轻投入的业务，可以适当向自主经营体倾斜，平台只享受定额，超额由自主经营体分享。

在实践中，我们总结了两种可供参考的分配模型。

轻资产公司合伙人分配模型举例

第一种价值分配模型主要针对历史投入较少、轻资产型的公司（如图8-4）。核心分配计算逻辑如下：

①毛利＝收入－成本－税金

②归属于自主经营体的毛利＝毛利×X%

归属于公司平台的毛利＝毛利×（1-X%）

③贡献利润＝归属于自主经营体的毛利－费用

④超额利润＝贡献利润－所得税－目标定额

在毛利阶段公司按照约定比例切分，公司平台获得的切分部分用于覆盖职能平台的成本和未来投入，归属于自主经营体的部分则需要覆盖自身的费用、所得税、定额和超额利润。在这个模型中，定额的设计只需要考虑股东期望的回报，超额利润由自主经营体100%分享。

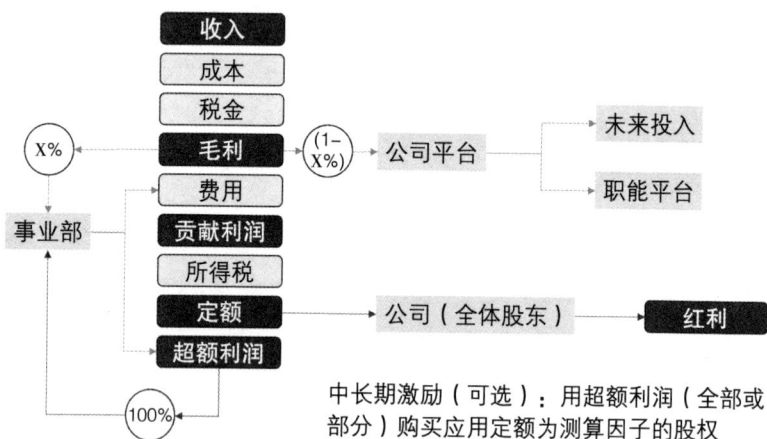

图8-4 轻资产公司合伙人分配模型

重资产公司合伙人分配模型举例

第二种价值分配模型主要针对投入较多、重资产型的公司（如图 8-5 ）。核心分配计算逻辑如下：

①毛利 = 收入 - 成本 - 平台费 - 综合税金

②贡献利润 = 毛利 - 费用

③超额利润 = 贡献利润 - 目标定额

④归属于公司（全体股东）的超额利润 = 超额利润 ×（1-X%）

归属于自主经营体的超额利润 = 超额利润 ×X%

在毛利阶段公司就要考虑扣除公司业务平台的投入，并且考虑业务发生造成的综合税金（重投入的公司需要优先将税金部分计提出来）。在这个模型中，定额的设计需要考虑股东期望的回报和职能平台的投入，超额利润由自主经营体和公司（全体股东）共同分享。

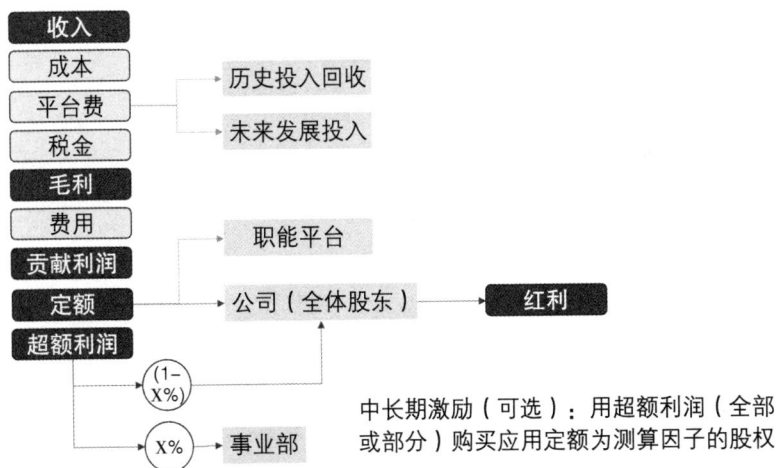

图 8-5 重资产公司合伙人分配模型

第九章

数字运营：
锁住管理，让经营更智慧

企业开展有目标的经营，就如同海中远航。出发前需要做好预算、规划好行程，要盘点"人员、干粮、淡水、航油"是否合适和充足，否则贸然出发，可能由于资源匮乏，止于中途；行程中，作为阿米巴的舵手，经营者要能够准确把握行程和航向。行程结束后，能对人才和绩效进行数字化的客观科学评估，作为激励的基础。

数字运营体系就是航行中的航海图、指南针、风向标、GPS和雷达，是护航阿米巴的"天眼"。对业务的深刻理解，是运营开展的前提，一个经营周期积累的业务运营经验，为下一个经营周期的开展提供了更高的起点。事前，以全方位的视角洞察全局、设定经营数字目标、制定科学的预算和计划步骤，保证目标可执行且具备合理的挑战性；事中，基于经营数据实时分析和监控经营的航程、航向，并作出相应的调整和优化，把握航行的节奏，运筹帷幄、实现远航，经营分析连接经营的起点和终点，拥有把计划变成结果的神奇魔力，是阿米巴舵手的必备技能；事后，以经营业绩和经营人才双数字目标为核心的考核指标，实现对人才的客观科学评估，完成企业选育人才到最大限度保留人才的闭环。最后，企业的数字运营要通过 IT 化实现真正的落地，唯有将企业的经营管理过程通过 IT 手段，固化在系统里，实现及时回馈的经营数据看板和经营分析，才能发挥数据驱动业务增长的最大价值。

为了更清晰地阐明整个数字运营的过程，本章节的编写以项目型的公司为例行文。

一个企业最核心的能力之一是什么？

做同样的事，比别人做得更好。

信息化的时代，战略布局已经不再是秘密，而战略执行能力，却是在短时间内不可被复制、不可被超越的。道合敏捷经营系统所定义的数字运营，就是基于企业经营数字进行量化预测、跟踪、分析和决策的运营方法。数字运营让经营有依据、有抓手、更科学，在赋能放权过程中做到风险更可控。好的运营结构有四大特性：可量化、可追溯、可控制、可升级。基于对业务本质的洞悉，通过科学的运营管理手段，也即"经营目标数字解码＋经营过程数字治理＋经营人才数字评估"，进行经营的循环改善升级，实现企业整体经营的数字化。

洞悉业务本质，是数字运营的起点和终点

很多企业的经营者对于"公司的真正业务是什么"并没有足够深刻的认识。对业务本质的理解程度直接影响业务的开展甚至是业绩目标的达成，因此，深刻理解业务是经营者开展业务的起点。对业务的理解，需要实现两个目标：认知所在行业的商业本质，以及找到有效的方法并驱动预期目标的达成。首先需要思考公司的"工作"帮助目标客户解决了什么问题，明确公司的业务实质是开展业

务的前提，经营者不要拘泥于现状，向外去关注用户和市场，从客户价值的角度构建自身的业务。

管理学大师彼得·德鲁克认为，对业务本质的理解，可以通过三个问题去探究：我们的事业是什么？我们的客户是谁？客户的认知价值是什么？进一步深化探寻，可归结为两个问题：产品或服务价值／利益方面是什么？社会责任方面是什么？

对业务理解程度有四个段位：

（1）了解业务——知道什么是什么，正在发生什么。

（2）理解业务——会分析，知道业务现象所代表的含义。

（3）预判业务——对经营发展方向和经营结果有预先的判断。

（4）重构业务——基于新的视角，重构部门的业务和产品规划。

经营者开展经营的过程，也是深化和提高业务理解程度的过程，逐步实现"了解业务"向"重构业务"的升级。对业务的深刻理解，是数字运营的前提，基于这个前提，可以持续改进：一个经营周期过后，对业务本质的理解更上一层楼，积累更加丰富的运营方法，为下一个经营周期的业务开展提供更高的起点，以便进行更好的风险管控，创造新的赢利点，实现业绩持续增长。因此，洞悉业务本质，既是数字运营的起点，也是终点。

经营目标数字解码——事前算赢五步法

经营目标数字解码是数字运营体系的关键基础。目标解码的基础，是对业务的深刻理解。对业务的理解程度，决定了经营目标数字解码的可行性和可控性。对经营目标进行科学解构至关重要，以终为始，以数字运营结果为起点目标，以事前算赢为载体，从时间、业务、空间等几个维度去解构业务，将业务变成切实可行的财务路径和行动指南。

事前算赢，就是在年初编制的全年全面经营预算，即可看出全年经营结果是可以达成经营目标的，即完成了开展经营前的算赢。预算对于很多中国企业来讲是一道坎儿，大部分企业在编制全年预算时，思想上难以达成统一，说是预算，实则是个讨价还价的过程。每个阿米巴都想拿到最多的公司资源，于是在编制全年预算的时候就会为争取资源而抢夺不休，各部门通常都会说：为了按照年度预算计划增加销售额，必须大量增加设备和人手。结果年终结算的时候才发现，各项费用都按计划增加了，销售额却没有按照计划增加，所谓的发展扩张只是虚胖型增长，体型增大了、肌肉减少了、利润下滑了。其根本原因，是我们没能运用一套良好的工具作为载体和所有的员工达成"理念统一"，这个载体就是经营会计，只有灵活运用这个工具，才能很好地将企业的经营权下放，控制授权的风险。

事前算赢第一步：阿米巴盘点

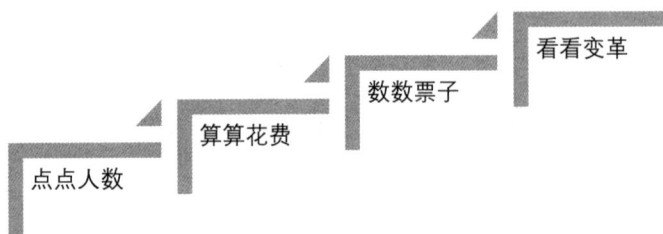

图 9-1　经营盘点四项内容

　　盘点人员：人员盘点不仅是对本阿米巴人员的具体状况进行了解和掌握，还要对员工的能力进行分析、整理，以确保员工能力与岗位要求相匹配，确保组织具备满足和应对市场竞争要求的能力。很多人都抱怨工作犹如救火，辛苦且疲于奔命，但结果似乎并不令人满意，究其原因，就是缺乏前瞻性、计划性，而人员盘点的价值就在于主动掌握人力资源的现状，以便有效地配合组织发展。盘点的结果可以应用于薪酬调整、培训计划制订、员工职业生涯规划和人才配置等。同时，为了避免组织的臃肿，阿米巴经营者必须根据经营过程中不可或缺的职能来构建组织。为了实现阿米巴的高效运作，首先明确阿米巴内部至少具备哪些职能，其次考虑至少需要设置一些什么样的岗位才能发挥好这些职能，最后再考虑至少需要配备多少人员才能满足这些岗位要求，只有这样，才能打造出肌肉坚实的组织。

　　基于人员的盘点制定相关的固定支出和变动支出。固定支出指固定费用即人员的工资薪金福利；变动支出指除固定费用外的各类费用支出，如差旅费、工位费、交通费、办公费等。

盘点资产、资金。需要盘点的资产包括存货、固定资产和可用资金。经营盘点四项内容，如图 9-1 所示。

京瓷采购原则

在京瓷采购原材料，每个月只购入当月需要的数量，有时还不是每个月，而是每天只购入当天需要的数量。稻盛和夫称之为"买一升论"，并把它作为原材料采购原则，即便一次买一斗划算，他仍旧坚持只买当前需要的一升。即买即用，看上去买贵了，但因为员工珍惜使用，且没有剩余，还不需要仓库和库存管理。因此在盘点资产时，如果有结余的存货，就应查明库存产生的原因、判断其价值是否出现减损、考虑全部消化完毕所需的时间和途径，并提示大家以后在存货采购时所应秉持的原则。对于固定资产，稻盛和夫总是坚持"如果二手货顶用，就用二手货""即便是性能优良的新机器，也不允许轻易购买""要千方百计，钻研改进，把现有设备用好"。

在盘点固定资产时，需要对固定资产的数量、性能（技术性能和使用效率是否能满足目前业务所需）和使用状态（谁在使用、用于什么业务）进行盘查，并对固定资产未来的使用方向作出规划，不可轻易作出新增固定资产采购的预算决定。

在盘点资金时，阿米巴首先要了解可直接调用的资金有多少；其次要知道所负责的项目已形成的应收账款有哪些（主要指销售合同款项）；最后要核实清楚已事先支出的各类其他应收款项，如投保保证金、各类押金借款等。

盘点项目。需要盘点的项目包括三类：在手合同项目（已签订合同、需要在当年执行的项目），此类项目确定可以为阿米巴带来稳定的收入和现金流（我们称为结转合同）；在手客户项目，此类项目虽然尚未签订合同也未中标，但由于客户关系较好，中标和签约的概率非常高，预计可以为阿米巴带来较为稳定的收入和现金流（我们称为商机合同）；续签合同项目，此类项目通常与客户有书面或口头约定，目前项目实施效果也比较理想，合同续签的可能性较大，预计可以为阿米巴带来较为稳定的收入和现金流（我们称为待签合同）。这三类项目是阿米巴业务发展的基础，数量越多、质量越好，阿米巴的预期收益和现金流就越有保障。

事前算赢第二步：规划业务方向

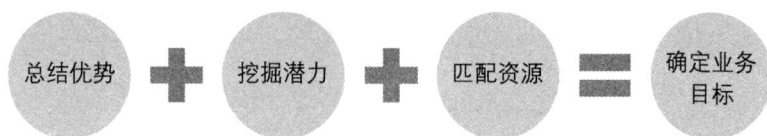

图 9-2　规划业务方向逻辑示意图

总结优势

这里说的优势是指为阿米巴带来重要竞争优势的积极因素或独特能力，如产品新颖、制造工艺先进、销售渠道畅通、价格具有竞争性、客户满意度或品牌的忠诚度高、市场开拓能力强、现金流充足等。阿米巴应选取那些可以有效利用自己优势资源的领域进行发展，通过利用自身优势资源，阿米巴可以有效降低成本费用，获取最大化的利润，或者说至少可以使自己在市场竞争中得以生存。

挖掘潜力

挖掘潜力包括挖掘阿米巴自身潜力和挖掘阿米巴外部市场潜力。挖掘阿米巴自身潜力，就要不断提高自身服务水平、加快升级，通过服务方式的转变寻找出路。比如，是否可以考虑通过供应链的全套服务寻找新的利润点，实现利润的增加呢？挖掘阿米巴外部市场潜力，既要通过纵向营销对产品和市场在深度上进行挖掘，更要通过横向营销对产品、市场及营销组合要素在广度上进行创新，如牛奶是喝的，但可不可以吃呢？这就诞生了奶片。水果是吃的，但可不可以喝呢？这就诞生了果汁。横向营销创新一旦成功，其获得的销售额将极为可观，甚至是奇迹。互联网最有价值的地方不在于自己能生产很多新东西，而是对已有行业的潜力进行再次挖掘，用互联网的思维重新提升传统行业。

匹配资源、确定业务方向

经过"盘点家底"，对阿米巴所拥有的资源（围绕业务发展模式而拥有或可调集的资金、资产、人员、技术等物质要素）和团队能力（在长期经营和管理中，团队所积累的经验和教训，以及进而形成的符合企业特定情况的思维习惯与工作方式）有了充分的了解和再认识后，对于有资源有能力的阿米巴就需要放大资源能力焦点，强势而为、再次开拓；对于有资源无能力的阿米巴则应该聚势回到核心业务和核心竞争力上；对于无资源有能力的阿米巴应以借力的方式，以放大能力功效换取发展资源；而对于半资源半能力的阿米巴，短暂生存没有问题，但很容易导致井底之蛙的短视，这时候就应该刺激他们顺势发力。在这个环节中，阿米巴领导人需要在外部市场机会的可能性和内部资源能力的可行性之间进行权衡和选择，确定阿米巴的业务方向。规划业务方向逻辑如图9-2。

事前算赢第三步：收入预测

收入预测包括已签合同项目收入预测、商机项目收入预测、续签合同项目收入预测、重点客户或重点产品扩大销售项目收入预测。

对于已签合同项目，预测本年项目的实施进程和收款进度，进而确定本年的收入实现金额，如下表所示。

表9-1 已签合同项目收入预测举例

单位：万元

	项目编号	项目名称	合同总额	已确认收入比例	已确认收入金额	结转收入比例	结转收入金额	本年预计收入比例	本年预计收入金额
序号			①	②	③	④	⑤	⑥	⑦
取值			−	−	=①×②	=100%-②	=①×④	−	=①×⑥
举例	201901	××项目	100	20%	20	80%	80	60%	60

对于商机项目，则应根据商机目前所处的阶段和商机级别确定本年收入预计可实现的金额。

表 9-2 商机项目收入预测举例

单位：万元

分类	项目	签署	合同额	阶段	验收	回款	收入
商机成熟度	项目名称	预计签署时间	预计签署金额	预计确认阶段	预计验收比例	预计回款	预计收入金额
确保完成	A 项目	2019-10-15	100	初验	60%	60	60
力争完成	B 项目	2019-12-31	40	上线	20%	20	20
跟踪推进	C 项目	2020-12-31	0	无	0%	0	0

事前算赢第四步：费用预测

费用预算包括人力成本预算、固定费用预算和可变费用预算。人力成本要根据历史数据和业务规划先进行人员数量预测，然后进行工资、社会保险费、住房公积金等的预算。固定费用包括资产购置费和工位分摊费，在预算时，需要对过去发生的费用明细进行分析，考察这些费用支出的必要性和效果，或者采用零基预算法来确定固定费用的预算数额。可变费用要在比较、分析过去的实际开支的基础上，充分考虑预算期各费用项目的变动情况及影响因素，确定各费用项目预计数额，如下表所示。

表 9-3 费用预测举例

单位：万元

费用科目	2019年	2019 年季度费用预算				2019 年分月费用预算											
		Q1	Q2	Q3	Q4	1	2	3	4	5	6	7	8	9	10	11	12
固定费用																	

费用科目	2019年	2019 年季度费用预算				2019 年分月费用预算											
		Q1	Q2	Q3	Q4	1	2	3	4	5	6	7	8	9	10	11	12
人数																	
工资福利																	
可变费用																	
办公费																	
电话费																	
交通费																	
营销费																	
招待费																	
会议培训																	
服务费																	
其他																	
费用合计																	
平均人数																	
月人均费用																	

事前算赢第五步：模拟计算业绩

预计贡献利润（以下简称贡利）=Σ（预计合同收入 × 预计合同毛利率）- 费用总额

将预计贡利与目标定额进行比较，如果预计贡利不足以缴纳目标定额，就需要对收入和费用进行调整，增加收入来源、增加合同毛利或降低费用总额。如果预计贡利远超目标定额，就需要考虑是否将原阿米巴分拆成两个或两个以上的阿米巴，将原阿米巴巴长（三级阿米巴）升级至更高层级（二级阿米巴）。

阿米巴经营预算是滚动预算，每次经营分析都需要根据经营会计利润表对经营预算进行调整，找出差距，实施改进。

经营过程数字治理——跟踪改善三部曲

数字治理指的是基于经营数字对经营过程进行量化跟踪、分析和科学决策的管理方法。

● 经营跟踪：通过指标显差、差值管理、数字化风控的经营跟踪三维度，实现对经营单元的经营过程跟踪。

● 经营分析：以经营业绩目标达成为核心、采用多种分析方法，对经营单元的历史、预测、实际的数据进行深层次、多维度的挖掘和分析，找到问题根源并付诸经营改善行动。

● 科学决策：企业实施数字运营，基于经营过程的各项数字指标，可助力企业进行资源统筹、组织裂变、组织绩效评估等方面的决策，让决策更科学。

经营过程的数字化治理，是在开展经营的过程中，基于及时的经营业绩报表、经营数据及关键绩效指标，以经营分析为工具，动态、实时地跟踪、监测关键经营指标，形成"跟踪＋分析＋预警"的决策支持体系，加强经营过程的科学管控，充分挖掘企业人财物的潜力，实现经营循环改善升级，从而提升企业的经营效益。

经营跟踪三维度

经营跟踪：指标显差

为了能实时掌握和追踪经营单元经营目标的达成情况，在实际经营过程开展中，需要对各经营单元关键业绩指标完成情况进行对比，主要包括目标显差、预算显差、对比显差、排名显差。

● 目标显差：以经营者年初申领的经营目标任务书为基础，对经营者实际完成的阶段经营结果与目标作对比，追踪关键指标与目标的差异，找出原因并对下一个阶段的目标进行重新定位。

● 预算显差：以经营者自己制定的滚动预算为标杆，对比实际完成的阶段经营成果与阶段预算的差异，找出差异，并进行原因分析，在此基础上对下一个阶段的预算进行调整。

● 同比显差：以经营者去年同期经营情况为基础，对经营者当期的经营成果与去年同期相比，追踪关键指标显差情况。

● 排名显差：以公司内部同类经营单元的平均值或者中位数作为基准，对经营者当期的经营成果与全公司其他经营者对比、排名，找出差距，分析原因。

显差追踪的关键内容，主要看7个方面：

1.经营任务显差

定额任务是最关键的经营指标，要关注年度和阶段经营任务显差：年度任务是否可以完成、阶段任务承诺是否达到。

年度经营任务承诺显差：关注经营单元整体的年度经营规划，在年底（12月31日）之前，是否能完成年初承诺的定额任务。

阶段经营任务承诺、同比、环比显差：关注经营单元实际的阶段经营成果与承诺的差异情况、与去年同比差异情况、与上阶段环比差异情况。

2. 现金流显差

现金流是经营者稳健、可持续经营的基础。在经营过程中，要各位关注经营单元的现金流状态。"现金流余额＋可透支金额"可支撑经营单元三个月费用支出，是相对安全的现金流状态。如果经营单元现金流情况处于不安全状态，就需要关注其应收情况和费用支出情况，对现金流情况进行显差。

3. 应收显差

应收账款的回款情况，直接影响经营者经营目标的达成，所以在经营过程中，要重视应收显差追踪。全面经营预算和滚动预算中，经营者对于所在经营单元已签合同、正在执行中的项目应收账款的收款金额和收款时间进行了预估。在实际经营过程中，要根据经营者之前承诺的收款进度，追踪应收款的实际回款情况与承诺的差异。

4. 商机显差

商机对于经营者经营目标完成的价值在于唯有商机转化成合同并进行阶段验收和回款，才能形成经营单元的业绩。因此，追踪商机推进的进度显差对于经营目标的达成情况至关重要。经营者在全面经营预算中承诺了商机，在实际经营过程中，需要依据其承诺的商机进度进行显差追踪。

5. 效率显差

效率指标主要体现经营单元的经营效率，包括 ROP、投入产出比、成本费用率、工资薪酬率等。

ROP：人力资本投入的产出效率。

ROP= 经营单元贡献利润 / 人力资源成本投入

投入产出比：资源投入的产出效率。

投入产出比 = 经营单元贡献利润 / 经营单元总费用支出

6. 质量显差

质量指标包括：毛利率、贡献利润 / 现金流净额、项目交付率、商机转化率等。

7. 其他风险显差

除经营业绩和现金流等风险显差外，还包括公司级风控指标，如安全事故率、客户投诉率等。

经营跟踪：差值管理

敏捷的经营跟踪需要体现跟踪的真实性、及时性、准确性和简明性。道合敏捷经营系统设计了一套敏捷的差值管理工具，将数字运营的后视镜（历史数据）、仪表盘（当前经营状况）和导航仪（一个经营周期内的预测数据）有机地结合在一起，与事前算赢有机地结合在一起，实现滚动跟踪，帮助阿米巴合伙人、公司 CEO 和经营管理部门实现有效的、联动的经营目标动态跟踪，如下表所示。

表 9-4　差值跟踪表

编号	科目	取值	合计	Q1	Q2	Q3	Q4
1	目标利润定额	①	200	50	50	50	50
2	预算总费用	②	400	100	100	100	100
3	确认毛利	③	400	0	50	150	200
4	差　值 1	④ = ③ - ① - ②	-200	-150	-100	0	50
5	应收毛利	⑤	350	0	100	150	100
6	差　值 2	⑥ = ④ + ⑤	150	-150	0	150	150
7	商机毛利	⑦	100	0	0	50	50
8	差　值 3	⑧ = ⑥ + ⑦	250	-150	0	200	200

首先，我们要明确目标毛利的定义，经营的过程就是将客户需求转化为合同最终变为收入，并通过运营转化为利润的过程，收入的转化是经营的第一要务，收入是起点，没有收入就没有一切。对于项目型业务，由于涉及一定的直接采购，并且引入了以毛利为中心的内部交易机制，因此，我们定义经营单元的目标毛利作为任务目标，目标毛利本质上表达了经营单元要获得足够的收入、控制好采购成本和内部交易支出，并控制好费用。

目标毛利 = 目标利润定额（承诺的利润目标）+ 目标费用支出（预算总费用）

其次，明确目标差值管理的内涵：就是不断将已实现和未来预计要实现的毛利与目标毛利对比，从而明确阿米巴经营单元当前的经营状态和与目标的差距。

由于业务的状态由商机转化到合同再到交付实施、到收款的过程，毛利也由不确定变成确定。为了让经营者更好地通过量化的数字感知来跟踪目标的达成，我们根据毛利确定性的强弱，将收入／毛利的状态形象地分为三类：碗里的、锅里的、田里的。

● 碗里的：指的是确认毛利——基于合同约定和核算规则已经确定收入部分对应的毛利。

● 锅里的：指的是应收毛利——已签订合同，但还未完成交付、未收款；或者完成交付但未回款的应收部分对应的毛利。

● 田里的：指的是商机毛利——已发掘商机，但尚未签署合同，根据预测即将在本经营周期内达到确认条件的毛利。

道合敏捷差值管理工具根据以上的三个差值，结合企业的经营过程，实现动态地跟踪经营过程。

我们前面说到，阿米巴经营需要实现事前算赢，什么叫算赢呢？

目标毛利 = 目标利润定额 + 目标费用支出

我们说，阿米巴实际完成的毛利如果超过目标毛利，就意味着团队实现了承诺的目标，即为算赢了。我们根据算赢确定性的强弱定义了三个差值。

差值 1= 确认毛利 – 目标毛利

将"碗里的"与目标毛利作比较。差值为正，就是算赢，就意味着真正完成了任务，这个阶段来的越早，经营的确定性就越强。到了年底如果还做不赢，就意味着没有完成任务。

差值 2= 确认毛利 + 应收毛利 – 目标毛利

将"碗里的"+"锅里的"与目标毛利作比较。如果算赢，说明从应收层面来讲，较大把握完成任务。

差值 3= 确认毛利 + 应收毛利 + 商机毛利 − 目标毛利

将"碗里的"+"锅里的"+"田里的"与目标毛利作比较。这部分的比较必须时时刻刻算赢，任何时点算不赢，就说明经营处于很大的风险状态，需要引起关注。

最后，我们介绍一下差值跟踪法的应用。

三个差值的跟踪，简单明了：差值为正意味着算赢，差值为负则意味着存在差距，其绝对值就对应了差距的数字尺度。三个差值的不同状态对应着经营的不同状态。

在事前算赢阶段，利用道合三个差值法，能够在尚未启动新一年的经营之前，就能实现预判未来一年经营目标达成的可行性，以此作为阿米巴准入的标准。

在经营跟踪阶段，利用道合三个差值法跟踪目标，经营者和经营管理者通过三个数字，在任何时点，都能非常迅速和直接地了解"是否算赢，差在哪，差多少"。这是三个差值法的魅力所在。

在任何一个时点，如果以月进行差值表的设计，则会出现如下情况。

该时点上一个月之前的经营数据视为历史数据，也即上文所说的"后视镜"看到的内容，对于历史数据，应收毛利和商机毛利一定为 0，要么转化为已经确认的毛利，要么延期到当前或者未来执行的项目确认过程中。

该时点所在的月份，所有动态显示的经营数据，我们认为显示在"仪表盘"上，经营者可以从总体到明细查看当前执行项目的所有状态，实时了解经营的情况。

该时点以后的月份，所有的数据为滚动预算的数据，也即上文所说的"导航仪"看到的内容，对于未来的数据，确认毛利一定为0，而应收毛利和商机毛利则反映了未来预计要确认收入带来的毛利。

可以说，差值跟踪法，将"后视镜""仪表盘""导航仪"统一到一张跟踪表，从差值3可以直接了解经营单元的预期目标的可能完成情况，再逐步有逻辑、有层次地了解每一个环节的经营情况。

经营者根据三个差值，可以有的放矢地进行经营改善，对不同阶段的合同、商机和项目提出有效的解决方案和行动计划，最终行动转化为三个差值的变化，随着经营过程的持续，滚动、持续地体现在经营报表上。

经营管理部门和CEO能够通过阿米巴和全公司的三个差值具体情况，进行正确的决策。

在经营过程中，只要经营者时刻将"碗里的""锅里的""田里的"放在心上，盯住三个差值，就能够快速建立经营意识，并将这种经营思维和目标意识共享给团队的每个成员，轻松做到全员经营。

经营跟踪：风险管控

全流程数字化风控，指数字化监控和预警。将企业的风控事项数字化，如基于毛利率或贡献利润率的外包管控，又如若干特殊损益事项的引入，坏账计提规则的优化、风险准备金的引用与应用、"现金存货"概念的引入和应用、基金摊销纳入特殊损益事项、经营业绩调整纳入特殊损益事项等。一个有代表的性的手段，就是经营看板红绿灯管理。

所谓红绿灯管理，是对关键经营指标的实际达成情况进行标识。

绿灯，指标正常，满足预期目标；

黄灯，指标轻微异常，负偏离预期目标，但仍在可接受范围内，需要引起关注，触发经营改善行动；

红灯，指标严重异常，严重负偏离预期目标，超出可接受范围，触发风控措施甚至退出机制。

基于红绿灯管理体系，企业可以对经营业绩指标实施过程进行监控，对于红灯标识的经营异常情况触发科学风控决策，举例如下表所示。

表 9-5　某事业群经营看板

经营业绩指标			
收入完成率	40%	绿灯	正常
费用支出率	35%	黄灯	轻微异常：费用支出超预算 10%
净利润完成率	38%	绿灯	正常
经营风险指标			
客户投诉率	1%	绿灯	正常
工程延期率	70%	红灯	严重异常：正常值 0~40%
经营质量指标			
毛利率稳定性	0.8	绿灯	正常
利润增长率	10%	绿灯	正常
经营效率指标			
ROP	1.2	绿灯	正常

以账龄分析为例，通过对预付款账龄分析，支撑特殊损益计提，用于风控事项；对应收账龄分析，支撑业绩预提，用于风控事项。例如，应收款 1 年以内不影响当期业绩核算，但若应收款超过 1 年，就触发风控措施，开始以 10% 计损，影响当期经营业绩。

经营分析四模块

经营分析工作是一个从数据到信息再到知识的转化过程，是一项完整地从技术到管理的 PDCA 经营循环改善过程中非常重要的一个环节。经营分析的目的和意义如下：

（1）数字分析：基于经营差异，分析差异原因；

（2）改善经营：导出行动项，落实到计划、步骤、责任人；

（3）学习和成长：团队持续成长；

（4）经验共享和沉淀：经营经验共享、经验沉淀。

在一个组织里，有很多汇报和沟通机制，如周例会、月例会、季度会议、半年会议等就是常见的汇报和沟通渠道。在直线职能制下，销售会汇报商机、签约、回款等情况，交付团队通常会汇报项目进度、人力成本、需求变动、验收等情况；但在阿米巴经营下，每个阿米巴的经营情况汇报会，是每个月都要进行的经营分析会。通过经营分析会，能发现阿米巴经营成果是否达到预期、到年底是否能独立完成任务、目前存在哪些问题、通过什么方式解决；但如果已经预计到这个阿米巴到年底就是完成不了任务，就要考虑是否触发退出机制。

很多企业也会召开经营分析会，但大多都是务虚的，而我们是务实的。为什么这么说？是因为我们的经营分析结果源于经营，也将用于经营。

每个月的经营分析会是一个非常严肃的会议，每个阿米巴巴长都必须认真准备，下面先说每个经营分析会都要准备的内容。

经营分析：数字分析

经营数字分析是各经营单元负责人在了解经营差距之后，以实现经营改善、确保经营目标达成为目的的经营行为。要想进行有效的经营分析，首先要了解经营结果实现的全流程。以项目类业务为例，每个项目由一个或多个合同组成，合同的状态从商机到评审再到合同执行实现闭环。而每个业务单元一般拥有多个合同，且可能跨不同的年度，因此还要考虑上下年度的结转情况。数字反映了经营的不同状态，我们要理解数字背后的含义和数字形成的规则，从而掌握从数字看业务本质的方法。我们在前文已详细论述了企业经营结果实现的全流程。此处不再赘述。

经营者需要以经营目标达成为核心、以差值管理分析为工具，深入分析经营差距产生原因，导出行动项。

1. 差值情况：确认差值为负、应收差值为负、商机差值为负

分析：即使把正在跟踪的商机收入转化为确认收入，依然无法完成全年任务。

经营提示：需要新发掘其他商机，同时重视费用管理，寻找费用降低空间。已属于风险预警项，需持续关注和进行经营辅导，必

要时考虑止损。

2. 差值情况：确认差值为负、应收差值为负、商机差值为正

分析：将正在跟踪的商机收入转化为确认收入，即可完成全年任务。

经营提示：重视正在进行项目的按时交付回款、做好正在跟踪商机的转化和成单。为进一步实现经营改善，需要结合费用显差追踪结果，寻找费用优化空间。

3. 差值情况：确认差值为负、应收差值为正、商机差值为正

分析：说明年底前把已签订合同的款项都收回，即可超额完成全年任务。

经营提示：需重视已签订合同的交付及收款。为进一步实现经营改善，需要结合费用显差追踪结果，寻找费用优化空间。

4. 差值情况：确认差值为正、应收差值为正、商机差值为正

分析：截至目前，本年度任务已完成，且确认差值表示超额完成的毛利任务。

除了以经营目标达成为核心进行的经营分析之外，对于经营追踪显示的其他经营异常项目，经营者也需要对数据背后的原因进行深挖，并付诸改善行动。以"毛利率稳定性"指标异常为例，某经营单元毛利率稳定性略低于公司规定的红线值，需要对部门的项目逐一进行毛利率分析，找出毛利率稳定性差的原因，是因为项目合同额管理问题，还是采购支出管理有问题。采用漏斗模型，一步步筛查，找到问题根源，导出行动项。

经营分析：业务规划

通过经营数字分析，了解经营实况与经营目标的差距，需要进一步落地到具体客户的业务服务和产品提供上，以实现经营目标的达成。所有经营业务的开展，要做到以客户为中心。在思考部门的业务现状和发展规划时，同样是聚焦所服务的客户，进行思考。

1. 客户结构分析

是否有大客户趋势，即 20% 的大客户可贡献部门 80% 的利润来源。项目型公司，多以大客户为主。

2. 存量客户，进行服务优化和服务深化分析

（1）服务优化：为客户提供的产品和服务，价值点在哪里，是否有优化可能？

（2）服务深化：是否可以为客户提供新的多元化服务和产品？涉及新产品和服务拓展问题。我们的产品和服务是否能满足客户需求？是否可以新开发或引入公司其他产品或服务做深客户？

可对部门的前十大客户进行全方位分析，具体操作示例如下。

● 部门的前十大客户是谁？基于每一大客户逐条分析以下问题。

● 客户的全年预算，与我们相关部分的规模，我们的实际业务占有率怎么样？

● 客户的核心业务是什么，需求是什么，发展目标是什么？

● 过去的业务中我们哪部分交付或产品最为用户认可，为什么？这部分交付是否为我们带来了最大的利润？

● 这部分最成功的交付是否对应前部所述最大的成本，如果不

是，是否可以削减非最重要的成本？

• 从历史角度分析，我们最应该投入资源和时间在哪类客户或自身的交付/产品？

• 是否可以为客户提供公司其他的产品呢？

通过分析，形成部门产品和服务的竞争力分析和发展规划、客户的服务方案和跟进计划。

3. 新客户，进行市场拓展分析

针对潜在客户和商机，详细的运营和转换计划是什么？需要对商机转换成单的步骤进行拆解，制订可落地执行的过程方案，并分析给出需要的资源支持。

4. 研发计划

针对发现的新商机，如果需要研发投入，需要给出部门的研发计划、产出、预期收益及所需要的资源和政策支持。

经营分析：学习成长

阿米巴机制是服务于经营活动开展的，并不是一成不变的，需要依据经营内外环境的变化进行调整升级。而业务人员是最贴近经营的，他们对于机制的优化改进以更好地服务于经营，有很大的话语建议权。

经营机制共识和经营原则共识，是阿米巴高效运行的基础，而意识的转变至深化，需要比较长的时间。因此，在阿米巴机制切换后，尤其需要重视团队对于机制和经营十二条的学习和认知深化。

阿米巴经营，是全员开展经营，践行"收入最大化、成本最小化"。通过经营分析所沉淀的经营经验内部共享学习，是提升全员经营能力的重要手段；团队的持续成长，亦离不开持续的新知识和新技能学习。

1.重点梳理部门阿米巴合伙人制的执行情况及效果，并收集员工对阿米巴的理解及意见反馈

（1）分析团队对机制执行的情况和效果，以了解和深化团队对机制的认知情况，以便更好地开展经营。

（2）分析和收集部门在新机制运行中碰到的难点和问题，并给出优化建议。

2.企业文化的执行及宣贯情况

（1）企业文化在团队内部的宣贯都采用了哪些形式，频率和效果如何？

（2）团队在经营过程中是如何践行企业文化的？

3.经营经验分享及读书会情况

（1）团队内部经营经验分享都采用了什么方式，频率和效果如何？

（2）团队的持续学习，都是从哪些方面、采用何种方式进行的？

经营分析：经验沉淀

经验教训沉淀，是通过分析团队在经营开展过程中的典型人物和典型事例，包括正例和反例，复盘后总结沉淀出团队的经营方法。经验主要是经营过程中沉淀的好的经营管理经验，包括践行收入最大化、成本最小化、客户管理经验、招投标经验、风险应对经验等。教训主要是指经营过程中出现的经营风险、经营事故，必须进行深刻总结，避免同类型时件再次发生。

跨团队甚至跨企业参观拜访学习来的经验，往往很难复制到自己团队。但是，复盘，是一种高效的自我学习方法，在经营过程中，通过总结自身的优劣势和经营经验，并用以指导日后经营工作的开展，是经营循环升级改善的重要手段。只有经营者切实感受到复盘的价值，才会认真对待经营复盘，从被动复盘向主动进行复盘转变。

复盘主要有三个步骤：

1. 典型呈现

（1）正例：各阿米巴的典型人物是谁？其典型事项是什么？

（2）反例：各阿米巴在经营开展中碰到的经营风险、经营事故是什么？

呈现内容包括：典型事件的背景、预期目标、实施过程、实际结果，并指出需关注的亮点所在。

2. 深入分析

（1）典型成功或失败的关键因素深入分析。

（2）尽可能深入问题的本质，而非浮于表面的浅尝辄止。

3. 沉淀经营 Know-How（专业技能）

（1）我们获得 Know-How 沉淀是什么？

（2）总结规律，导出未来经营活动改进建议。

经营数字支撑科学决策

科学决策，是以内部经营数据信息为核心依据进行战略、业务、人才相关的决策。

（1）数据。这里所指的数据信息，不仅包括内部经营数据信息，更包括外部市场、竞争对手、客户喜好等信息。如何在最短的时间内搜集到真实、有效的信息，是其中一个挑战。如何运用内部的运营数据信息，是需要在一次次的经营分析中，增强经营者的数据敏感度及业务感知力，以便在科学决策时能够应对自如。

（2）经验。通过经营分析，沉淀和积累的市场感知及运营经验，是支撑科学决策的重要依据。

（3）能力。对自身团队核心竞争力的深刻理解，是否足以匹配和支持决策，决定了决策成功的可能性。在每次的经营分析过程中，加深经营者对团队所具备的优劣势有更加旗帜鲜明的认知，在每一次决策时，更容易去判断团队能力对于决策所实现效果的影响力。

（4）行动。科学决策的落地依赖于人员、流程、步骤、时间节点的设计。想要达到决策预想结果，需要进行决策行动的实施过程管控和结果追踪。

科学决策的能力不是一蹴而就的，是需要在日常的经营分析过程中逐步培养。对于经营者而言，掌握了科学决策的基本逻辑和原则，更需要在日常的经营分析过程中加以实践和深化认知，最终变成一种潜移默化的能力优势；认真对待每一次的经营决策，逐步实现集约化、精益化、数字化的科学决策，避免再像以往一样盲目决策、拍脑袋决策或是决策无法落地等。

科学决策：资源统筹

公司的资源，包括客户资源、资金资源、人才资源等，之所以需要统筹规划，是因为资源的稀缺性。企业在资源分配时，往往容易出现内部资源争夺现象，因为企业并没有资源分配的依据和抓手。企业实施数字运营之后，引入内部市场化的形式，基于各经营单元的战功、项目投产比、市场价格等各种客观依据，来进行企业资源的高效配置。

以资金、资源为例，进行科学统筹规划说明。

为科学管理的资金，公司进行经营单元现金流分开和统一调度管理。与数字运营的理念一致，分开管理是表象，合才是目的。分经营单元现金流管理，是为了进行公司资金的统一调度和管理。

1. 现金流分开管理

公司的资金、资源有偿使用、有条件使用。公司为每个经营单元设置内部独立现金流核算虚拟账户，每个账户设置免息透支额、最高透支额、临时透支额等。各账户现金流由各经营单元负责人把控。各经营单元资金占用以货币资金方式按月记录，计算各部门净现金流余额，当余额为负时，即视为占用资金，开始计算资金占用费。

最高透支额之内的资金使用，收取一定的资金利息；超最高透支额收取罚息，且需要担保和进行上限控制；临时透支额需有代签合同收益保障，且需要上级合伙人担保，联保联坐，为经营风险兜底。

（1）免息透支额：是公司给予各经营单元的资金支持，额度范围内经营单元免息使用，超过免息额度占用的资金，需要付出适当的资金利息成本，即公司向经营单元收取资金占用费用。年度免息透支额在年初确定，年度内不做调整。

（2）最高透支额：在经营单元现金流余额为零后自然年内可使用的最高资金额度，此金额中包含免息透支额部分。经营单元现金账户透支额度绝对值超过免息透支额但在最高透支额以内，以公司内部通用利率进行计息；计息时间均按照实际占用的天数进行计算，月底一次性计入经营单元现金账户。

（3）临时透支额：在经营单元年度最高透支额使用超限后，因项目需要，可在上级经营单元负责人的担保下，向公司申请临时透支贷款额度，经营执委会对项目情况及担保人的征信方式进行评审，审批通过后可使用此透支额。资金利率一般高于最高透支额之内的利率。

2.资金统一调度管理

公司每月甚至每周初通过发票计划及付款计划管理，进行资金的投融资统筹安排，实现资金的高效管理。刚开始，各经营单元无法预估准确的收付款计划，但是随着计划管理习惯的养成，各经营者逐步培养其收付款经验，最开始对收付款计划进行月度计划管理，后期逐步转变为按周甚至到天。

（1）收款管理：收款管理，主要通过各经营单元负责人提交发票计划，进行收款预测。已开具发票，但未在限期内回款的发票额，会进行风险准备金计提，影响经营单元当期经营业绩。促使经营者谨慎开具发票，使公司的发票管理最大限度地贴近收款预估，实现高效收款管理。

（2）付款管理：各经营单元每周开始的时候提交部门付款计划。在付款计划内的付款，可在流程到达财务时依据财务承诺的响应时间支付。不在付款计划内的付款，在付款流程到达财务后，依据财务规定延迟一定时间支付，给予财务调拨资金的时间，同时倒逼经营者更准确地预估付款时间。

科学决策：组织裂变

实施阿米巴之后，组织的裂变、孵化、重组有了更加科学的数字支撑。公司有公开透明清晰的组织裂变和重组规则，包括业绩完成情况、经营人才指标情况、团队构成情况等，均有明确的数字规定。在经营开展过程中，各经营单元的经营情况一览无余。

1.组织裂变重组的数字基础

（1）经营业绩目标：任务额是经营单元存在的基础，也是组织裂变、孵化的基本前提；任务额无法完成，则触发组织重组／退出决策。

（2）经营人才目标：划小经营单元之后，需要一批优秀的、可独当一面、独立开展经营的综合型经营人才。足够的经营人才是组织裂变的关键前提。

（3）团队构成目标：划小经营单元，核算到小组织而非个人，是因为业务的开展、组织的发展需要团队。一个人可以走得很快，但是一群人才能走得更远。团队构成目标是组织裂变的重要条件，但并非是最紧要条件。在经营业绩目标和经营人才目标达到裂变要求的时候，适当放宽团队组建时间，可同意经营单元提前裂变，但需要在限期内完成团队组建。

2.组织裂变、重组触发条件

（1）裂变：经营业绩目标达到公司规定。如果某经营单元已达到公司规定的裂变条件，就触发组织的裂变决策。裂变分为主动裂变和依据公司规则强制裂变。需要依据公司的文化导向和业务特点进行组织裂变规则设计。

（2）孵化：在某经营单元下进行孵化的小团队，尚未达到裂变条件，可挂靠经营单元下进行孵化，对其进行独立核算，待条件成熟时，裂变为独立经营单元。

（3）重组/退出：如果某经营单元经营状况触碰重组或退出的红线，就可及时采取相应的措施，举例如下表所示。

表9-6　经营决策示例

经营情况	决策措施
经营业绩、人才达到裂变条件	裂变
经营业绩及人才未达到裂变条件	孵化
经营业绩严重未达标，触碰重组/退出红线	重组/退出

科学决策：绩效评估

以"经营业绩指标"为核心、以"风险指标、成长指标、经营质量、经营效率"等辅助指标的排名分析，可用于对组织贡献全方位的客观评价，公司每个月度，甚至实时在公司各处的宣传屏上展示内部各经营单元数字指标体系的排名情况，支撑企业内部"赛马"。组织数字评价指标体系如下：

1.经营业绩：贡献利润

贡献利润：基于公司业绩核算规则与业绩核算表计算得出的经营单元贡献利润，是各个经营单元价值贡献的最核心指标，我们简称"贡利"。

2. 风险指标：客户结构

客户结构：大客户利润贡献占比。大客户贡献占比越高，经营单元的经营风险越大；大客户贡献占比越低，经营单元的经营风险相对越小。

大客户利润贡献占比 = 大客户贡献利润 / （大客户贡献利润 + 散客贡献利润）

3. 成长性指标：贡利增长率

贡利增长率：包括同比增长率、环比增长率、内部排名情况。贡利增长率越高，团队成长性越好。

贡利同比增长率 = （当期贡利 – 去年同期贡利）/ 去年同期贡利

4. 经营质量：毛利率稳定性

毛利率稳定性：对经营单元当期的项目毛利率进行方差分析。方差越大，毛利率稳定性越差；方差越小，毛利率稳定性越高。

贡献利润 / 现金流净额：代表了经营的稳健性。有现金流支撑的贡献利润越多，经营越稳健。

5. 经营效率：ROP、投入产出比。

ROP：人力资本投入的产出效率。ROP 值越高，人力资本效能越高。

投入产出比：资源投入的产出效率。投入产出比越高，资源效能越高。

经营人才数字评估——人才盘点五工具

培养和发现经营人才，是阿米巴合伙制的起点和终点，我们始终坚持认为先有经营人才后有专业人才，这在前面章节已有论述。因此，人才盘点的维度将有很大变化。

工具一：经营人才评估维度

公司从经营业绩指标、经营人才指标、健康指标三个方面对合伙人进行评估，如表 9-7。

经营业绩指标是对部门经营业绩数字目标完成情况进行测评，可以是战略指标、利润指标、合同额指标等。

经营人才指标是对合伙人裂变、孵化的经营人才指标评估，如末级经营单元合伙人在一年内必须至少孵化一个储备经营人才。

健康指标的主要维度包括企业文化的认同度、对公司经营哲学的理解深度和运用程度、对企业文化的理解和认同程度。

表 9-7　经营人才的评估维度

经营业绩指标		
业绩数字指标	战略指标	承接公司的战略指标分解情况
	利润指标	贡献利润是经营业绩完成情况的核心指标
	合同额指标	有些企业筹备上市等，对于合同规模有要求，可在利润指标基础上加上签订合同额的指标

经营人才指标		
人才培养指标	裂变指标	裂变出新的经营人才可独立承担经营任务
	孵化指标	在团队内部孵化经营人才，可作为二级部门独立核算，待条件成熟时裂变
健康指标		
对企业文化的认同度	突出	对公司经营哲学的理解深度、运用程度；对企业文化的理解和认同程度，可被树立为标杆和榜样
	较好	对公司经营哲学的理解深度、运用程度；对企业文化的理解和认同程度，表现良好
	较差	对公司经营哲学的理解深度、运用程度；对企业文化的理解和认同程度，表现较差

工具二：经营人才盘点九宫格

许多企业都使用九宫格或类似的模式进行人才盘点。人才九宫格按照业绩和潜能高低，将人才分为9个类别，放入对应的格子中，对不同格子中的人才管理和使用应该采取不同的方式：如1格人才应尽快提拔使用，9格人才应考虑转岗或淘汰。人才九宫格体现了人才管理的分类原则。在阿米巴合伙人机制下，人才盘点九宫格也适用，其不同在于每个表格的内容定义发生了很大变化，而这主要是基于员工的经营能力及业绩表现，如下表所示。

表9-8 经营人才盘点九宫格

经营能力	低	中	高
高	6 业绩较低，岗位胜任力较高度的认同； 对企业文化有很高的认同，对公司及自己的职业未来充满希望（可能新入职），需要给予充分指导和发展机会。	3 业绩较好，岗位胜任力较稳定； 认同公司企业文化，是企业的中坚力量，重点在于帮助他们提高业绩，提供更多业绩的渠道及业绩辅导。	1 业绩优秀，岗位胜任力强； 高度认同公司企业文化，能与公司共同发展； 是企业重点保护对象，可以承担更多的任务，优先考虑赋予其更高的权力。
中	8 岗位胜任力较低、业绩较低，对企业文化能认知并理解，可能是岗位目前战斗力欠佳，可能是岗位及部门并不是很如意，影响工作发挥；需要进一步挖掘其业务能力和岗位的匹配关系。	5 大部分员工所处于的位置，业绩合格、能力合格； 对公司的企业文化能认知并理解，是企业文化认知的主要基层力量； 业绩是关键，可培养成业务骨干。	2 业绩优秀，岗位胜任力强； 对企业文化较有认同度，应提供更多的企业文化的骨干，培训机会，帮助他们更快地获取合伙人的资质。
低	9 业绩低，岗位胜任力较低、对公司的企业文化不认同； 不合格员工，可以考虑解除劳动关系。	7 业绩基本合格，岗位胜任力较稳定； 对企业文化不太关心； 需要加大这类员工的工作压力，培训机会及发展机会的提升，提供更多的引导，促使他们经营能力的提升。	4 业绩优秀，岗位胜任力强； 对公司企业文化认同度低； 多为工作多年的老员工，通过企业文化的多角度宣贯，让他们在现有岗位上发挥更高的价值。
	低	中	高
	岗位胜任能力（业绩）		

在使用九宫格时，可以针对企业实际进行灵活运用，便于内部理解。例如，阿里巴巴的人才盘点模型与九宫格一脉相承，但又不拘泥于形式，对于不同位置的员工冠以不同的称呼，更形象生动，如下图所示。

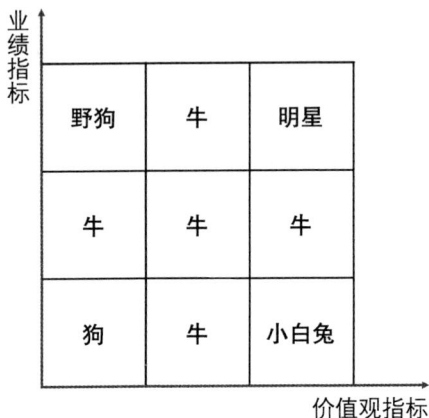

图 9-3　阿里巴巴人才盘点矩阵

阿里巴巴的人才矩阵按照价值观和业绩两个维度，将员工分为五种：

明星：业绩突出，且对公司价值观认同度高的员工。公司对这类员工给予机会，大胆启用。

野狗：业绩好、能力强，但价值观认同度低的员工。对这类员工谨慎使用，必要时坚决清除。

狗：业绩差又不认同公司价值观的员工。这是首先要淘汰的一类员工。

小白兔：个人能力不强，业绩长期萎靡，但对公司价值观认同度高的员工。这类员工会占用公司资源，要坚决清除，绝不手软。

牛：业绩普通，价值观较为认同，能力中庸的员工，占公司主要部分。

公司可根据自身情况，选择合适的盘点工具。

工具三：经营人才盘点表单

工具一和工具二建立了经营人才盘点维度和人才分类标准，接下来就要进行数据收集。数据收集以阿米巴为基本单位，表单中根据岗位胜任测评、经营人才测评和健康指标测评，可以自动生成人员所在九宫格的位置，其发展潜质是阿米巴负责人或者更高级别负责人对现有情况及对员工的了解提出的建议，这个建议仅作为人力资源部门参考之用，如下表9-9。

表9-9　经营人才盘点表单

序号	姓名	阿米巴	岗位胜任测评（业绩）		经营人才测评		健康指标	测评结果	
			业绩	评价	经营能力经营意识	评价	企业文化的认同度	九宫格位置	发展潜质
1			A	高	突出	高	突出	6号位	可提拔
2			B	中	突出	高	突出	3号位	可提拔
3			D	低	突出	高	突出	6号位	经营能力培养
4			A	高	较好	中	较好	2号位	可提拔
5			B	中	较好	中	较好	5号位	原岗考察
6			D	低	较差	低	较差	9号位	淘汰

工具四：经营人才数据地图

根据工具三的经营人才数据收集，可以呈现全公司经营人才数据地图，如下图。从这个数据地图上可以看出人才的分布情况，人才结构是否合理一目了然，每个模块的人才分布都对应人员明细，根据不同人才分类制订后续人才培养计划、晋升计划以及转岗淘汰计划就变得很科学，如下图所示。

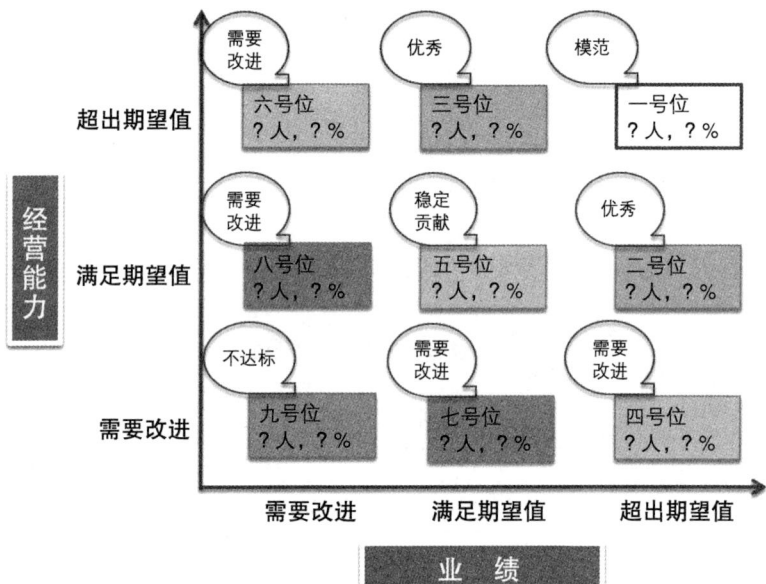

图 9-4　经营人才数据地图

工具五：经营人才盘点结果的应用

人才盘点本身并不是目的，对盘点结果的运用才是目的。因此，根据盘点结果，每类员工都应该有后续的管理方案，详细情况可以参考下表。

表 9-10　经营人才盘点结果应用

6. 有潜力的员工	3. 业绩达标，有巨大潜力的优秀员工	1. 模范员工，各项表现优秀
加强能力培养，尽快进入角色； 赋予挑战性工作。	加强能力培养； 赋予更多的责任； 给予更多的经营机会及挑战性的工作； 列入经营人才储备库。	赋予更多的责任； 给予更多的平台和机会； 建立核心人才计划。
8. 中差评员工	5. 业绩达标，有潜力的员工	2. 有潜力的优秀员工岗位工作表现优秀并具有一定的经营能力
选择性淘汰； 根据每个人的情况，确定是否是能力和意识问题； 非能力和意识问题，可以协助其改善，加强能力及意识培养，提升绩效。	占比 50%，属于九宫格之最多，多加重视； 根据各自的发展趋势，强化现有的业绩表现或者激发潜能，给予更多的挑战性的任务。	加强意识培养，激发更多的潜能及经营热情； 列入经营人才储备库。
9. 差评员工	7. 业绩达标，潜力欠佳的员工	4. 业绩优秀员工
选择性淘汰； 根据每个人的情况，确定是否是能力和意识问题； 非能力和意识问题，可以协助其改善，加强能力及意识培养，提升绩效。	加大工作压力； 加强意识培养，尽快融入公司新的战略环境； 挑战新的工作内容。	加强意识培养，尽快融入公司新的战略环境； 激发更多的潜能及经营热情； 指导新员工，做他们的专业老师。

用 IT 支撑数字运营的方法和路径

基于道合敏捷经营理论与实践，在企业选择数字运营的发展道路，建立了阿米巴经营机制、合伙人和数字运营模式后，就有必要利用现代化的 IT 信息技术和工具，建立一套 IT 支撑系统，助力企业高效的数字运营。在 IT 信息化系统的建设过程中，不仅可以进一步对企业的业务、制度、流程等进行审视与优化，将工作落实于细节，价值展示在数据，而且可以将日常业务开展和经营管理中日积月累企业的数据形成数字资产，进一步支撑组织的经营决策与战略规划。

建立 IT 系统支撑数字运营，按照"经营制度化、制度流程化、流程数据化、数据 IT 化"的设计理念，遵循道合敏捷经营的顶层设计和落地策略，在人与人、人与机器的交互过程中，基于协同思想，打通业务运营的经络，形成一套规范化的工作流程，基于流程协同工作并自动采集经营数据。根据组织的业务模式与特征，构建组织的主数据模型，打通与连接方方面面的量化数据，让数据在整个组织内动态流动、集中统一。有了量化的经营基础数据积累，依照组织的经营核算规则，对数据进行加工、处理与分析，形成组织各类特征化的经营报告，每个经营单元的经营业绩、经营质量、经营效率和经营风险就能更及时地获知与识别，快人一步，领先一路。

IT 系统支撑的数字运营，可以实现以下的目标。

（1）经营可量化：经营管理的过程要融入 IT 信息系统，则需要经营过程和内容必须实现 A/D 转换，从主观转化为客观，从定性转化为定量。只有量化后的事务才能更准确和更精确地度量、评估和分析。组织的日常经营活动，细分后的每个经营单元的经营结果都实现量化，那么整个组织的经营就可以量化，基于量化数据，IT 信息系统就可以为各阿米巴独立经营提供支持，承接阿米巴经营的核算和资金管理规则落地导入，为企业内部交易提供方法和工具，自动生成业绩核算报表，提供实时经营看板助力其开展数字运营。

（2）经营可追溯：有了 IT 信息化系统支撑，组织的经营数据就可以更细粒度、更长周期、更有规律、更加快捷地进行追溯，使得组织能够随时参考历史数据对未来的规划和发展提供参考与决策支持。

（3）经营可控制：组织数字运营有了 IT 信息化系统支撑，不仅解决了主观臆断或差不多判断，可以精准地对经营过程和经营结果进行统计与分析，可以把经营数据进行多维度、多场景的对比，找出差距，找出问题，找到优势，找到机会，组织经营高度可控。

（4）经营可优化：组织数字运营有了 IT 信息化系统支撑，组织可以更精小、更快速、更灵活地进行新业务的探索与尝试，进行业务、组织优化与发展。

结合道合敏捷转型，数字运营 IT 系统从四个方面进行系统设计与开发建设，如下图所示。

图 9-5　数字运营 IT 系统设计四个要素

（1）业务流程：业务流程固化了组织制度，贯通了业务过程的人和业务活动，业务流程的形成是数字运营 IT 化的入口，是经营数字可量化的始点，这一步非常的重要和关键，是 IT 化不可或缺的第一步。有了业务流程和流程中流转的业务量化数据，组织的有机营养就流动起来了。通过在 IT 系统中设置的各种吸收点，把经营数据进行采集、抽取和积累。与数字运营相关的业务流程包括但不限于如下：商机管理、合同管理、采购管理、费用管理、内部交易管理、收付款管理、资金管理等。

（2）信息模型：信息模型是数据组织和积累的框架，信息模型需要按照组织自身的经营管理制度、业务特征、管理办法等为依据，遵守 IT 信息化的工作方法进行构建，使得组织的数据能够形成一个有机的整体。以组织信息模型的抽象与建立为目的，同步优化与完善配套的组织进行管理制度和执行办法，信息模型与组织制度相互配合，互为始终，共同保障与支撑组织健康发展。

（3）业务应用：支撑组织数字运营的 IT 信息化系统，不是一个应用系统，而是一套应用系统，有了业务流程和信息模型的基础，就可以根据不同业务场景和需求，构建不同的业务应用，如面向一线阿米巴经营团队的应用、面向高层管理人员的应用、面向财务人员的应用、面向人力资源的应用、面向风控预警控制的应用等。业务应用是 IT 信息化系统为组织内各类人员服务的连接点，通过有针对性地定义与开发符合各类特征的业务应用，更好地服务于组织的日常经营，使得 IT 系统更大地发挥价值。

（4）集成接口：支撑组织数字运营的 IT 信息化系统，不仅解决人与人、人与机器之间的交互与协作，同时能够建立机器与机器、系统与系统之间的连接，交互与集成，使得数据在整个组织内部的人与机器之间闭环流通。除此之外，借助先进的信息化技术，在万物互联的 5G 时代，可以支撑组织延伸到客户与供应商，连接到产业链的各个环节中。

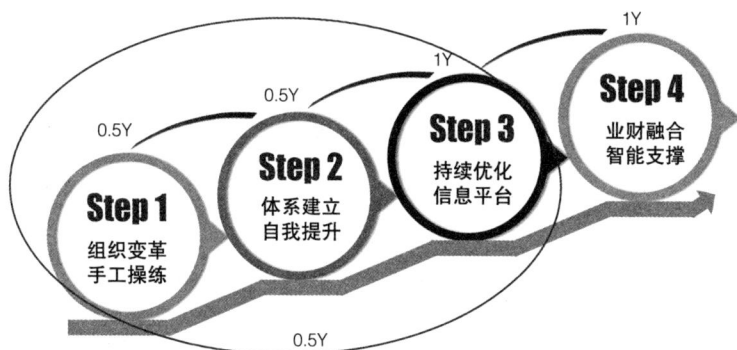

图 9-6　企业数字运营 IT 信息化建设四个阶段

上图是一个典型的企业数字运营 IT 信息化建设的建设历程。一方面，IT 系统建设不是一蹴而就的过程，在这个道路上，没有捷径可走，唯有一步一步地扎实构建，才会取得预期的成果与收获现代化的技术；另一方面，如何达到同样的效果，同时缩短数字运营 IT 化的过程，是企业面临的挑战。

支持道合敏捷转型系统数字运营的 IT 系统可以采取分步建设、

分步实施、分步应用的策略，我们将企业实现数字运营的 IT 化分成四个阶段：

第一阶段，启动敏捷转型的组织变革。数字运营 IT 化的起点是经营管理变革，数字背后是"人"，如果没有解决"人"的共识问题，数字运营系统就是一个摆设。我们必须对经营管理进行系统性改造，从业务核算的规则再到配套的关于"人"的机制、文化，没有员工经营意识转变，就不可能期待员工行为的转变，那也就失去了数字运营 IT 化的意义和土壤。进行了企业的经营管理变革，我们正式步入数字运营 IT 化的旅程。

数字运营的前提是经营可量化，没有量化，实现不了 A/D 转换，数字运营就是无稽之谈。企业经营要实现可量化的转变，不是简单的事情，尤其不是定制几个或更多个电子化的流程。经营数字量化是个系统性的工作，需要从上到下，再从下到上多次往复的过程。

在这个过程中，需要相关的参与人员手工作业，记录、分析、总结和抽取，找到规律，形成制度，抽取指标，做出算法。这个过程是从无到有的创建，变化多，无常规，因此需要链条越简短、越智能、越灵活，满足这些条件，最好的就是人来执行，因此这个阶段建议是手工操练。根据经验，这个过程通常需要持续一段时间，与企业的运营基础有关，中间需要多次的迭代更新。

有了手工操练积累与提炼的结果，就可以着手进行 IT 系统的建设，进入第二个阶段：体系建立，自我提升。IT 系统的建设，如同建设一座大厦，也是需要从地基开始，一层一层的建设，IT 系统的通用结构如下图：从底向上，依次为基础设施层、组织数据层、专业应用层、用户界面层、人机终端层，如下图所示：

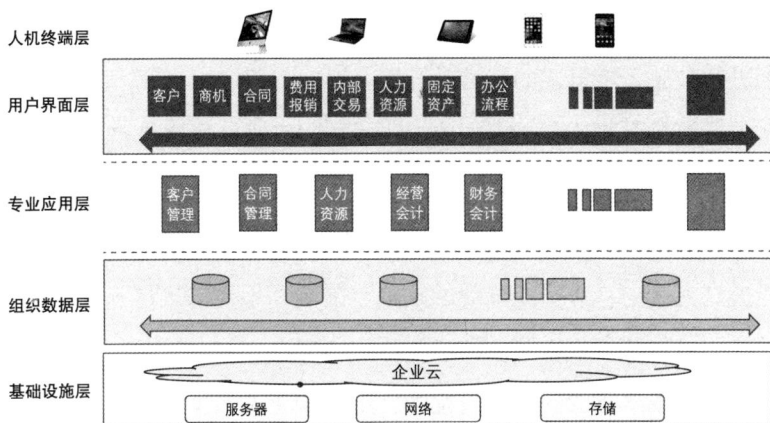

图 9-7　新一代企业信息系统分层架构示意图

　　在系统建设过程中，要充分利用现有 IT 技术的优秀成果，采用平台＋组件的方式进行分步分阶段建设,IT 系统体系结构如下图：

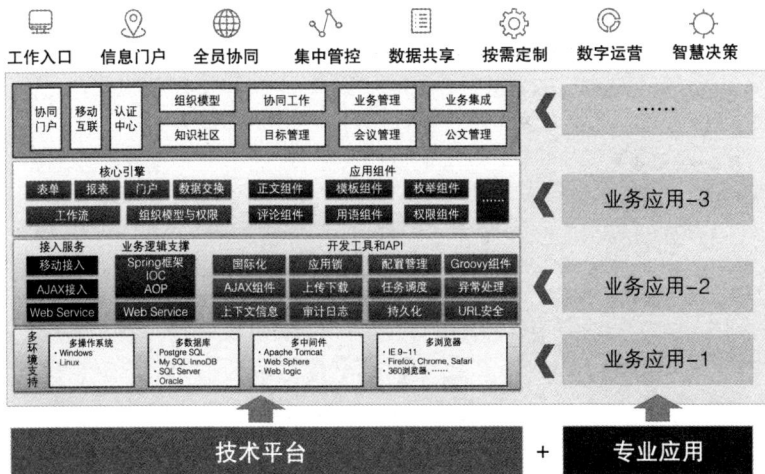

图 9-8　IT 系统体系结构示意图

左边是基于优秀技术构建的平台（也即数据中台），右侧则是各类专业应用，每个专业应用都是基于技术平台，按照各类营业需求进行独立、增量式的设计与开发。

系统的开发上线之后，数字运营的 IT 信息化建设就进入了第三个阶段：持续优化，信息平台。持续优化不是一句空话，不仅是不断的新需求设计开发与实现，更是 IT 系统在为组织数字运营过程提供支撑中，对不断发现的缺陷、漏洞和不足的改进、增强与完善，同时包括不断地深入和细化。

随着数字运营的深化与发展，组织积累了数据和经验，则进入第四个阶段：业财融合、智能支撑。数字运营的核心点在于业务，但财务也是组织经营成果的记录，财务是国家与社会对每个企业的基本要求。企业的经营与财务，分别有不同的特点，并且两者必然也必须走向融合，才能同时为组织的发展保驾护航。

数字运营，必然为业务和财务的融合起到助理与加速的作用，如下图所示：

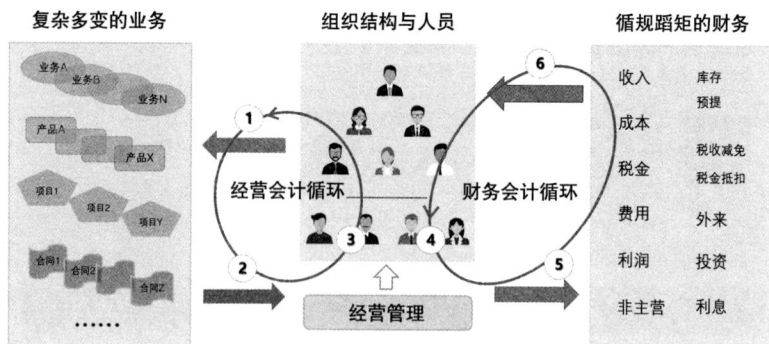

图 9-9　IT 手段和统计分析工具

企业通过传统手段实现业财融合的经营管理系统建设，存在很大的挑战：一方面，业务与财务专业性都强、特征差异大，业务复杂多变，财务循规蹈矩；另一方面，在企业内部业务与财务直接对接实现"业财融合"，建立财务共享中心，投资大，而且很难达到预期效果。

基于经营会计循环、财务会计循环两个循环模式建设的 IT 系统，避免了传统模式下从财务系统提取数据进行二次加工的困扰，而且在建设高效的经营会计循环后，将经营核算的数据自动地形成财务会计凭证，通过接口自动进入财务系统之中。因此，经营管理既是业财融合的翻译器，亦是经营效率提升的加速器，实现了数字运营的最后一步：从自动化到智能化，支撑组织变革、提升效率。

因此，道合敏捷经营系统的经营会计就是实现"业经财"融于一体的利器，基于智能化处理的经营管理系统，其数据来源于数字运营流程和通过集成接口获得的其他外部数据源，按照经营会计的准则，实时地进行经营滚动预算、经营核算和经营分析。适用对象一般是各级阿米巴负责人，从老板到末级经营单元负责人。

那么，企业数字运营 IT 化如何实现呢？

通常来说，一般分为 SaaS 云服务和私有化服务两种形式。

1. SaaS 云服务

SaaS（Software-as-a-Service）——软件即服务，是一种新兴的 IT 服务模式：软件服务商将应用软件部署在云服务器上，客户根据需要向 SaaS 软件服务商按照服务多少和时间长短订购，并最终通过互联网使用服务，客户不需要自主研发和采购服务器等硬件。

（1）优势：

● 成本更低：按照使用的人数、选购的功能、使用时长付费，用户成本费用低。

● 迭代速度快：功能粒度小而灵活，需求满足速度随用户增长而不断积累，越往后越快。

● 扩展性好：功能插件化，可按需选购后自定义配置，所见即所得，服务人数无上限。

（2）适用企业：中小企业，个性化需求较少，希望借助 SaaS 平台所沉淀的管理制度、方法和流程，快速提升数字运营能力。

2. 私有化服务

软件私有化服务则是企业通过自主研发或外购软件开发的方式，在自有服务器部署应用软件的方式。

（1）优势：

● 自主可控：数字运营 IT 系统由企业自主研发或购买，相应权益属于企业的自有无形资产的一部分。

● 定制程度高：根据企业业务特点和 IT 基础进行高度定制化，更符合企业发展需要。

● 安全性更好：企业私有机房部署，数据的安全性更高，对于数据驱动增长型公司而言，数据安全是企业选择私有化部署最重要的考量因素之一。

（2）适用企业：国企、上市公司、大型集团公司以及其他需要高度定制化的企业

无论采取何种方式，企业的数字运营 IT 化均需要按照四个阶

段循序渐进的路径，建立与建设企业 IT 信息化系统，采用道合敏捷经营系统并借鉴 IT 平台所沉淀的管理经验，结合自身企业的需求，可以大大缩短前三个阶段的时间，降低 IT 实施的难度，不仅行之高效，可以更低成本、更高收益，实现业财融合、经财互通，从而构建一个现代化、新技术支撑的"经财税银"一体化企业经营数字化支撑平台。

第十章

道合敏捷经营方法论

"人心、数字、体系化"是敏捷经营系统落地方法论的七字诀，企业家们在了解了阿米巴、合伙人制、数字运营的本质之后，敏捷经营系统落地就有了坚实的理论基础。"光说不练假把式"，我操盘和辅导了多家企业的敏捷经营项目、亲历了项目落地的全过程。在此过程中，我摸索、总结出了敏捷经营转型的具体思路，并予以实践。目前，我辅导的多家大型公司的敏捷经营转型项目，成果都非常显著。

　　本章旨在通过回顾总结我的敏捷经营变革实践经历，详细描述变革的全过程，让各位企业家和其他读者了解变革的全貌并识别关键点。

尽信咨询，不如无咨询

从敏捷经营系统的顶层设计，到运行机制、经营哲学、会计体系的构建实施，已经进行了大篇幅的全面介绍。理论设计得再完美，实践是否能真正理解理论指导、能否按理论所设计的方式进行、能否达到理论上的理想状态的关键就在于真正将理论的东西结合实际，因地制宜地落实。

谈到落地，其实中国有很多企业都已经了解阿米巴经营是大势所趋，也在学习和研究阿米巴经营模式，也有很多企业真心去实践和落实，但真正成功的却寥若晨星。究其原因，一方面可能是对阿米巴的理解浮于其表、浅尝辄止，没有真正吃透。这个问题上文已经站在中国企业的现实情况下，为大家研究出了一套适合中国企业的阿米巴体系，且掰开揉碎了以便帮助大家深入理解。

阿米巴经营不易成功的第二个原因就是很多企业不知道如何落地。因为不知道如何落地或者是觉得自身去研究这些问题不够专业，很多企业就选择找咨询公司，过于信任和依赖咨询公司，认为咨询公司应该完全承担项目任务，自己却不全身心参与。这些企业根据咨询公司给出的报告去执行，以为这样就可以达到变革的目的，结果费时费力，难有成效。另外，虽然很多咨询公司等外部机构在一定程度上能给出专业性的思考和行业洞见，甚至是最佳实践经验，但事实上，这些最佳实践需要个性化、体系化的设计，而咨询公司和企业往往都缺乏耐心。没有进行教练式和陪伴式的辅导，经营管理变革的顶层设计和落地实施作用有限，收效甚微。

💡 迷信"咨询"引发的企业败局

1998年4月，一个爆炸性的消息引起了媒体和企业的广泛关注：饮料巨头L公司花1200万元请全球著名的"洋顾问"M咨询机构做战略咨询。

当时的L公司名噪一时，乳酸奶连续几年称霸国内市场，纯净水销量全国第二，销售增速一度高达85.3%。自1989年创办到1997年L公司集团全盛时代到来，其成功运作的诸多经典商业案例甚至入选哈佛教案。

居安思危，此时L公司的CEO等在思考，到达巅峰的L公司的未来该何去何从。

他们想到了用茶饮料和碳酸饮料作为L公司新的利润增长点。L公司的CEO尤其青睐碳酸饮料项目。然而虽有想法，但项目成立与否、是否确定加入可口可乐与百事可乐的市场竞争，一时间尚无定论。

此时，M咨询机构入驻。经过历时4个月的调研分析，最终呈现给L公司一份近300页的"L公司战略蓝皮书"，建议L公司进军非碳酸饮料市场。

于是，L公司的可乐项目彻底"流产"，开始埋头研制推广"非碳酸饮料"。几乎是同一时间,"非常可乐——中国人自己的可乐"的广告铺天盖地,随处可见——娃哈哈,在 L 公司选择放弃的时候,打响了碳酸饮料市场的争夺战,推出了娃哈哈"非常可乐"。

"非常可乐"在最开始采取低价策略,成功打开了中国广大的农村市场,与可口可乐、百事可乐三分天下。"非常可乐"很快成长为娃哈哈的支柱产品。

此一役几乎是 L 公司的"滑铁卢",不仅与"碳酸饮料"的大蛋糕擦肩而过,市场增速还从 85.3% 骤跌到 33.3%。一切并不如 M 咨询机构所料。

下一步,M 咨询机构建议 L 公司走合资之路。于是,L 公司于 2000 年 3 月正式与法国某公司签订合资协议。结果时过一年有余,达能宣布接管 L 公司,L 公司的 CEO 等 5 人集体离职。

从 L 公司的 CEO 当初肯花 1200 万元的代价中可以看出他是一个大刀阔斧、有魄力、敢变革的人。但他失败了,他的失败源于他过分迷信咨询公司的方案,丧失了对自身的深刻思考,完全丧失了把控权。

M 咨询机构可以说是咨询界的一传奇,但即便是传奇,也未能实事求是地对中国的商业环境作出正确的评估。

阿米巴变革的落地也该想清楚一个问题:落地就是出具一堆报告的咨询吗?答案当然是否定的。依靠外生的强加式建议而不是内生的自我思考的结果是无法真正推动阿米巴经营的。

变革,可学习、可借鉴、可接受辅导,但最终靠自己。

授人以鱼不如授人以渔

苏格拉底说："教育不是灌输，而是点燃火焰。"

道合实战教练式咨询要做的，就是授人以鱼不如授人以渔——教会企业这个体系的方法和工具、理念。当咨询顾问撤离的时候，企业自身也能完成系统的修复和升级。

随着我国市场经济的不断发展和成熟，越来越多的企业开始引进管理咨询。但在承担高额的管理咨询费用和漫长的实施周期后，似乎许多企业都遇到了一个同样的问题——咨询方案迟迟推行不下去。企业花费了大量的时间和精力，却做了一堆无用功，员工害怕、管理人员反感，企业对咨询的价值提出了质疑。据统计，目前仅有40%的传统咨询能够使客户感到方案对企业的管理有一定的提升和促进作用，其中只有不到30%的咨询方案能够在企业中真正地实施执行下去。

以前大部分客户寻找咨询公司是以查找企业中的管理问题及寻求解决问题的咨询方案为主，期望能够达到厘清管理思路、实现管理思想的转变与提升即可。而现在的企业更期望通过咨询变革的实施，不仅能厘清管理思路、实现管理思想的转变与提升，还能有效掌握管理工具和方法，通过咨询方案的实施有效解决管理中的实际问题，达到企业绩效提升的目的。随着我国企业管理水平的不断提高和管理人员素质能力的不断成熟，企业不再接受咨询公司以先进理念、科学方法、成熟模板构成的咨询方案，而要求能够针对企业实际、方便企业操作、切实解决问题、实现绩效提升的教练式咨询。

具体说来，道合实战教练式咨询主要包括两大步骤：正确的策略和优秀的执行。

咨询师通过咨询项目介入企业内部，与企业管理人员共同探讨企业目前管理存在的主要问题，进行咨询需求和企业运营情况的调研，对企业的现状作出较为全面的了解，双方共同确定首次咨询内容。在咨询师的指导下，由咨询师和企业管理人员组成咨询团队，针对企业目前重要并紧迫的问题进行整理、分析，并制定解决措施、步骤，形成咨询方案。

咨询师指导企业管理人员按照咨询方案进行操作，并在不断的实际操作过程中修正咨询方案，最终达到企业所需的实际效果：业绩提升、企业价值增加等。一般来说，教练式咨询还需要对企业进行资源的植入，以及对企业内部管理人员进行能力的培训。这样一个不断修正的、贴近商业最真实环境的、符合企业实际的方案，加上配置所需的资源以及操作能力，才是一个完整的教练式咨询闭环。

敏捷经营系统变革目标

阿米巴经营就是把公司划分成一个个的小团队，通过与市场直接联系的内部购销、独立核算机制进行运营，在公司内部培养具备经营意识的领导者（经营伙伴），让全体员工参与经营管理，从而实现全员参与的经营方式、凝聚全体员工力量的经营管理系统。

阿米巴实施的目标是：通过实施阿米巴经营，充分发挥企业管理的两种力量：无形力量（人心）和有形力量（数字），实现员工群策群力，发挥每名员工和每个阿米巴组织的积极性与创造性，提高全员主观能动性，有效发现并培养经营人才、持续组织的自主成长，从而促进企业资源更加有效地配置、促进企业成本不断降低、劳动生产率不断提高、市场份额不断拓展，最终实现企业核心竞争能力的不断增强，实现企业经济效益的提升，如下图。

图 10-1　敏捷经营系统变革目标

变"要我干"为"我要干"

人类行为始终遵循着这样一个朴素的法则：目标是谁的，动力就是谁的。在利己思维主导的企业里，目标是老板的，只有老板才有主动工作的动力与热情，少数被高薪刺激的管理层具有短时的物质动力，而广大的员工有一种消极被动的工作态度，并不具有真正积极主动工作的动力。

另外，在自上而下的管控模式下，企业人员的权利是非对称的，老板无做事的义务，却有择事的权利；员工无择事的权利，却有做事的义务。员工遵从老板的命令，老板说干什么就干什么。因此，当老板的命令与员工的意愿相符时，大家相安无事，业务顺利推进；而当老板的命令与员工的意愿不相符时，员工则会被动应付，甚至消极怠工。

因此，要解决员工积极性、主动性的问题，变"要我干"为"我要干"，就要解决企业目标传导和权利分配的问题，在阿米巴经营体系下的"目标承诺制"和"赋权制"针对这两个问题提供了很好的解决方案。

首先，要实现哲学共有和规则共识，解决愿景、使命和价值观的下沉问题，梳理、明确经营原则，作为决策的原点依据：我们要做什么样的事情？需要什么样的人？标准是什么？机制导向是什么？

其次，通过划分阿米巴组织，将公司分成若干个独立核算小组，自食其力、自负盈亏，各小组之间执行内部市场机制，将市场一线的压力传导至各部门，实现全员参与经营，力争实现"降本增效、开源节流"。

最后，通过构建举手制、赛马制、战功制、团队裂变孵化等机制，优胜劣汰，激活组织。

事前算赢，让目标变为现实

大部分公司制定经营目标时，都是靠拍脑袋、凭感觉决定。

往往各部门完成了任务，公司却不盈利。每年下任务都是上下博弈的持久战，费用预算就高、收入预算就低，如何提升经营能力，让所有经营者会算账、懂经营，将目标变为现实，而不是讲故事、讲理由、讲困难。

敏捷经营系统变革的目标之一是解决目标执行偏离度过大、只能事后改善的问题。

首先，我们需要结合行业商机管理、客户管理的模型，构建有效的事前算赢机制，必须说清楚目标预算完成的路径和可行性，并且对应到每个月、每一周的工作计划中去；其次，执行循环改善的经营分析，设计一套贯穿事前、事中、事后的经营分析模式，达到风险前置、全局干预、横向纵向对比的目的，最终为决策层、财务分析人员、经营者提供实时准确的决策改善依据。

阿米巴经营通过阿米巴组织划分，将经营权下放给阿米巴，让每个阿米巴都拥有独立经营的意识，让每个人都有了解市场与竞争的通道；通过经营会计报表，让每个人都能够看清阿米巴的经营状况，并对经营结果负责；通过循环改善系统（PDCA）可以有效地优化阿米巴的组织绩效，寻找进一步提升业务能力的可能，使阿米巴保持持续性盈利增长。这些都能促使普通员工向经营人才转变，最终具备将目标变为现实的能力。

量化分权，解放老板

美国心理学家梅奥于20世纪30年代在霍桑实验后提出了"社会人假设"，该假设认为：在社会上活动的员工不是各自孤立存在的，而是作为某一个群体的一员，是有所归属的社会人。人的工作以社会需要为动机，人们希望管理者能够满足自己的社会需要和自我尊重的需要。美国著名的行为学家麦格雷戈也认为，应在适当的条件下采取参与式的管理，鼓励人们把创造力投向组织的目标，使人们在与自己相关的事务的决策上享有一定的发言权，为满足他们的社会需要和自我尊重需要提供机会。

传统企业是自上而下的矩阵式组织架构，决策权掌握在高层管理者手中，企业实行集中控制和统一指挥。随着企业规模的不断扩大，行政机构越来越庞大，部门与个人分工也越来越细化，这导致部门间沟通协调困难；管理成本上升、工作效率下降；对市场需求的快速变化难以作出及时有效的应对；部门成员关注 KPI 考核目标而不是企业的整体目标，企业整体效益难以提升。

而阿米巴经营是自下而上的蜂巢式组织架构，每个阿米巴都是一个责任中心，它要求员工打破原有的部门界限，绕过原有的中间管理层次，直接对顾客、对公司的整体目标负责；它使阿米巴领导人能最大限度地发挥经营管理的积极性和创造性，灵活应对市场变化，自主组织生产和经营，为实现利润最大化的经营目标，持续改善产品和服务、合理定价、充分利用组织资源、科学有效地实施成本控制，从而整体提升企业的盈利水平。

敏捷经营系统变革的目标之一是解决收权、放权难平衡的问题。

第一，通过经营核算量化报表，根据经营的合同、收款的进度等经营情况，判断是否同步释放资金使用额度、薪资包、费用包等。

第二，经营权、分配权、话语权与"战功"（通常是阿米巴上交的利润）匹配，不同级别的经营者享受不同的权限。

第三，公司战略框架内的成熟业务充分授权，其他业务一事一议，加强管控。

数字治理：打造经营仪表盘，一眼看清经营实况

打造透明经营也是敏捷经营系统变革的目标之一。主要解决两个问题：一是如何客观量化"战功"，客观衡量整个组织和个人价值；二是看清经营实况。大部分公司由于是科层制组织，老板只能看到副总一级，再向下就很难了解实际情况了。经营存在黑匣子，看不清组织末梢的经营情况。

通过建立经营会计体系，在内部形成一套贴近业务现场、以现金为基础的"经营会计准则"，重新定义收入、成本、费用等科目，并与业务部门达成共识，实现透明、准确、高效的核算，使得组织和个人的"战功"得到公平、客观的衡量；同时，绘制人人都能看懂的经营会计报表，打造经营仪表盘，并使其成为各部门、各角色盘点、改善、沟通经营的有力工具和通用语言。

一方面，量化评价组织和个人的价值使得人才的识别轻而易举。如果每个员工都能够积极地参与经营，知道如何通过经营报表体系分析经营、改善经营，让经营工作有重点、有目标、有依据，那么，全体员工就都能在工作过程中找到自己的价值与乐趣，感受到工作所带来的喜悦与成就感。

另一方面，有了一套量化实时的报表体系，不同层级的经营者就都可以向下看清经营的变化和异动，老板则能把握全局，为决策提供透明的数据支持，掌控业绩和人才的变化。

向关注经营的管理转变，持续盈利性成长

在企业发展的实践中，经营是先于管理出现的，管理是经营发展到一定阶段后的产物。在企业发展初期，每名员工都是企业的联合创始人，没有管理，只有共同的目标和直指目标的行动，每个人都战斗在市场的最前线，既"听得见炮声"，也拥有"呼唤炮火"的权力。但随着企业的发展，为了将日益庞大的组织机构连接起来，企业会不断地强化内部管理，以致最后忘了当初为什么要引入管理。

陈春花教授在《管理的常识：让管理发挥绩效的 7 个基本概念》一书中提到："无论你采用何种管理形式和管理行为，只要是能够产生绩效的，我们就认为是有效的管理行为和管理形式；如果不能产生绩效，这个管理行为或者管理形式就是无效的，我们可以确定后者就是管理资源的浪费。"绩效是经营结果的体现，管理若不为经营服务，是无法独立产生绩效的，这就是很多企业发展到一定阶段就患上"大企业病"：创新乏力、人均产能下降的重要原因。距离市场与客户较远的管理者掌握了政策（企业内部管理制度）的制定权和资源（人力资源和财务资源）的调配权，然而他们在制定政策和调配资源时，是基于"人性本恶"的假设前提，对经营行为层层设限，就像海底捞餐饮有限公司董事长张勇曾发出的一句感慨：

"一个真正想要做事的人，为了完成一项工作，必须突破多少管理的障碍呀！"这就是管理不以经营为中心，超越经营、过度发展所带来的后果。

阿米巴经营把公司分成若干个独立核算的业务单元，阿米巴领导人按照一个小企业的方式独立经营、自负盈亏，每个阿米巴只有回归创业的原点，全力聚焦经营、持续盈利性成长，才能在优胜劣汰的内外部竞争市场中立于不败之地。

敏捷经营系统变革步骤

我们根据自身特点，在稻盛和夫的阿米巴经营模式基础上进行了一次创新和发展，将阿米巴与合伙人的激励机制结合起来，形成我们独具特色的敏捷经营系统。

敏捷经营系统的实施分四个阶段：组织调研、机制设计、组织变革、运行实施，如图 10-2。

组织调研阶段，是由外部咨询机构进行内部资料研读，围绕关键管理问题，展开覆盖公司各层次的调研访谈工作，抓住企业核心问题，把握变革的核心需求，完成变革的顶层设计。变革小组需要接受阿米巴思想的启蒙，并对变革目标达成内部共识。

机制设计阶段，是敏捷经营系统的机制和规则的设计阶段，在这个阶段企业需要思考并形成自己的经营哲学、设计制定敏捷经营系统、构建阿米巴经营会计体系。

组织变革阶段，是全面落地敏捷经营系统的阶段，制度发文、机制宣贯、引导准合伙人举手制、经理评审制，最终实现举手任命，形成新机制下的新组织。

运行实施阶段，是阿米巴经营体系全面运行的阶段，在这个阶段，企业全员在阿米巴经营哲学的引导下，在敏捷经营系统的框架内，通过部门独立核算共同参与经营。

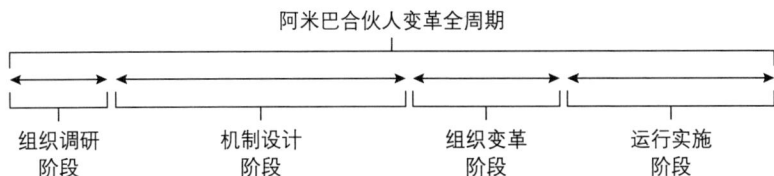

阿米巴合伙人变革全周期

| 组织调研 | 机制设计 | 组织变革 | 运行实施 |
| 阶段 | 阶段 | 阶段 | 阶段 |

图 10-2　敏捷经营系统实施的阶段划分

根据我们的实施经验，敏捷经营系统变革可以按照八个步骤来实施。

No.1　阿米巴独立经营思想的启蒙：不换思想就换人

首先要对变革管理委员会全体成员进行宣贯和培训。

最好由外聘专家和顾问担任宣贯和培训的主讲人。

宣贯和培训的内容包括：阿米巴经营理念、阿米巴合伙人制和阿米巴经营会计体系。在宣贯和培训结束后，要求参训人员完成预留作业，并提交一篇培训总结，举例如下表所示。

表 10-1　变革管理委员会宣贯和培训举例

序号	课程模块	课程内容
1	模块一：敏捷经营系统落地方法论	产业互联网时代为什么需要敏捷经营系统 如何用敏捷经营系统驱动企业加速转型升级 敏捷经营系统理论体系设计原理
2	模块二：平台型组织作战策略及案例拆解	重塑总部平台价值 如何赋能组织实现爆发增长 阿米巴组织的划分原则及方法 案例拆解：某公司阿米巴组织架构设计 练习讨论
3	模块三：基于举手、孵化、裂变的合伙人机制	合伙人的类型及适用场景 阿米巴合伙人制 合伙人的举手、孵化、裂变及退出机制 合伙人体系的业绩评价模型 练习讨论
4	模块四：企业经营哲学	企业为什么需要经营哲学 经营哲学与企业文化的关系 如何实现哲学共识、贯彻经营者意志
5	模块五：基于前中后台高效联动的内部交易机制	内部交易定价的方法及步骤 公共费用的处理方法及步骤 进行全员经营的单位时间核算 设计机制减少内部交易争端 案例拆解：内部交易的成功做法、公共费用的处理
6	模块六：基于效率提升、业财融合的核算体系	传统管理会计面临的挑战 经营会计：让经营者看得懂、想得明白、用得好 建立动态、智能化的即时会计体系 制定内部量化核算准则 练习讨论

序号	课程模块	课程内容
7	模块七：基于技术驱动、智能化的数字经营体系	制定事前算赢机制 使用差值跟踪工具进行事中跟踪 滚动预算与偏差分析 通过经营看板掌握全局 实战演练：基于模拟数据沙盘推演

在预留作业中，会要求参训人员思考本企业在企业文化、组织绩效、招聘、员工关系、薪资福利和培训等方面存在的问题，并提出敏捷经营系统解决方案；思考在阿米巴经营会计体系下，各项核算指标的定义、确认原则或计算规则、现金流管理规则、业绩报表格式设定、历史项目期初现金流、公摊性费用分配原则、公司级风险控制列表和阿米巴内部交易类型及定价原则。

其次，是确定经营哲学及经营哲学的内部宣传方案。

总结、提炼经营哲学的过程就是变革管理委员会全体成员就企业存在什么问题、企业为什么会存在这些问题、企业将走向何方这三个问题达成共识的过程。第一，通过调研梳理企业的经营现状及主要经营问题；第二，召开调研诊断分析会对这些问题进行深入分析，找出其产生的真实原因；第三，大家需要思考"我想要做出什么样的企业、达成什么样的目标？"在目标与现状之间，"我需要提升什么、倡导什么？"才能逐步缩小它们之间的差距，这样思考得出的结论便是企业经营哲学的核心理念。在对核心理念达成一致的前提下，大家再就经营哲学的内涵和文字表达进行逐条深入细致的研讨，形成经营哲学的定稿文档。

最后，经营哲学形成以后，就要在企业内部颁布《经营哲学手册》，推行经营哲学体系宣导。《经营哲学手册》可以通过员工邮箱、企业内外部网站、企业微信公众平台同步推送。同时，可以印发小册子、制作宣传海报悬挂于员工工作区、录制与经营哲学相关的视频资料在员工活动区滚动播放，无处不在的高频传播可以让员工了解并熟悉经营哲学的内容。另外，还可以以举办知识竞赛、征文比赛和演讲比赛等让员工分享学习心得和践行感悟，让经营哲学的传播更加深入人心。

No.2 梳理业务、明确经营目标和变革的目的

敏捷经营系统变革往往涉及企业的多个部门，而且涉及的面很宽，程度也很深，在变革之初达成共识，有举足轻重的意义。

首先，变革管理委员会要梳理公司战略、商业模式、核心竞争力，明确业务方向，对经营目标形成初步共识。

其次，变革管理委员会召开项目启动会，召集各项目组负责人协商讨论，对变革的目的达成一致。参加会议的人员为敏捷经营系统变革管理委员会的全体成员，通知到的与会人员必须悉数到场，如果连变革启动会都没有时间参加，那么可以考虑替换该成员。一方面是因为敏捷经营系统变革需要持续的热情和坚定的信念；另一方面是因为如果没有参加变革启动会，在变革实施时，他们对变革的认识就需要进行重新的交流，尤其是他们没有看到领导在会上对变革的支持和表态，他们的积极性可能会大打折扣。

召开项目启动会的目的是让变革管理委员会成员对该变革的整体情况和各自的工作职责有一个清晰的认识和了解，为日后协同开展工作

做准备；同时获得领导对项目资源的承诺和保障，点燃大家对变革的激情。因此，在变革启动会上应明确敏捷经营系统变革项目实施的意义、阐释变革实施成功的关键因素、确定各主要干系人的职责和义务、说明变革的总体规划与具体的时间安排。前两项内容由董事长亲自来讲解，后两项由项目协调人来宣布。此外，还可安排外聘专家或顾问现场答疑、项目组成员谈感想、变革管理委员会全体成员宣誓等环节。

最后需要注意的是，由于项目启动会议主要是信息展示而不是讨论，一般时间都比较短，因此一些需要与会各方认可或承诺的事宜，需要在启动会议前沟通清楚，否则会严重影响启动会议的效果。

No.3 正确地划分阿米巴经营组织：起点和终点

稻盛和夫说："组织划分决定阿米巴经营的成败，它是起点也是终点！"从这句话可知阿米巴组织划分对于企业实行阿米巴经营的重要性。根据我们的经验总结，阿米巴组织划分可以按照以下四个步骤来进行。

确定公司级的风险控制列表

公司级的风险控制一般包括但不限于资金管控、财务核算、税务风险控制、劳动关系风险控制、法律风险控制、项目实施关键质量控制、采购风险控制、信息系统风险控制及资质管控等。各企业的发展阶段和业务特点不同，公司级的风险控制内容也会不同。比如研发，很多企业就将其置于公司级的风险控制范畴，但在一些公司，公司平台会进行分级管控，非公司级的研发由阿米巴自行承担并管控质量。

确定阿米巴组织划分的对象

根据其是否管理公司级风险这一属性，将企业内各个部门划分成职能部门和业务部门。管理公司级风险的部门就是职能部门，如财务部、人力资源部、行政管理部、法务部、项目管理部；不管理公司级风险的部门就是业务部门，如销售部、生产部。

对业务部门进行组织划分

组织划分之前要考虑，组织架构的变化要遵循稳健性原则，就是说，在原有基础上第一年不要急于大动——我们建议基本保持70%的组织负责人不变，在正式运行1～3年后逐步变革。在进行划分的时候，需要考虑不同部门的类型特点，并结合市场变化及企业整体的战略发展要求，按价值链进行划分，也可以按产品、地域或客户进行划分。但不论按照哪个维度进行划分，划分后的阿米巴组织都必须符合四个基本条件：①能够独立完成业务，收入来源明确；②能够独立进行核算；③能够以企业整体效益为前提，贯彻企业发展战略和经营方针；④具有可以被授权的经营人才。另外，在这一步，还要注意平衡各阿米巴之间的业务分配，避免出现单个阿米巴"多付出，少回报"或"少付出，多回报"的现象。

对划分后的阿米巴进行评估和判断

阿米巴组织经过初步划分后，需要对各个阿米巴的当年业绩进行预测，如果无法达成目标定额所设定的利润目标，甚至出现亏损，这个阿米巴就要考虑关停并转；如果能达成利润目标，就要继续评估其收入来源和费用预算是否合理，如果不合理，就要调整业绩预测的各项数据，重新进行评估，如下图。

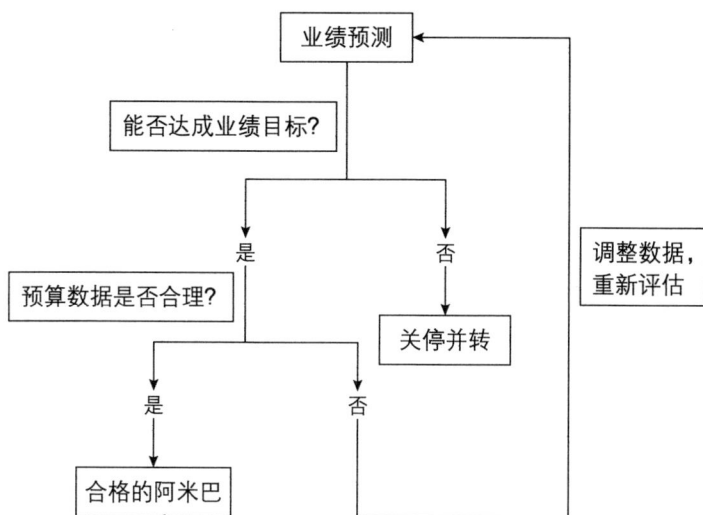

图 10-3　对阿米巴进行评估和判断的流程

No.4　敏捷经营系统方案设计

敏捷经营系统的主要内容包括阿米巴组织划分和定义、目标定额、创新合伙人体系、阿米巴管理、经营业绩核算和收益分享、裂变聚变孵化、人才管理和转会。

阿米巴组织划分与定义

1. 明确阿米巴划分的基准

（1）有独立经营的业务且可以独立核算，能够完成公司的目标定额；

（2）能为客户提供更优质的产品和服务；

（3）有合格的能胜任的合伙人，有大局观，能够贯彻经营者意志、贯彻公司企业文化，贯彻公司整体目标和方针。

2.明确公司主营业务分类和阿米巴的类别，可以按照产品线、客户或者职能划分。

3.明确公司组织架构组成和阿米巴命名规则。在敏捷经营系统中，可以分为一级阿米巴、二级阿米巴、三级阿米巴等。

4.阿米巴组织层级

在某公司阿米巴合伙人的组织结构中，三级阿米巴是最末级阿米巴，从三级阿米巴总经理往上一共三级，分别是三级阿米巴总经理、二级阿米巴总经理、一级阿米巴总经理；三级阿米巴总经理往下还有两级，分别是三级阿米巴副总经理和助理总经理，他们是处于孵化阶段的经营人才，模拟独立经营、实行独立核算，承担部分目标定额，如下图。

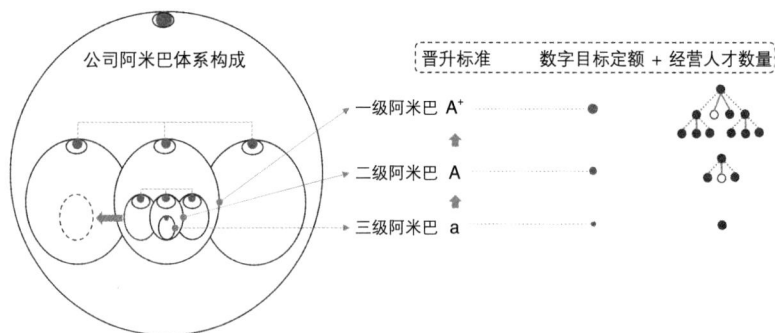

图 10-4　敏捷经营系统组织层级

在阿米巴组织层级中，更高的层级必然意味着更多的责任，这个责任包含承担目标定额和培养经营人才两方面。层级越高，承担的目标定额越高，需要培养的经营人才越多，因此在经营责任制中，应对每个层级所需承担的目标定额和培养的经营人才数量进行规定。

在设计阿米巴组织层级的规则时，需要保证相同层级合伙人的准入门槛的一致性。很多企业的敏捷经营系统变革进行到此，就陷入了困境，"这些人在我们企业原来都是高级副总裁的，但分管的业务属于战略成长型业务，规模比较小、利润比较薄，按你们这样的条件要求，他们最多只能做到二级阿米巴总经理，这他们怎么接受得了啊？"但在合伙人的组织机制下，就是根据"战功"决定你在这个体系中的位置，如果你所能承担的职责没有达到"高级副总裁"的要求，你就应该下到与你所承担的职责匹配的层级。

目标定额

目标定额是每个阿米巴在年度内需要完成并上缴的利润目标。目标定额不包含办公家具、领用设备折旧，不包含房租、水电、绿植、网络等公摊性费用。公司每年设定最低目标定额，对不能完成公司目标定额或扣除目标定额后亏损的阿米巴巴长，公司将会考虑调整其职务及薪酬福利。

目标定额 = 股东期望回报 + 产能、品牌等投入摊销 + 中后台费用摊销 + 公司战略投入摊销

我们知道每个阿米巴都有自己的经营分析报表，其实就是将每个阿米巴当成一个会计主体假设，公司作为资方提供运营资金支持和平台运营支持，每个阿米巴独立自主经营、自负盈亏，把阿米巴

当成一个公司运营。按这个思路就很好确定阿米巴的目标定额了，即目标定额＝股东期望回报＋产能／品牌等投入折旧＋中后台费用摊销＋公司战略投入摊销。

事实上，先要确定整个公司的目标利润，用全面经营计划制定全公司的预计收入和预计费用，最后形成公司的目标利润，我们称之为大P。每个阿米巴也有自己的目标定额小p，各阿米巴的目标定额之和$p=\sum_{i=1}^{n}p_i$，要和公司的目标利润碰在一起，刚刚好的情况是公司目标利润$p=\sum_{i=1}^{n}p_i$，但一般情况下是需要做调整的。阿米巴目标定额测算模型举例如下表。

表10-2　阿米巴目标定额测算模型

项　　目	金额（万元）	占比	备　　注
产能、品牌投入折旧（a）	10	10%	根据谁受益谁付费的原则
中后台费用摊销（b）	5	5%	按收入、按人力成本等规则摊销
公司战略投入摊销（c）	5	5%	未来公司预计投入部分
公司期望回报（d）	80	80%	含公司给予的资金、技术、平台等支持（公司整体目标利润的分解）
其他（e）	0	0	
合计	100	100%	

按照第五章我们讲的经营分析报表，每个阿米巴在一个会计年度内都有自己的目标利润，阿米巴贡献利润＝目标定额＋超额利润。所谓事前算赢，就是阿米巴的超额利润必须大于0。

目标定额的确定应遵循以下三个原则：①根据具体业务特

点设定；②阿米巴目标定额之和大于或等于公司目标利润，即 $P \leqslant \sum n1p$；③考虑实际经营情况，最终以约 80% 的阿米巴能完成任务为宜。

事业合伙人体系

事业合伙人体系可以按照业务或责任的不同，设置不同类型的合伙人体系。可以分为项目合伙人、事业合伙人和创业合伙人三类。

第一类：项目合伙人

项目合伙人是指承担独立项目的管理并对项目结果负责的项目经理，包括但不限于：从事公司主营业务，开展创新活动，担任项目负责人。

在公司探索业务方向上，除完成本职工作外，还参与新业务的项目管理；在公司战略业务方向上，提交商业计划书并获得批准，组建项目团队并担任项目负责人。

项目合伙人不设定额，按照贡献利润占比进行奖金分配。

第二类：事业合伙人

事业合伙人指的是承担目标定额并对经营结果负责的阿米巴负责人。项目合伙人可以升级为事业合伙人，相当于在现有体制下的三级阿米巴总经理。

合伙人有经营指标门槛要求，即不同层级有不同的目标定额。

第三类：创业合伙人

事业合伙人可以提出商业计划书，经公司最高管理层评审批准后，成为创业合伙人。

合伙人管理

合伙人管理要说清楚各层级合伙人的责任、权力、晋升和退出的机制。

1. 各级合伙人的责任

各一级阿米巴需要稳定所管辖体系的阿米巴组织架构。

合伙人的申请需要经过经营执委会审批后公司发文任命，未经公司任命的合伙人及经理不享受相应级别的福利待遇。

上一级合伙人对下一级合伙人的目标定额完成和风控有连带责任。

2. 各级合伙人的权力

（1）一级阿米巴总经理

在符合公司各项制度和满足风控要求下公司全面授权一级阿米巴总经理的人、财、物等各项权力，并确定一级阿米巴内各层级的量化分权。

（2）一级阿米巴以下的合伙人

在公司规定和一级阿米巴授权范围内具有对二级阿米巴、三级阿米巴或本部内人、财、物的审批权及否决权，负责三级阿米巴的绩效考核管理并享有相应的考核权。

3. 合伙人举手原则

举手之前必须先算赢，当年能完成目标定额才能成立三级阿米巴。合伙人举手之前先通过公司组织的任职资格考试，考试内容主要包括公司经营哲学以及阿米巴经营责任制与公司经营会计体系管理办法的主要内容。

4.合伙人的退出

各级合伙人由于个人原因想退出，必须至少提前2个月向经营执委会提出辞去合伙人的请求，并与二级阿米巴总经理协商，对一级阿米巴直管的三级阿米巴与一级阿米巴协商，对后续工作做出妥善的安排。

进行破产清算时，经营指标、债权、债务、资产，由财务部进行核算；固定资产由行政部门等进行清点；对于亏损的清算，由一级阿米巴拟订方案。

阿米巴管理

在一些公司的实践中，对阿米巴是这样进行日常管理的。

所有合伙人应以全局意识主动规划所辖阿米巴未来三年的滚动发展方向和落实措施。

各一级阿米巴总经理必须至少每月召开一次一级阿米巴内的经营分析会，分析各阿米巴的经营现状、商机、风险和措施，并将一级阿米巴汇总的经营预测等数据及时提供给公司经营分析部。

公司至少每三个月召开一次公司级的经营分析和经营成效评价会议，参加人员为所有一级阿米巴总经理及其指定的一级阿米巴内部相关工作人员、各二级阿米巴总经理、公司经营分析部人员及公司经营执委会成员。会议依据公司经营分析部对各阿米巴的经营分析结果进一步评价其经营成效，评价合伙人是否通过付出不亚于任何人的努力，使其经营的阿米巴取得了应有的最佳经营效果。

对于经营成效评价不良的阿米巴，经营执委会有权及时对该合伙人提出整改意见，对反复整改仍存在很大问题的合伙人，经营执委会有权及时替换。

如果某阿米巴遇到自身无法解决的困难，应立足于阿米巴所属的各一级阿米巴内部自主解决，一级阿米巴内部同类型阿米巴之间应全力相助。如通过努力在本一级阿米巴内部依然无法解决，须通过跨群的阿米巴帮助解决问题或困难，则应按照高效沟通的原则会同自己的上级，一起跟相关有能力的阿米巴协调解决。

如阿米巴之间因合作或其他事项需递交经营执委会调解，调解发起方各需递交申请和调解费到经营执委会；由经营执委会按照公司规则进行调解，同时经营执委会将调解方及调解事项作为年终考评依据记录在案；调解结果一旦作出，纠纷各方均须无条件按调解结果执行，且各方所交调解费不再退还。经由经营执委会调解，纠纷各方最终自行达成和解的，各方所交的调解费予以退还。

经营业绩核算及收益分享

阿米巴实行独立核算、自负盈亏，公司按照验收并回款的准则确认业绩，依据《阿米巴业绩核算管理办法》确认阿米巴当年的实际经营业绩。

年终决算后，阿米巴扣除成本、费用及上交的目标定额后结余的部分为阿米巴超额利润。超额利润的分配涉及三个问题：①当年分配多少？②当年未分配的部分归谁？③当年未分配的部分在以后年度如何分配？

当年分配多少？超额利润当年的发放比例过高可能会引起短期效应，即阿米巴只关心当前利益，只重视产量的增加、销量的提高，忽视了质量、客户关系等，从而影响企业的长远发展；如果当年的发放比例过低，又会导致激励不足，引发阿米巴的不安情绪。因此，需要确定一个合理的发放比例使阿米巴不但关注现在的经营状况，还能关注长远发展，从而将阿米巴与企业更紧密、更长久地联系在一起。

当年未分配的部分归谁？如果当年未分配的超额利润像目标定额一样，仍旧上缴企业，阿米巴创造超额利润的积极性将大打折扣。在某些公司，当年未分配的超额利润归属阿米巴，请注意，这里说的是阿米巴，而不是阿米巴巴长。这就好比企业的留存收益，它的所有权是归属企业的。

当年未分配的部分以后年度如何分配？这个问题的解决将直接关系到阿米巴是否有动力在企业长期发展。

在一些公司的实践中，阿米巴的收益分享如下。

经公司经营分析部于年终核算各阿米巴可以完成的定额时，须计提阿米巴年度绩效奖金，单独约定的奖金须和单独约定的事项挂钩。

年终决算后，阿米巴超额利润的 X% 可作为经营成果（简称"超额奖金"）发放，即实质性参与分享公司经营收益；超利的 1-X% 归公司，由公司作为用于支持部门未来发展所需的留存资金，可增加下年度的期初现金额度。

超额奖金发放：各阿米巴于下年度 3 月 31 日前所有已确认业绩全部回款且现金流为正则发放超额奖金。

在符合现有法律法规的前提条件下，各级合伙人在征得所在阿米巴组织优秀员工同意后，有权向公司申请将所在阿米巴组织当年形成超利的 X% 的全部或部分纳入未来的股票收益权计划。

裂变、聚变、孵化

在敏捷经营系统下，公司鼓励各层级阿米巴组织在其组织内部设立独立核算的二级业务部门，但该二级部门的贡献利润不能为负。经公司经营分析部和经营执委会评估，其贡献利润为负的二级业务部门的成立申请，公司将不予批准。

裂变：指完成任务的三级阿米巴分拆成两个或两个以上的三级阿米巴，原三级阿米巴升级为二级阿米巴。

聚变：指完成任务的两个或两个以上的独立三级阿米巴，其中任何一个三级阿米巴单独不具备裂变升级的能力，而自愿组团升级为一个二级阿米巴。

孵化：独立经营体有利润但不够达到成立三级阿米巴的最低线时，由公司经营执委会分派至某三级阿米巴下进行孵化（该三级阿米巴的目标定额应加上孵化部门上交的目标定额）。

对于阿米巴组织的孵化、裂变与升级，企业是积极鼓励的，因此不会设置过多的条款加以限制，但有一点是必须明确的：只有上一年度完成目标定额的阿米巴才能进行裂变和孵化。连自己的经营任务都无法完成，怎么能去培养经营人才呢？

人才管理

导致人才流失的原因往往不是薪酬待遇，而是职业发展前景、升迁机会、成就感和人际关系。当员工觉得当前所在岗位无法给予这些时，就会寻求新的目标。那么，怎样才能不让人才外流又满足他们的这些目标呢？那就是让人才在企业内部流动起来。建立合理的内部流动机制、实现人才的无障碍流动，是留住人才的重要手段。

在一些公司的实践中，是这样进行人才管理的。

公司许可人才在征得上级合伙人及人力资源部同意的情况下进行内部调动，不允许恶性挖人（员工没有调动意愿，其他部门提出更高的条件挖人，该等行为属于恶性挖人）。

经营人才是公司的宝贵财富，发现和培养经营人才是阿米巴经营责任制的核心，但是并不意味着销售能手、技术专家等各类专业人才就不重要了。公司在强化经营人才的责任和权利的同时，希望各阿米巴组织在各自的范围内，依然要重视各类专业人才的培养和发掘，赋予其相应的职级和待遇，跟随各阿米巴组织共同成长，并跟各阿米巴巴长一起分享阿米巴经营成果。

（1）内部调动：调动人员在征得调出和调入部门双方领导的同意后，综合管理部无异议，可以直接办理内部调动手续。

（2）人才中心：公司内部建立人才中心，由人力资源部负责日常管理。员工可以在公司内部办理离职，进入公司人才中心，在公司内部重新择业，到新的部门和岗位就业。

日常运营中的不合格人员，人才中心可以接收，费用由原部门承担；若原部门已撤销，则由所在一级阿米巴承担。

（3）禁止条款：严厉禁止恶性挖人和互相挖角的情况，一经发现，将被重罚。

转会

转会是指三级阿米巴或二级阿米巴由所在一级阿米巴组织架构转出到另一个一级阿米巴。在设置转会机制时，通常需要设计转会的时间节点、相应的业绩核算和是否设置转会费。

一般来说，转会时间在每年年初或年中。所有三级阿米巴、二级阿米巴两类阿米巴组织均可以完全自由转会，但事先必须报经营执委会审批核准。经营执委会审批表决时，阿米巴组织转出前所在一级阿米巴总经理须遵循回避原则，由其他经营执委会成员讨论并决策、核准事项。

对于转会业绩核算：如年初转会，转出的部门目标定额全部向转入后的上级组织累计业绩。如年中转会，转出的部门需按照原有部门目标定额的 X% 向原上级组织累计业绩；部门转会后，其目标定额在按照目标定额规则核算出的任务数基础上增加原部门目标定额的 X%，如转会的三级阿米巴转会后进行升级，则升级后的二级阿米巴的目标定额也同样增加原部门目标定额的 X%。

转会费的设计是为了体现转出部门对原一级阿米巴的补偿。在一些企业的实践中是这样设计的：年初转会且客户也带走的，转会费为原部门目标定额的 Y% 且补偿一年。年中转会、且客户也带走的，当年转会费为原部门目标定额 ×70%×Y%。转会费补偿给原部门上级组织的阿米巴。

No.5　阿米巴经营会计体系方案设计

阿米巴经营会计的核算前提包括：①阿米巴单元划分清晰明确；②内部交易定价得到充分认可；③指标定义明确；④业绩计算规则清晰；⑤数据来源准确、及时、可靠。

阿米巴经营会计的核算原则包括：①一一对应原则：会计核算要与业务发生一一对应，不能出现有实际业务发生，但没有相应会计确认的情况（少计），也不能出现会计计量与业务实质不一致的情况（错计），更不能出现无实际业务发生、虚构会计处理的情况（多计）。与此同时，每一笔会计处理要与实际业务对应得清清楚楚，不能过于笼统。坚持贯彻一一对应原则，数据就能够如实地反映经营事实。②透明原则：通过经营报表反映经营状况，使经营者对经营状况看得一清二楚，这就是所谓的玻璃般透明的经营。作为阿米巴经营者，必须会看经营会计报表，但专业的财务报表不是外行人能轻易看懂的，因此，经营会计报表必须简化报表项目和格式、弱化财务指标的专业性，让阿米巴领导人通过阅读经营会计报表，就能及时、清楚地了解阿米巴的具体情况。③收入成本配比原则：收入发生时，与之相配比的费用成本就是为取得该项收入而实际发生的费用，不必考虑费用是否已经以现金付出，这样才能正确计算在该期间该阿米巴所获得的净收益。④现金本位原则：现金本位经营就是指聚焦"资金流动"，开展单纯的经营。但是，由于现行的会计制度基于权责发生制，财务会计报表中的损益数据无法与实际资金流动挂钩，经营者也就很难把握经营的实际状况。所以经营会计应该回归会计的原点，关注经营中最重要的"现金"，并根据现用现买的原则，在采购时把采购物资全部计入经费开支，在经营会计报表中如实地反映当月业务活动中的资金流向，以此来进行贴近于现金的会计处理。

阿米巴经营会计体系应包括业绩核算管理规则和资金流管理规则。

业绩核算管理规则

第一步：确定经营会计报表中各报表项目的确认原则和计算方法。

经营会计报表项目包括：收入、成本、毛利、费用、贡献利润、目标定额、超额利润和投入产出比，如下表所示。

表10-3 阿米巴经营会计报表举例

指 标	序号	取值	解 释
合同额	①	–	指与客户签署的合同金额（含税）
收入	②	=③+④	
外部收入	③	–	完成销售合同阶段性工作后确认的收入
内部收入	④	–	公司各部门之间内部交易获得的收入
成本	⑤	=⑥+⑦+⑧	
外部成本	⑥	–	向公司以外的供应商采购产品或服务的成本
内部成本	⑦	–	公司各部门之间内部交易支付的成本
平台成本	⑧	–	=1×平台费率

续表

指 标	序号	取值	解 释
税金	⑨	-	外部收入与外部成本差额 × 对应税率
毛利	⑩	= ② - ⑤ - ⑨	
总费用	⑪	= ⑫ + ⑬	
固定费用	⑫	-	与人员薪酬相关的费用，及近似的外包费用
可变费用	⑬	-	日常经营活动中所发生的费用
其中：计提准备金	⑭	-	各类应收款项需要计提的坏账准备（应收计损）
其中：资金占用费	⑮	-	=Σ 每日资金占用余额 × 占用天数 × 日利率
贡献利润	⑯	= ⑩ - ⑪	
目标定额	⑰	-	事业部对公司的年度业绩目标
超额利润	⑱	= ⑯ - ⑰	
投入产出比 1	⑲	= ⑩ / ⑪	费用毛利比，简称"费毛比"
投入产出比 2	⑳	= ⑯ / ⑪	费用贡献利润比，简称"费用比"
ROP	㉑	= ⑯ / ⑫	衡量人力资源效率的指标

（1）外部收入：在财务会计准则中，收入的确认以风险报酬的转移为主要标志，即只要提供的商品和服务的风险报酬转移给客户，不论是否收款，均应确认收入。在经营会计中，收入的确认原则可以依据企业的经营现状和经营目标进行设定。在我们服务的很多企业中，都颠覆了财务会计权责发生制的报表观，而改用收付实现制：风险报酬转移且收到合同款项方可确认合同收入。这就促使

所有的阿米巴不只专注于签合同、做业务，还要关注收款，这种全业务链的管控更有利于发现和培养经营人才。

（2）外部成本：包括商品采购成本、劳务分包成本、税金成本和其他支付给第三方的成本，其中税金成本为增值税、城建税、教育费附加、地方教育费附加和印花税等各项税金总和。根据收入成本配比原则，收入发生时，与之相配比的成本就是为取得该项收入而实际发生的成本，不必考虑费用是否已经以现金付出，因此确认成本金额＝（确认收入金额／合同总额）× 合同预算成本。这就要求在合同签订后、项目实施前需对合同实施过程中将要产生的采购成本、劳务分包成本和税金成本进行预估，确定合同预算成本。

（3）内部收入及内部成本：指为完成对外项目承接与作业，公司内部两个或两个以上阿米巴之间因发生跨部门业务合作及劳务、产品服务等而产生的收入费用结算，一方确认为内部收入，另一方确认为成本。内部结算费按照各方阿米巴负责人签字确认的内部结算费单，在提交经营会计部门当月进行划转并予以确认。

（4）平台成本：针对特定业务，平台根据历史投入回收及未来投入计提情况所收取的一定比例的费用。

- 税金：税金＝外部收入与外部成本差额 × 对应税率
- 毛利：毛利＝收入－成本－税金
- 总费用：指阿米巴对外承接业务提供服务及产品所产生的各种资源耗费，包含固定费用和可变费用两部分。
- 固定费用：包含阿米巴成员薪酬福利费及近似的外包费用。
- 可变费用：主要指阿米巴成员发生的日常报销费用，包括通信费、交通费、差旅费、办公用品、招待费、会议费等。其中：工资奖金、社会保险、津贴补助、福利费、教育经费、工会经费、残保金等人力成本费用按照阿米巴当月发生或计提的实际金额进行确认；工位费按照阿米巴实际申请使用工位数量及公司的工位计价标准进行计算确认；通信费、交通费、差旅费、办公用品、招待费、会议费等可变费用按照阿米巴当期提交报销且财务完成处理的金额予以确认；固定资产折旧及无形资产摊销按照各阿米巴的领用历史确认资产归属，按照账面价值每月进行折旧和摊销，但自阿米巴经营的第二年起，阿米巴新增采购固定资产及无形资产一次性计入阿米巴费用，不再进行折旧和摊销。

- 计提准备金：各类应收款项需要计提的坏账准备（应收计损）。
- 资金占用费：指阿米巴单元为了维持正常经营占用公司资金，根据阿米巴实际的资金占用额、占用时间，以一定的利率计算出的各阿米巴的资金利息。具体计算方法及执行细节由现金流管理规则进行规范。
- 贡献利润：贡献利润＝毛利－总费用
- 目标定额：目标定额是每个阿米巴在年度内需要完成并上缴的利润目标。
- 超额利润：超额利润＝贡献利润－目标定额
- 费毛比＝毛利 ÷ 总费用
- 费贡比＝贡献利润 ÷ 总费用
- 人力资源效率（ROP）＝贡献利润 ÷ 固定费用

第二步：确定经营会计报表的格式。

资金流管理规则

根据现金本位原则，经营会计应该回归会计的原点，关注经营中最重要的现金，在经营会计报表中如实地反映当月业务活动中的资金流向，以此来进行贴近于现金的会计处理。在阿米巴经营会计体系下，每个阿米巴均被视作虚拟法人体，均设有虚拟的现金账户，因此阿米巴需要引入资金管理。

资金管理的概念，其实来源于运营资本需求量模型，即运营资本需求量（WCR，Working Capital Requirement）＝应收＋预付＋存货－应付－预付。当每个阿米巴成为一个虚拟经营主体后，都必然会产生运营资本的需求量，公司根据不同业务类型，按照运营资本需求量模型测算出每个阿米巴产生持续运营活动所需要的基本资金需求量，这个需求量就是公司给到阿米巴的资金支持，是免息的，我们称之为免息授信额 C1。但这仅仅是授信额度，阿米巴资金的支出需要遵循公司的量化分权规则。公司为了鼓励阿米巴多做扩充性的经营，在免息授信额的基础上，会增加 0.5 倍（不同业态系数不一样）作为阿米巴的常规授信额度，我们称之为 C2。但这部分资金是需要阿米巴支付一定资金利息的，利息的多少根据公司对业务的支持程度及阿米巴的承受能力决定，一般在 3% ~ 8% 之间为宜。由于季节性波动或临时大额支出，资金需求量突然增大但使用周期较短，这部分资金需求我们称之为临时授信额 C3。C1、C2 和 C3 的关系如下：

C1＝免息授信额（可根据 WCR 和目标定额确定）

C2= 常规授信额 =C1 × 0.5（不同业态系数不一样）

C3= 临时授信额（根据经营执委会讨论决定）

合计授信额 = 免息授信额（C1）+ 常规授信额（C2）+ 临时授信额（C3）

可用资金余额 = 当前阿米巴现金余额 + 合计授信额

可用资金余额小于 0 时，停止该阿米巴的一切主动付款。

各阿米巴实行资金管理的好处是什么呢？每个阿米巴会越来越关注现金流，主动做应收账款、预付账款、存货、应付、预付的管理，减少资本性支出和资金占用，尽可能快速收回现金。我们突然发现原来公司时时刻刻提出的 OPM 战略[①]，通过阿米巴的实施落到了实处！某科技公司当年实施完这套体系后，应收账款余额减少了30% 以上，而且是阿米巴主动去做的减少，而不是通过公司给政策给压力减少的，事实上，原来公司给政策给压力的催款模式在许多企业并不奏效。

当然，计息是双向的，当阿米巴的实际资金余额（不含授信额）大于 0 时，公司可以反向给阿米巴计息，一般情况下是按活期计息，但当资金余额较大且有明确的资金计划时，可以委托公司帮助阿米巴进行稳健理财，理财收益的 70% ~ 90% 归阿米巴所有。

---

① OPM 战略是指企业充分利用做大规模的优势，增强与供应商的讨价还价能力，将占用在存货和应收账款上的资金及其资金成本转嫁给供应商的运营资本管理战略。简言之，OPM 在战略本质上是一种创新的盈利模式。

No.6　正确展开独立核算、量化分权与内部市场化交易

目标阿米巴负责人变革宣贯

　　向目标阿米巴负责人做变革宣贯是阿米巴组织体系落地的重要一环，它直接关系到公司未来阿米巴组织的数量和质量。阿米巴经营模式要求每个阿米巴组织必须有一个领导人，即阿米巴巴长，并且要求每位阿米巴巴长只能担任一个阿米巴的巴长。由于阿米巴组织具有较高的自由度，能够自觉发挥主体能动性来开展工作，因此，阿米巴巴长必须具备高度的经营意识和道德规范。实践表明，缺少可以被授权的经营人才是阿米巴组织划分和阿米巴组织分裂、升级的主要障碍；没有优秀领导人的阿米巴很容易被淘汰。

　　通过向目标阿米巴巴长做变革宣贯，可以让他们深入领会企业推行阿米巴经营的目的和企业发展的方向，了解、认同和接受阿米巴的经营哲学和经营理念，明确阿米巴经营的运作模式和管理方法，点燃他们成为阿米巴巴长的热情。

　　目标阿米巴负责人包括企业现有的中层管理人员和骨干员工。

　　在向目标阿米巴负责人做变革宣贯前要做好这四项准备：

　　思想准备：变革管理委员会成员应放开胸怀、承载大义、摒弃私欲、燃起利他之心，统一对阿米巴经营的认识，率先实现哲学共有。

　　制度准备：企业经营哲学、合伙人制、阿米巴经营会计的相关制度全部拟定。只宣布变革，但不明确变革的方案和实施计划会导

致各种猜测、小道消息和负面情绪在企业内部传播和蔓延，容易动摇企业变革的决心和信心。

组织准备：阿米巴组织初步划分完毕，目标阿米巴负责人在考虑举手和制订经营计划时才能有的放矢；变革管理委员会成员，尤其是分管业务的成员要提前与目标阿米巴负责人沟通、谈心，消除他们的顾虑和疑问，以免在变革宣贯会上，大家消极观望、一盘散沙。

工作准备：至少提前两周确定宣贯的时间、地点、对象、形式、内容和主讲人，以预通知的形式将这些信息发送给与会人员，以便大家能预留时间全程参与宣贯，确保宣贯的效果。宣讲的形式和内容需要精心准备、提前演练，比如，如何调动会场的氛围、如何回答现场提出的质疑、会场工作人员如何进行配合等。应避免在宣贯会当天出现以下问题：借口业务繁忙，不愿参加；形式内容缺乏感召力；现场气氛剑拔弩张；面对质疑，无言以对；场面失控，无人控场等。

委任阿米巴负责人

目标阿米巴负责人变革宣贯结束后，有意愿成为阿米巴领导人的"准巴长"就要开始"定目标、搭班子、做计划"，并在规定的时间内向企业递交申请。接下来，企业组织提交申请的"准巴长"要陈述自己的组织安排和经营计划，由变革管理委员会给出评审意见，确定其是否能成为阿米巴巴长。

评审结果公示后，企业需要举行正式的任命大会，全体员工均需出席。通过任命大会，可以鼓舞士气，提升员工的工作积极性和创造效益的热情，提升阿米巴巴长的使命感和责任感，具有非常好的激励作用。

阿米巴巴长任命大会还是一个誓师大会。通过正式任命，企业将经营权授予给阿米巴巴长，阿米巴组织从此将以阿米巴巴长为核心，自行制订经营计划、独立核算、对经营结果负责，并在这个过程中完成持续的自我成长。

敏捷经营系统试运行，持续改善

委任阿米巴巴长是敏捷经营系统变革的关键一步，至此，组织变革阶段宣告结束，企业即将步入阿米巴经营体系的正式运行期。但这并不意味着阿米巴体系从此固化，企业需要根据阿米巴体系运行过程中出现的问题不断调整和优化方案细节，还可以针对性地增加相应的配套机制，以促进阿米巴体系与企业的相互融合。

敏捷经营系统运行的前几个月，重点在于对独立核算、量化分权和内部交易的落地。在阿米巴内部至少每个月要进行一次经营分析会，对于本部门的核算要清晰，并且对经营结果要做到心中有数，分析清楚数字背后的原因，并且做到持续改善。对于全公司也应该持续推进变革的复盘，对于重点问题，经营执委会要重点关注和解决，对于在核算、量化分权和内部交易中不合理的部分要及时调整，保障机制的平稳运行，为全面成熟运行作准备。

No.7 总部价值重塑：总部职能部门的组织变革

敏捷经营系统首先在业务部门实施，对于总部职能部门，我们一般建议可以在业务部门平稳运行之后再转型。一方面，在业务部门更容易实施变革，有了成功的实践后好推行；另一方面，在职能部门和业务部门一起推行变革容易对组织造成太大的冲击，造成动荡。

首先，要根据战略和敏捷经营系统对总部进行组织架构的重新定义。

其次，各个职能部门要明确各自的价值目录。如果是管理类价值，要说清楚管的是风险还是效率、能否管得住，把那些为了管理而管理的管理清单抛弃掉，从平台价值的角度考虑对整体的支撑；如果是服务类价值，一般来说可以收费，但前提是服务定价需要经过合伙人质询和经营执委会审批。总部职能部门一旦形成自己的价值目录，就同样可以明晰自己的价值，甚至逐步转型成业务部门。我们可以根据各职能部门的特点制定业绩标准、进行考核。

最后，对职能部门同样进行独立核算的阿米巴管理，并按照一定标准设置合伙人层级，按照职能序列的合伙人薪酬和绩效激励模式进行收益分享。

No.8　阿米巴经营单元内部的员工、项目组、部门的激励与考核

前期设计的机制主要针对合伙人和阿米巴组织，那么如何对内部的员工、项目组、部门进行激励和考核呢？一般来说，在敏捷经营系统实施初期，对于原有的普通员工的各项绩效机制保持不变，设置一段时间的平滑过渡期。随着敏捷经营系统的成熟运行，阿米巴内部的激励考核（原则上）由合伙人内部制定，报公司备案审批，

公司提供相关专业指导意见或指导细则。尽管阿米巴的运行相对独立，但对于公司级的激励和考核办法仍要进行监督和管控，对于公司级风险仍旧要加强管控。

全员经营、全员激活，这是敏捷经营系统变革的最后一个里程碑，标志着敏捷经营系统变革的全面落地运行。

敏捷经营系统变革保障

大多数变革行动都会遭遇种种问题。耗时超出人们预期或希望有时会挫伤士气，还常常因管理时间的增加或人们情绪的波动而导致企业付出沉重的代价。变革会面临的障碍有如下几种。

文化障碍：组织惯性是企业确保一贯性和质量的累积效果。而当变革和团队或部门的规范不一致时，或使某些专业人士或技术团队的技能和专业能力弱化甚至成为冗余时，组织惯性就可能会阻碍变革。

私人障碍：变革会对人们的境遇和心理产生重要影响，导致他们认为变革是一种威胁。例如，新的不熟悉的工作方式通常让人感觉不舒服；变革对个人收入的影响可能相当大；对于未知的恐惧降低了人们学习新技能的意愿和兴趣，因为他们可能缺乏自信去迎接新的挑战；选择性的信息处理导致员工去选择应当听什么和忽略什么来判断他们的处境，从而忽略了管理层对于变革的要求。

因此，任何一项组织变革都需要归纳总结出实施的关键点，以消除变革面临的障碍，化解变革带来的风险，使组织变革得以顺利进行。

敏捷经营系统变革实施的关键点包括以下三点。

坚持"一把手工程"

阿米巴变革是一场企业所有制的变革，它要求企业所有者分权让利，它关系到企业的生死存亡，如果企业的最高领导人不能参与到变革中来，即便是在充分授权的情况下，也无人敢替老板做决定。在进行体系设计时，变革小组只能局限于绩效考核层面，而不敢深入所有制层面，而不深入企业所有制的阿米巴变革终究是治标不治本的。

"企业的变革，一定意义上是对一把手过去部分工作的否定。如果企业的一把手敢于否定自己，团队就不会觉得忐忑和质疑。"这是华为前高级副总裁在总结华为管理变革成功经验时所说的一句话。阿米巴变革涉及企业管理的方方面面，但大多数企业现有的管理体系都是最高领导人管理思想的集中体现，许多管理的"小手段"还是他们的得意之作，变革团队在拟定新的制度规范时往往都会投鼠忌器、难以抉择。任正非说："我们的管理系统，是从小公司发展过来的，从没有管理，到粗糙的管理；从简单的管理，到IPD（产品开发）、ISC（集成供应链）、财务四统一、IT的初步建设。公司正在向国际接轨，如果不是不断地自我批判，而是：哪位领导制定的管理动不得、某某领导讲的话不能改、改动一段流程触及哪些部门的利益，导致要撤销某某岗位，都不敢动，那么面对全流程的体系如何建立得起来？"华为的管理变革、任正非的自我批判贯彻始终，团队没有犹疑，也不用忐忑，只专注地朝着一个共同的目标——全面构筑客户需求驱动的流程和管理体系前行，变革势如破竹。

领导力是指一种影响一个群体目标的能力，它的实质是对他人的影响力。许多变革成功的事实说明，这种影响力是要建立在非强制性基础上的，它往往依靠领导的魅力来改变组织成员和下属的行为和态度，依靠无形的、巨大的道德力量来影响和感染群体，使群体成员心悦诚服地接受领导。就像稻盛和夫先生拯救濒临破产的日航一样，除了给员工培训、宣讲，与员工交流、谈心之外，他更多的是在用真诚、正直和勤勉潜移默化地感染着大家，用实际行动来示范"敬天爱人""以心为本"的经营哲学。这就要求企业的领导者把体现远见和变革效果的价值观和行为方式落实到实际中，通过自身的言行体现出来。员工看到管理者的活动，并将其作为榜样，知道管理者对自己的期望，自然会全力以赴。

对变革有必胜的信念、持续的热情

过去的经验和研究表明变革要经历三个阶段：抗拒、相持、内化。

在变革的初期，员工对变革的具体内容尚不了解或知之不深，对未来的不确定感和对既得利益丧失的恐惧促使员工本能地抗拒变革。

变革进入项目实施的具体阶段。员工通过学习和培训开始抛弃原有的工作模式并带着相当大的疑问和不信任感开始尝试接受新的工作方式和组织结构，一旦员工在接受新的工作体系当中发现局部的错误和不合理之处，或由于培训、沟通的不充分导致流程不畅或工作困难，员工就会阳奉阴违、消极怠工，进而谣言四起，甚至发起对新体系的集体抵制。大量员工对企业忠诚度的丧失、骨干员工的接连跳槽和工作绩效的大幅下滑将迫使企业放弃变革重走旧路。

但如果此时变革领导团队表现出极强的决心和战斗力，变革就将进入内化阶段。在此阶段，员工将开始接受并不断熟悉新的体系，新系统的优点和长处也逐步显现出来。随着系统使用时间继续推移，新系统将内化为每名员工工作的必然组成成分，变革就宣告成功。

由此可见，变革的过程回环曲折、困难重重，如果变革团队没有必胜的信念和持续的热情，变革就很难推行，即使推行了也很难成功。

这种信念和决心要通过领导人的反复公开表态传递给全体员工，让大家意识到：不论遇到什么、付出什么样的代价，变革都势在必行。就像任正非在 2007 年的财务变革项目规划汇报会上说的："我们不要反对的人，不要耍小聪明的人，要确保理解和积极投入。那些表现出自己比 IBM 更聪明的人，而且比所有人都聪明的人要把他从流程变革的队伍中请出去……"

这种信念和决心要通过变革团队与员工的沟通和交流进行强化，培养员工对变革项目的价值与战略重要性的认同感。就像稻盛和夫先生在接手日航 4 个月后就开始组织干部学习会，每周 4 次，第一个月就办了 17 次，稻盛和夫亲自讲解 6 次，讲完后还与大家一起饮酒讨论。稻盛和夫说："开始时还有人不愿意听，但后来所有人的精神都振作了起来，连眼神也变了，领导人的责任意识开始建立，而且一同上课的人之间产生了一体感。"

阿米巴变革方案要由变革涉及的人共同参与制订

美国6大公司进行的一项持续4年的研究表明，给组织带来新的生命力或组织变革的最大障碍在于：改革方案是由公司的某个管理群体，如人力资源部或战略研究中心制定并推动的，而不是由改革要涉及的人共同参与制定的。

员工需要有参与感，并共同制定目标，而不只是别人传达给他们的一种目标陈述。否则，期望他们全心全意地投入变革并为实现变革而努力是不现实的。

在敏捷经营系统变革管理委员会下面，设立业务、人力和财务三个项目组。由变革管理委员会全体成员共同总结、提炼形成企业的经营哲学；由人力组配合业务组完成阿米巴的组织划分；由业务组配合人力组完成敏捷经营系统的方案设计；由业务组配合财务组完成阿米巴经营会计体系方案的设计。业务组要参与敏捷经营系统变革的全过程，所有的变革方案均要征得业务组的同意方可实施，因为由他们所代表的业务团队才是与敏捷经营系统变革最密切的利益相关者。

全程参与阿米巴经营会计体系方案设计，有助于业务人员消除对阿米巴单元核算与经营会计使用的"成见"和畏难情绪。

经营会计是阿米巴经营的落地工具，业务人员一听到"会计"两个字，就会认为那是财务部门的事情。在与财务人员讨论方案细节的时候，业务人员会发现，如果全员关注核算，那制造部门就可以将某产品成本过高的信息迅速传递给采购部门和销售部门，促使销售部门适当提高产品定价，同时倒逼采购部门拓宽采购渠道，降低原材料成本；销售部门也可以将产品没有销路的信息迅速传递给制造部门，以免造成产品积压。这些发现会真正消除业务人员对经营会计的"成见"，打破内心的"部门墙"，甚至成为经营会计推广的"吹鼓手"。

传统的财务会计专业性极强，非财务专业的人确实很难掌握，稻盛和夫先生也曾为那些晦涩难懂的会计术语烦恼过，"因为我缺乏经营和会计知识，所以想尽量使经营通俗易懂，而不是复杂化"。但如何才是通俗易懂，只有业务人员才能体会，对稻盛和夫先生来说，通俗易懂就是"销售最大化、经费最小化"，因为"只要实现销售额的最大化和经费开支的最小化，那么两者之间的利润就能最大化"。这样朴素又浅显的表达如果不是出自"经营之圣"，一定会为很多专业财务人员所不齿，但它被作为阿米巴经营的原则沿用至今，并带领着 3 家不同领域的企业进入世界 500 强。所以，要让业务人员参与到经营会计体系的方案设计中来，用他们能理解的原理、语言表述方式和报表格式，确保核算规则和经营报表简单明了、易于操作，从根本上消除他们的畏难情绪。

经营哲学是企业生生不息的源泉

对人类来说，是基因让人类薪火相传，存续万年。对于一个国家、一个民族来说，是文化让其千年相传。对企业而言，得以百年相传的是什么？

"天行健，君子以自强不息；地势坤，君子以厚德载物。"道可道，非常道，最大的法则是自然之道，同样遵从春生、夏长、秋实、冬藏之道。

纵观力鸿十年的发展历史，恰如一个四季的轮回。我们经历了"春生"（2009 年，北京华夏力鸿公司成立）、"夏长"（2013 年，成为煤炭检测龙头）、"秋实"（2016 年，成功实现香港主板上市），享受了成为行业龙头、上市公司的荣光。但 2017 年的一次重大投标失利让我们备受煎熬：后果就是导致 20% 的业绩窟窿！这让我们体验了冬天的寒流，标志着"冬藏"的开始（2018 年，探索新战略，谋求变革）。

自从企业上了规模之后，经营管理的压力也与日俱增，我越发想探索和总结企业的经营之道。2012 年，我接触到日本经营之圣稻盛和夫的阿米巴经营的理念，他"做人何谓正确"的判断原则启发了我，要想建立百年企业，必须有一套可传承的基因：即树立企业的三观，也就是稻盛和夫所说的"经营哲学"。

我决心导入阿米巴经营、树立经营哲学，但自行导入缺乏章法，然而市面上的咨询教练很多，但对经营哲学的理解却很浅，我也很苦恼。恰逢其时，我在一次论坛上认识了陈毅贤先生，他对阿米巴经营理解结合中国企业的特点，又有直接操盘平台化变革的经历，更让我欣喜的是，他对经营哲学的价值认可与我不谋而合：经营哲学才是企业生生不息的动力之源、可世代传承的无形资产。

2017 年年底，我邀请陈毅贤先生辅导力鸿开始导入阿米巴项目，尝试经营合伙人机制的探索，增强了全员的经营意识和奋斗动力。更有意义的是，我们根据十年实践提炼了《力鸿经营十条》，明确了检测事业的大义名分、检测行业经营方法论，以及力鸿人的人生观、世界观，这在员工中引起了巨大反响，一线员工在践行经营哲学过程中表现：为保障客户项目交付加班加点、拒绝贿赂保证公正性、通过技术改进为公司节省上百万元……在这种"人人都是经营者"的经营氛围下，我们在最难的历史时期仍然实现了业绩目标的增长，我们以实力赢得了行业的认可，市场份额最大、价格最有竞争力、在工作中拒绝的诱惑最多！

第一个十年的实践，我们收获了成为有社会影响力大企业的信心。2019 年是第二个十年的开始，是我们的第二个年轮的春天，我们重新定位了新战略，将进入高速发展期。力鸿的历史才是"企业年龄"的一岁，这一判断是我对十年实践的总结。我们这一代人也只能经历"企业年龄"的两三岁，下一代人会传承得更好吗？

对于这个问题，陈毅贤先生在这本新书中给出了他的思考，值得我们企业家同人借鉴和学习：要做百年老店，我们必须共识经营哲学，推动全员参与经营，激发合伙创业、打造平台赋能，实现生态协同，而这一切的基础正是经营哲学。

"资源是会枯竭的，唯有文化才会生生不息。"没有贵的富，称之为土豪。土豪不长久，没传承。我们要建设百年企业，必先培养百年之文化和传承这种文化的经营者。建设百年力鸿，造就一批一身正气、和气、清气的高贵之人，是我的梦想。假以时日，我们力鸿人一定会充满活力，并将把这种修养带到家庭生活中去，影响下一代，追求光明正大，真正走向富贵！

中国力鸿董事长

李向利

2019 年 8 月

新模式、新起点

回顾过去的十几年，全球最发达经济体的增长率日趋停滞，于是，重塑经济增长方式成为全球各大经济体所面临的重大挑战之一。借助于消费测的人口红利，中国在互联网领域取得了举世瞩目的成就，并诞生了数个世界级的互联网巨头企业，而今天的经济形势，让中国也不由得思考当下中国的消费侧人口红利是否已经走到尽头，我们下一个经济增长驱动力在哪里？众所周知，经济的长期增长主要来自全要素生产率的增长，而全要素生产率的增长一方面依赖技术的进步，另一方面包括管理效率和要素错配带来的影响。相关研究表明，尽管经历了多年高速发展，我国的全要素生产率仍只有美国的20%。我国据此采取的"积极推动产业互联网、供给侧改革"等措施，是针对技术进步和要素配置开出的药方，同样，先知先觉的企业也开始积极进行经营管理模式的转型和创新，在以客户和终端为中心并形成组织生态圈的基础上，激发员工潜力，激活组织动力，实现经济良性增长。

京投轨道交通科技控股有限公司（以下简称京投交通科技）是北京市国资委直属企业——北京市基础设施投资有限公司（以下简

称京投公司）绝对控股的唯一境外上市公司，专注于城市轨道交通领域，承载着国资委及京投公司的重托和使命。作为国企控股的境外上市公司，京投交通科技不仅要保持较好的盈利性，更要具备可持续发展的能力。因此，从 2017 年年底，我们就着手探索管理模式的优化升级。公司经营层通过走访调研、会议交流等，充分研判经济发展走向，结合经营现状，决定采用划小单元、独立核算、权责匹配等为核心的经营管理责任制。在方案制订过程中，我们积极听取吸收各方意见，多次召开专题研讨会，形成具备国企管理特点、符合市场化要求和公司业务发展需要的经营管理责任制方案。在方案形成和落地过程中，我们有幸邀请到陈毅贤先生及其团队全过程参与并提供专业的咨询，尤其是陈毅贤先生具备多年企业管理及运营的经验，带给我们阿米巴合伙制经营理念，让我们的方案落地性强，对企业发展大有益处。

根据方案的顶层设计，公司在资源配置、薪酬激励、职务晋升等方面重点向一线业务部门倾斜。在组织结构调整方面，进一步实行扁平化管理，将业务划小为若干作战单元，独立核算、自负盈亏；将原研发中心分立为研发一部和研发二部，通过与业务部门工作联动及利润分享，让研发人员进一步贴近业务、靠近市场，成为利润中心；根据发展需要，新设管廊业务部，全面开拓新市场。在薪酬激励方面，采取更加市场化的激励机制，将个人绩效与团队绩效挂钩，将经营指标层层落实到人，形成科学合理的绩效奖励模式。在人才培养方面，重点加强对业务部门优秀人员的培养力度，重点提拔思想品质好、业务能力强的一线业务人员担任各级管理职务，让优秀人才能够脱颖而出。

经过一年多的运营，公司明显感觉到员工的主动性、积极性提高了，实现了从"要我干"到"我要干"的转变，公司的经营业绩也有显著提高。这种以划小作战单元为核心理念的经营责任制是公司以市场为导向，开展创新管理的重要举措，激活组织活力，形成以经营业务为核心的创新管理新模式。对保持盈利持续增长，提升劳动生产率，拓展客户群体，扩大业务范围起到重要的推动作用。我们常说企业面临的四大基本约束：资源不够，时间有限，互相依赖，需要协调。你会发现，企业的种种机制安排，无一不是为了适应这四种基本约束而衍生出来的，那我们就姑且循着这种约束的内在逻辑，用"新阿米巴 × 合伙人制 × 数字运营"的方式来逐一开解，相信读完这本书之后，您对自己身处的企业问题会有更深刻的理解，也希望针对这些问题，您会有更好的答案。新模式、新起点，我相信本书也能给正处在国企改革、转型升级及渴望寻找全新增长点的企业家朋友带来新的启发。

京投轨道交通科技控股有限公司

执行董事兼行政总裁

宣晶

2019 年 8 月

参考文献

1. 稻盛和夫官方网站：https://www.kyocera.com.cn/inamori/amoeba/amoeba/amoeba01.html。

2. ［日］引头麻实：《日航重生：稻盛和夫如何将破产企业打造为世界一流公司》，陈雪冰译，中信出版社，2014年。

3. 《华为的秘密：为何整个世界都怕它？》，网易财经综合2013年12月20日。

4. 曹仰峰：《海尔"倒三角"运转的四大机制》，《商业评论》2013年7月。

5. 高燕妮：《官僚制与中国行政现代化》，《成都行政学院学报》2002年第5期。

6. 京瓷官网，https://www.kyocera.com.cn/60th/index.html。

7. 王祚：《浅析管理会计与财务会计的关系》，《黑龙江财会》2003年第12期。

8. 张军：《对管理会计与财务会计的辨析》，《活力》2012年第1期。

9. 张旋：《资产定义的演变：从形式到内容的国际趋同》，载《中国农业会计》2006年第12期。

10. 毕楠：《日本企业社会责任（CSR）理念的儒家思想基因及其传

承》,《现代日本经济》2014 年第 3 期。

11. 王中江:《从〈论语与算盘〉谈日本影响中国》,《博览群书》2010 年第 7 期。

12. ［日］稻盛和夫:《稻盛和夫:阿米巴经营》,曹岫云译,中国大百科全书出版社，2016 年。

13. 邱锦美:《企业家与企业核心能力的构建——组织资本与社会资本的阐释》,《西南科技大学学报（哲学社会科学版）》2006 年第 1 期。

14. 饶晓秋:《交易成本理论：解释成本管理会计理论的新视角》,《当代财经》2006 年第 1 期。

15. 文青、王述英:《外资并购对中国市场结构的优化——目标与效应趋势》,载《西南师范大学学报（人文社会科学版）》2006 年第 1 期。

16. 冯俭:《企业内部市场的内涵、结构及协调范围探析》,《外国经济与管理》2007 年第 6 期。

17. ［日］稻盛和夫:《经营企业的十二条准则（二）》,曹岫云译,《中外管理》2009 年第 6 期。

18. 奚锡:《合伙人制度在现代民营企业中发挥的作用》,《上海集体经济》2015 年第 1 期。

19. 李寒冰:《一文读懂合伙人制的过去、现在和未来》,《中国机电工业》2016 年第 8 期。

20. 张学兵:《合伙制律师事务所管理制度研究》,《第四届中国律师论坛论文集》,2004 年。

21. 王善平:《会计师事务所内部的委托代理问题》,《2002 中国会计教授会年会论文集》,2002 年。

22. 甄颖:《我国注册会计师事务所的组织形式该何去何从》,《山西经济管理干部学院学报》2007年第1期。

23. 马广奇:《美国投资银行的组织形式、治理结构与激励约束机制》,《金融教学与研究》2006年第5期。

24. 宋继文、郑恩婵、吴维库:《向上爬的烦恼》,《企业管理》2008年第5期。

图书在版编目 (CIP) 数据

利润裂变 . 新阿米巴 × 合伙人制 × 数字运营 / 陈毅贤，袁隽著 . —北京 : 中国法制出版社，2019.9（2020.9重印）

ISBN 978-7-5216-0093-3

Ⅰ . ①利…　Ⅱ . ①陈… ②袁…　Ⅲ . ①企业经营管理　Ⅳ . ① F272.3

中国版本图书馆 CIP 数据核字（2019）第 053024 号

策划编辑 : 潘孝莉

责任编辑 : 郭会娟（gina0214@126.com）　　　　　　　封面设计 : 汪要军

利润裂变 . 新阿米巴 × 合伙人制 × 数字运营
LIRUN LIEBIAN. XIN AMIBA × HEHUOREN ZHI × SHUZI YUNYING

著者 / 陈毅贤，袁隽

经销 / 新华书店

印刷 / 三河市紫恒印装有限公司

开本 / 880 毫米 × 1230 毫米　32 开　　　　印张 / 11.5　字数 / 288 千

版次 / 2019 年 9 月第 1 版　　　　　　　　2020 年 9 月第 4 次印刷

中国法制出版社出版

书号 ISBN 978-7-5216-0093-3　　　　　　　　　　　定价 : 69.00 元

北京西单横二条 2 号　邮政编码 100031　　　　　　传真 : 010-66031119

网址 : http://www.zgfzs.com　　　　　　　　　　编辑部电话 : 010-66022958

市场营销部电话 : 010-66033393　　　　　　　　邮购部电话 : 010-66033288

（如有印装质量问题，请与本社印务部联系调换。电话 : 010-66032926）